基礎からわかる
経営管理

欧陽菲【著】

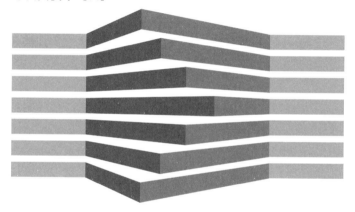

はじめに

　経営学は、企業を中心とした組織を継続的に成長させるための学問です。経営管理を行うということは、企業が持続的に成長できるように工夫し続けることです。経営学または経営管理の内容には、これまでの工夫で模索・蓄積された原理原則、知恵、ノウハウ、手法が含まれています。その原理原則や知恵やノウハウなどは、企業だけではなく、すべての組織から個人の人生経営まで幅広く活用することができます。

　本書『基礎からわかる経営管理』は経営学のテキストとして上記の概念を実践的に役に立つように解説している本です。このテキストの執筆に当たり、4つのことを強く意識しております。

1）経営学の全体像と学び方を伝えることです（第1章）。

　第1章では、まず、経営学の全体像を概観しています。全体像を知った上で、各部分のベースや、ノウハウ、手法が立体的に見えるように学べることを期待しています。

　同時に、「正しく経営することとは何か」についても問題提起しています。

　業績がよいからといって、経営管理がうまく行ったとは限りません。景気がよい時に、企業が小さい時に、経営学を知らなくても、しばらく成長することがあります。健康のときに、医学や健康法に無関心という現象に似ています。しかし、普段から経営管理の原理を知り、企業という生き物をケアしている企業は、長生きで、元気なのです。

2）全体最適の視野と長期的な視野で、各個人が自らの貢献を考える能力
　　の重要さを伝えることです（第2章と第3章）。

　全体最適の視野と長期的な視野を持てるために、本テキストでは、経営

者が考えなければならない理念や戦略、組織といった経営的な内容（第2章）から、ヒト、モノ、カネをマネジメントするために必要な各機能の管理ノウハウ（第3章）まで、幅広く実践に役立つ概念やフレームワークを紹介しています。

　このような視野で経営学を学ぶ良さは2つあります。

　1つは、組織の人間として、頂上から広範囲を見下ろす視野があれば、つまり、顧客・市場の視点で、経営陣の考え方や組織全体を理解しようとする姿勢があれば、自分の貢献すべき方向がわかるし、自分の仕事を通しての成長が期待できます。

　もう1つは、経営トップから見ても、このような組織メンバーが増えることで、経営理念や、経営戦略、方針の浸透をよりしやすくなり、協働意欲が生まれやすくなります。

3）実践性を重視する視点で、経営管理の主な理論とその進化を概観し、先人の知恵と教訓を吸収できることです（第4章）。

　経営学は、企業の医学として理解する場合、臨床の実践も大事ですが、何よりも、その理論を知る必要があります。理論とは、実践から模索された普遍性があって体系化された原理や知恵です。理論の紹介で重視しているのは、経営理論の「進化」です。理論を知ることで、問題に直面する時に、先人がすでに模索した原理や知恵を実践に活かすことができます。そして、「進化」の視点を持てば、それぞれの理論を継承し、新たな工夫を加えるという活用方法がわかります。同時に、時流に溺れ、実践で証明済みの原理に反する経営行動を防ぐこともできます。

4）「日本的経営」の良さの再認識を喚起することです（第5章）。

　私は、来日以来、日本の長寿企業・優良企業の考察を通じて、日本的経営の真髄を探ってきました。日本的経営の真髄はけっして終身雇用や年功序列という表面的な制度ではありません。それよりずっと奥深く、時代の変化に耐えられる経営の本質に近いものです。同時に日本的経営を実践す

ることは、シンプルですが、簡単に模倣できないコア・コンピタンスを得ることなのです。

　第5章において、2つの視点から、私見としての日本的経営の真髄をお伝えできれば、幸いに思います。

　1つ目は、米国企業の経営スタイルと比較しながら、日本の長寿企業・優良企業にみる日本的経営の特徴を探るという視点です。

　2つ目は、デジタル化・AI化、およびESGといった時代の要請による転換期に、組織も経営管理もさらに進化します。進化のその先に日本的経営の知恵の貴重さを再発見するという視点です。

　紙面の関係で日本的経営について十分伝えられなかったですが、何かの機会で多くの方々とシェアできればと思っております。

　本書の内容を学ぶことで、経営学は意外に身近で、すべての人にとって役に立つ学問だと認識していただければ幸いに思います。経営的な考え方は経営者が企業の経営に役立つこと、あらゆる業界や分野において応用できることはもちろんのこと、個人の学習、生活、仕事、人生の経営にも大いに活用できます。

　最後に、長年、外国人として日本で学び、仕事ができたのは、大学関係者をはじめとして、多くの方々と学生からのご信頼に支えられています。心から感謝申し上げます。本書は、少しでもその信頼への恩返しになるように、読む方たちにお役に立つことができれば幸いに思っております。

2024年7月吉日

欧陽　菲

もくじ

はじめに ………………………… i

第1章 経営管理と経営学とは　　1

1. 経営管理と経営学の概念 ……………………………… 2
2. 企業と経営管理 ……………………………………… 10
3. 経営管理・経営学の学び方 …………………………… 18
4. 「正しい経営をしている」とは ………………………… 23
5. 経営学と経済学の違い ………………………………… 32

第2章 永続企業体にするための経営者の仕事（経営機能）　　35

1. トップ・マネジメントの役割とコーポレート・ガバナンス ………… 36
2. 経営理念、ビジョンに基づく経営戦略の策定 ………………… 44
3. 経営組織の構造の決定 ………………………………… 72
4. 企業文化 ……………………………………………… 97
5. 国際経営に必要な基本的な考え方と能力 ……………… 109

第3章 永続企業体にするための管理の仕事（管理機能）　　125

1. 人的資源管理 ………………………………………… 126
2. 戦略としてのマーケティング ………………………… 147

	3	製品の開発管理	168
	4	生産管理	180
	5	小売の販売管理	200
	6	財務会計と財務管理	207

第4章 経営管理の理論的進化　229

1　テイラーの科学的管理法から日本的生産システムへの進化　230
2　ホーソン実験から生み出した人間関係論　238
3　行動科学からミクロ組織理論へ　245
4　バーナードの組織論　261
5　「知識創造」理論とナレッジマネジメント　265
6　リーダーシップの理論　271
7　イノベーション　279
8　社会問題に直面する企業経営に関する概念　285

第5章 日・米における企業の経営スタイルの比較　293

1　持続可能な経営管理モデルと各国の異なる経営スタイル　294
2　事例で見る外的成長力に強い米国型経営と限界　300
3　事例で見る内的持続成長力に強い日本的経営と限界　311
4　転換期における企業と経営管理の進化と日本的経営に再び注目　328

おわりに　343
主要参考文献　345
索引　348

# 第1章
経営管理と経営学とは

本章では、よく耳にする経営管理や経営学などの言葉の意味を理解すると同時に、経営管理や経営学の全体像と、その目的や方法を学びます。そして、「経営管理をしていること」とは何か、「正しい経営管理」とは何かを考えます。

# 経営管理と経営学の概念

(1) 経営管理と経営学の定義

❶ 経営管理の定義

　経営管理について、より実践的なレベルで理解するために、次のように定義します。

　「経営管理とは、組織という生き物を永続企業体（ゴーイング・コンサーン）にするために継続的に工夫すること」

　経営管理の対象はすべての組織となります。企業、学校、病院、役所、行政、家庭に適用できます。本書では、経営管理の対象を営利組織に絞ります。営利組織とは、経営者が出資者の資金で事業を運営し、利益の一部分を出資者に還元するものです。それはすなわち一般的に企業とか、株式会社といわれているものです。「継続的に工夫すること」とは、その工夫から多くの「知恵」が蓄積されていくということです。経営管理の内容は、

　「組織という生き物を永続企業体にするためのすべての知恵」

になります。

　経営管理の定義として、「計画し、組織し、指揮し、調整し、統制すること」と古くからありますが、現場では、それをさらにわかりやすくした、「Plan　Do　See サイクル：計画し、実行し、反省することを循環させること」や「PDCA サイクル：Plan（計画）→ Do（実行）→ Check（評価）→ Act（改善）を繰り返すこと」が用いられています。この定義は非常に実践性が強いですが、経営環境が安定していて経営管理の重心が企業内部に置かれている時代に、また継続的な管理や改善には向いていますが、大きく戦略

転換にかかわる経営には向かなくなっています。

❷ 経営学の定義

　経営学にも、多くの定義があります。経営学とは「組織体の運営に関する学問」、「社会システムを中心とする環境の中で組織体の運営方法を究明する学問」と定義するのが一般的です。経営学の内容については、古くから「経営戦略論」と「経営組織論」として理解されています。

　本書では、経営学を企業の医学として考えています。ここで、経営学とは以下のように定義します。

　「企業という生き物を永続企業体にするために、経営管理の実践から蓄積されたノウハウ・知恵を理論化・体系化した学問」

　内容は、経営戦略と経営組織にとどまらず、経営と管理の両方をその範囲とします。

(2) 定義を理解するためのポイント

　先に挙げた「経営管理」と「経営学」の定義を理解するためには、以下の3つのポイントがあります。
　①企業は生き物
　②持続企業体
　③経営管理と経営学の関係

❶ 「企業は生き物」について

　企業は生き物とは、自然界の多くの生き物が脱皮・成長していく過程と同様に、企業が成長する過程において、生き物のごとく、次から次へと新しい問題や限界に直面すること、そして、その度に、人間のさまざまな工夫や知恵によって、企業経営の在り方を進化させていくことを意味します。

したがって、経営管理も経営学も生き物で、多くの要素が含まれ、その内容も絶えず進化しています。

❷ 「永続企業体」について

　企業はその規模が大きくなっていくほど、永続企業体として経営管理を行う重要性が増していきます。大企業は、顧客、株主、従業員などをはじめとして、社会全体に大きな影響を及ぼしているからです。ある意味で、企業の存続は経営者として、または企業としての責任なのです。

　企業を存続させるのは、その原理原則や知識、ノウハウを知り、さらに模索していく必要があり、非常に難しいことです。なぜなら、企業が複雑な生き物だからです。

　その複雑さを経営資源、機能、ステークホルダー（利害関係者）、意思決定というキーワードを通して見てみましょう。

　「経営資源」とは、一般的に、ヒト、モノ、カネ、情報を指します。時間、空間を加える考えもあります。それらの調達と活用は、常に経営管理の課題です。

　人間の生命は、心臓や肝臓といった五臓六腑のそれぞれの「機能」によって元気に維持されています。企業も同じようなものです。**企業の中の諸機能とは、企業の運営を支えるそれぞれの機能部門のことです**。たとえば、ヒト、モノ、カネ、情報をマネジメントするために、企業の中には、それぞれに相当する機能部門が必ずあります。人事部門＝人的資源管理部門、生産管理部門、総務部門、販売部門、マーケティング部門などがあります。このような機能部門は、互いに独立しているのではなく、相互作用をしています。

　「ステークホルダー」には、株主、顧客、従業員、取引先、地域社会、国際社会などの利害関係者が含まれます。利害関係者といいますと、対立的な関係が目立つように見えますが、逆に考えますと、企業はこういった

利害関係者に支えられて存続しなければならないのです。企業が大きくなればなるほど、ステークホルダーへの依存度は高く、経営者や企業においては彼らに対する責任も大きくなります。現代では、経営者に、このステークホルダーとのバランスを取る能力が求められています。

以上で説明したように、多くの経営資源や機能部門、ステークホルダーを抱える中で、経営者や管理者は、継続的に利益を出すように「意思決定」しなければなりません。企業をキープする際には、商品の売れ行き、従業員のやる気、戦略、目標、コントロールのしくみ、不祥事、環境の変化などによる問題がいつも潜んでいます。また、無謀な拡大戦略、過度な多角化戦略（多くの事業を同時に展開する戦略）、あるいは利益至上主義といった偏った経営を行いますと、どこかで企業がバランスを崩し、業績不振・倒産に至る可能性が生じます。

経営学はバランスの芸術なのです。

❸ 「経営管理」と「経営学」の概念の関係について

経営学は企業の医学のようなもので、経営管理は臨床の実践です。

図表1-1で示したように、経営管理（マネジメント）を実践する過程において、企業を元気に存続させるためのノウハウが多く蓄積されていきます。この経営管理の実践によるノウハウや手法の中から、共通性・普遍性のものを体系化した学問が経営学です。

共通性・普遍性のあるものというのは、その経営管理実践の知恵の中には、A社やB社だけではなく、多くの企業に適応できる基本ルールや原理原則、知識のようなものです。そして、私たちは、学問から基本ルールや知識を知り、再び実践に応用していきます。この再実践において、新たな知恵や工夫が加えられ、その中から共通性・普遍性のあるものはまた抽出され、理論化・体系化され、学問を進化させていきます。このようなサイクルは、ダイナミックなスパイラルが形成されます。このスパイラルに

よって、企業経営の原理原則がより明確になり、経営管理の知恵がより幅広く、深く進化していきます。

100年あまりの年月の中で蓄積された経営管理の知恵ですが、いまだに進化している真最中です。経営学の究極の目的は、実践から抽出した経営管理の基本ルール、原理、知識が、企業を長生きさせるのに普遍的に実践的に役立つことにあります。

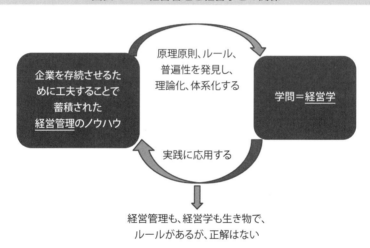

図表1-1 経営管理と経営学との関係

ドラッカーは、「ミッションが戦略を決定し、その戦略が組織構造を決定するので、もちろん組織によってマネジメントに違いはある。しかし、小売チェーンのマネジメントとローマカトリックの教会区のマネジメントには、小売チェーンの役員や主教が感じているほど違いはないのである。違いは、原理面より主に応用面にある。すべての組織幹部は、たとえば人の問題に同じくらいの時間を費やしている。人の問題はほとんどいつも同じである。」

「だから、ソフトウエア企業を経営しようと病院を経営しようと、ある

いは銀行やボーイスカウト組織を経営しようと、違うのは仕事のうちのたった 10% 程度である。この 10% は組織特有のミッション、特有の組織文化、歴史、言語によって決まる。残りの部分は、十分に交換が効くのである。」(『P.F. ドラッカー―経営論集―』(ダイヤモンド社))といっています。

すなわち、経営学は、応用面において、正解を提供する学問ではありませんが (後述)、原理面においては共通の知恵が多いということです。

経営学を学ぶことは、先人たちが企業を良くするためにすでに経験したことを知識として学ぶということです。学ぶことによって、多くのことは一から模索しなくても済むのです。

あるベンチャー企業の共同創業者が経営組織の講義を聴いた後に、次の感想を述べてくれました。「わが社のビジネスが軌道に乗ってから、組織をどうすべきかの壁にぶち当たりました。経営組織の講義で、10 分間でわかる答えは、われわれは 7 年間かかりました。経営学を学ぶ意味がやっとわかりました」。

また、現実的には、先人たちの経験からこの道は正しい道、あの道は危険な道と記してくれていますが、それを知らなかったり、無視したりして、危険な道に迷い込むケースがよく見られます。利益最優先の道は危ないと多くの先人に教えられていますが、その道に飛び込む人は後を絶たないのです。

改めて第 4 章で詳しく触れますが、今の経営学の始まりは、テイラーの科学的管理法だと一般的に認識されています。それは、生産性の向上に目を向けたときに初めて生まれた経営管理のノウハウ・方法になっています。**今の分業、分権、標準化、マニュアル化の基礎であり、生産管理や組織管理、成果主義の基礎にもなっています。**

これをきっかけに、人間的要素と生産性との関係に注目する研究が進められ、モチベーション理論や、動機付け理論、集団の意思決定、リーダーシップ論と、どんどん幅広く、深く進化され、ミクロ組織論や人的資源管理に大きく貢献しています。これらの研究は、経済的成果だけではなく、人間

の欲求や、成長願望も見なくてはならないと教えてくれるのです。

経営環境の変化から、それが激しく変化している中での生き方も模索され、**経営戦略**の重要性がわかるようになりました。

物を売りにくい時代が**マーケティング**や**イノベーション**の発想を生んだのです。

巨大企業が多く生まれ、株主よりも、経営者のパワーが大きくなると、経営者が暴走しやすい環境になっていきます。大手企業の実質的な支配権を持った経営者がいったん暴走すると、環境問題や不祥事が発生します。このようなことが起きた場合、社会をはじめ、株主、顧客、従業員に大きなマイナス影響を与えます。そこで、**社会的責任**の考えや、**コーポレート・ガバナンス**の概念が登場してきます。

図表1-2　経営管理の課題と研究から経営学へ進化する事例

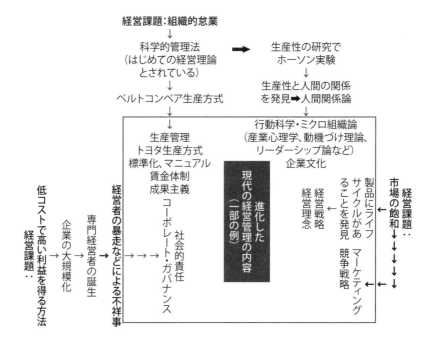

このように、経営管理者は経営管理の実践において、いつもいろいろな問題に直面します。これらの問題を解決するための知恵が共通の知識として整理され、今後の経営管理の実践に役立つことができる学問が経営学なのです。経営学は普遍性や基本ルールのある知恵なので、理論・学問的側面がありますが、実学として、企業の経営だけではなく、人生の経営、家庭の経営など、幅広く応用することができる学問なのです。

　したがって、**経営学は企業の医学で、経営管理は臨床の実践**です。中国の伝統医学のバイブルといわれる『黄帝内経』に、「上手（うわて）の医者は病気を治すのではなく、未病を治す（優れた医者は、病気になってから治すのではなく、病気の前兆を見つけて早めに手が打てる者だ）」という言葉があります。企業経営も同様に、問題を未然に防ぎ、企業に病気をさせないのは一流の経営管理者または経営者だといえるのではないでしょうか。また、東洋医学は心、身体の健康とは表裏一体の関係だという認識がありますが、良い経営者は、経営理念や企業文化の大切さがわかっているのではないでしょうか。そういう意味で、**経営学は東洋医学により近い学問**といえるでしょう。

企業と経営管理

(1) オープン・システムとしての企業とは

　経営管理は「企業という生き物を社会に役立つ永続企業体にするために継続的に工夫すること」です。つまり、企業が半永久的に社会に必要とされるための知恵を模索することです。

❶ 企業の概念

　企業を定義するときに、システムとして考えるのが一般的です。私たち人間もシステムで、自然や社会のしくみもシステムです。人間にしても企業にしても、システムはインプットとアウトプットと変換プロセスという3つの要素によって構成されています。

　人間の場合、知識とともに、水や食料をインプットし、それらをわれわれの頭脳や心、各臓腑や血液などの働きによって、社会に貢献できる能力と元気に生きるためのエネルギーをアウトプットしてくれます。この働きは変換プロセスといって、システムの中で最も重要な役割を果たします。経営管理はこの変換プロセスに当たります。

　企業の場合も同様です。図表1-3は「企業と経営管理の関係」を示しています。経営資源をインプットし、技術や経営管理などの転換活動を通じて、経営資源を商品・サービスに換えて、社会や消費者に提供します。

　企業の場合、環境変化の要素に強く影響されますので、経営環境に適応する生き方だけではなく、環境の変化からチャンスを作り出す創造的な活動を行うことが極めて重要です。したがって、企業は、内部だけに注目す

るクローズ・システムではなく、外的環境に影響されるオープン・システムでなければなりません。

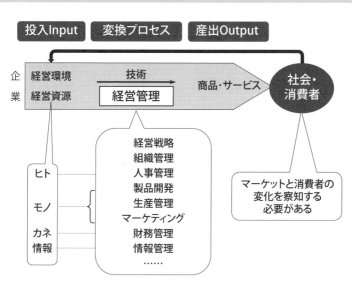

図表1-3 企業と経営管理（マネジメント）の関係

企業の変換プロセスにおいて、経営管理（マネジメント）が登場します。しかも経営管理は企業の中で、最も重要な役割を果たします。

企業とは、経営資源を投入し、技術や、マネジメントを通じて、変化する市場に必要な商品・サービスを提供するオープン・システムです。

❷ 企業の生存環境―経営環境

企業は生き物です。生き物の存続法則の1つは置かれる環境に適応し、自ら進化することです。**企業の場合、単なる環境に適応するだけではなく、存続環境を自ら作り出すことも重要な能力です。**

企業の存続環境は、主に、**社会環境、技術環境、市場環境**の3つから考

11

察することができます。

1) 社会環境において、政治や経済、社会の変化があります。国内外の政治の動向や、経済政策、社会の問題、関心事、価値観の変化などは絶えず動いています。その中に新たなリスクが発生する場合もありますが、ビジネス・チャンスになる場合もあります。リスクとチャンスはまた、表裏一体の関係で、互いに転換し合うことも可能です。たとえば、電力や医療などの規制緩和によって、新規参入のチャンスが増えます。また環境意識が高まっているいま、環境ビジネスには多くの商機が潜んでいます。グローバル化も同様です。

2) 技術環境において、各分野の基礎研究や応用研究、商品開発など、国内外の動向を把握する必要があります。いまは、新技術の誕生は１つの領域の専門家が行う時代が終わり、複雑な異分野、異業種の技術のぶつかり合いや、融合による過程に変わってきています。また、いまは、新技術によって、いままでのライフスタイル、企業の常識、社会の常識を覆してしまう時代でもあります。たとえば、IT革命や、3Dプリンターの技術は、この時代とこれからの時代の各領域に革命的な可能性を怒涛のごとくもたらしてくれるでしょう。

3) 市場環境には、資本市場、雇用市場、原材料市場、消費市場などが含まれます。資本市場では、株式市場の変化や、利率、経済政策など、雇用市場では、少子高齢化や賃金の変動、産業の変革など、原材料市場では、為替レートや原材料の価格変動、自然災害など、消費市場では、顧客の嗜好の変化、顧客の不満や潜在的欲求、ライバル企業の動向など、複雑に変化しています。

しかも、いまの時代において、顧客と生産者、顧客と開発者、ライバルと協力企業との間の境界線はもはやぼけ始めています。ビジネスのルールでさえ、いつもシャッフルされている状態です。

経営環境はビジネスの土俵になっています。経営管理者には、その存続

環境を洞察する能力や、商機をつかむ能力がどの時代よりも、いまは求められています。

いまはよく経営環境が目まぐるしく変化しているといわれています。上記の3つの側面を見た場合、最も企業に大きな影響を与え、難しい対応が迫られ、千載一遇のチャンスも運んでくれる経営環境の変化は、2つあります。1つはグローバル化で、もう1つはIT革命です（第2章の経営戦略で詳述）。

(2) 経営管理の内容と相互関係

経営管理は、企業という生命体を維持するために、さまざまな働きをします。これを理解するために、経営管理の内容とその関係を知る必要があります。

図表1-3で示した経営管理の内容は、経営と管理の2つの部分に分けて理解することができます。

❶ 経営の概念と内容

経営の仕事は、経営戦略、経営組織の構築が主な内容になります。経営者はこの仕事を主に担当します。経営戦略と組織は、企業において、それぞれ人間の頭脳、心（臓器としての機能ではなく）と骨格・神経のような役割を果たします。

「経営」とは、企業の中長期的な方向づけをつけるための経営戦略などを策定し、それを実現できる環境を整えることです。

企業全体を波乱の環境の中で正しい方向へ導く役割を果たします。この経営的な意思決定は、企業にとって、最も大事な意思決定となります。経営者の仕事はつまり、企業が置かれている経営環境と自社の強み・弱みを理解した上で、企業がどの方向に向かうべきかを決めたり、やるべき事業

とそうでない事業を見極めたり、それを実現するために組織はどうすべきかといった組織構造を考えたり、多くのステークホルダー（利害関係者集団）との調整を行ったりすることです。

大企業の場合、社長一人ではなく、経営陣がそれを行います。

❷ 管理の概念と内容

管理の仕事は、経営陣も行いますが、各機能部門の管理者から一般従業員まで行います。組織の部分で詳しく説明しますが、機能部門には、開発や生産、販売、財務、人事などを含みます。各機能部門の管理活動は、人間の各内臓のような役割を果たします。しかも、これらの管理活動は、トップの経営的意思決定を前提に行うものでなければなりません。組織の経営理念や経営戦略を理解した上で仕事をすることが、真の「仕事ができる」ということなのかもしれません。

「管理」とは、組織や企業のすべての仕事を最善の状態にするために最善の手段・方法を継続的に模索し、実行することです。継続改善といった管理活動を行うのには、前述した「PDS サイクル」や「PDCA サイクル」が有効です。

ここでいう最善の手段・方法とは、上野陽一が提唱し、かつてから日本で有名な「3ム」を基準としたものです（図表1-4）。すなわち、ムダ、ムリによるムラのない手段のことです。言い換えますと、**理想な状態や、目的・目標を実現するために、ムリのないように、最小の投入で最大な効果を得るための工夫こそが管理なのです。**

組織のすべての人間が、考えて仕事をし、日々最善の手段を探っていれば、「**管理活動を行っている**」といえます。単に指示どおりに、またはマニュアルどおりに仕事を進めるのは、機械も同然で、人間の仕事らしくないのです。そういう意味で、管理は管理者だけが行うものではありません。同時に、経営者、管理者は、すべての従業員の知恵・工夫を引き出すことが

図表1-4 ムダ・ムリをはぶき、ムラをなくす

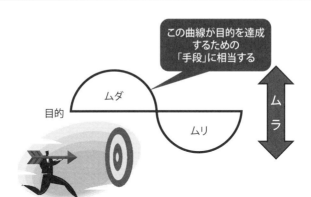

重要な仕事の1つです。

「良い管理」とは、企業のすべてのメンバーに自発的に最善の手段を模索し続けるように仕事に取り組んでもらうことです。「悪い管理」とは、人の監督・コントロールを重視することです。組織の権限が下に大幅に委譲される場合、一人ひとりが経営管理に参加するようになり、個人への監督・コントロールレベルの管理を必要最小限にすることができます。

企業を永続企業体にするために、**従業員の経営への参加**はそのための秘訣の1つになっています。これは多くの優良企業や長寿企業から学べることです。

管理の具体的な内容は多方面にわたっていますが、そのすべては、「ヒト、モノ、カネ、情報」といった経営資源を「ムリ」なく最小限に投入し、最大限に活用することにかかわっています。

「ヒト」のマネジメントには、人的資源管理・人事管理や労務管理、組織管理、「モノ」のマネジメントには、マーケティング、研究開発、生産管理、販売管理、購買管理、在庫管理、物流管理、「カネ」のマネジメントには、会計、財務管理、「情報」のマネジメントには、情報管理がある

ように、企業の隅々に管理活動が行われています（図表1-3：11頁を参照）。情報管理は、システムの開発や導入、業務の効率化だけはなく、経営戦略の意思決定から、各管理活動の情報活用や情報共有にかかわる内容になります。

　以上から、経営管理の内容には、経営戦略や経営組織、人的資源管理、マーケティング、生産管理、財務管理、情報管理など、幅広く含まれていることがわかりました。それらは、企業の中で、それぞれの役割を果たさないといけません。そのために、それぞれに必要とされる知識や知恵は異なります。第3章から、これら経営管理の知恵を具体的に紹介します。

❸ 経営と管理の関係

　人間の体のすべての部分が複雑に相互作用をしていると同様に、経営と管理のそれぞれの働きは互いに入り込んだ関係になります。企業をもっとわかりやすく車に例えますと、図表1-5で示したようになります。

図表1-5　経営活動と管理活動との関係

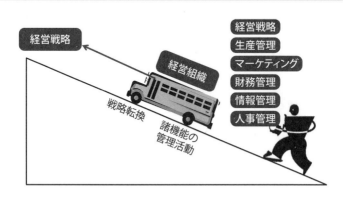

　経営は企業の方向性を示す経営戦略と、経営戦略に合う経営組織を決定する役割を果たしています。経営戦略は前輪で、戦略転換（方向転換）を

可能にします。**経営組織は車体の構造にたとえることができます**。経営者は、全体を見て、正しい方向をつかみ、社内外に示します。同時に、前輪を動かす運転手と、経営組織をデザインするエンジニアでもあります。**管理は、車の後輪で、前輪が動かされるときに、車全体の安定を支える働きをします**。研究開発や生産管理、マーケティング、財務管理、人事管理、情報管理といった各機能的管理活動は、企業を支えるための力になります。マーケティングを、経営戦略の重要な部分として位置付けている企業もあります。

3 経営管理・経営学の学び方

　経営管理や経営学について、その学び方によって効果が違うケースがよく見られます。次に、事例を交えながら学び方について以下の3つのことをヒントとして提示します。

　①経営管理や経営学を、問題解決するための模範解答として学ぶべきではありません。

　②経営管理や経営学は実学として、全体最適な視野と既知の知識の活用と創造力の発揮が学習のポイントです。

　③経営管理は多面性と複雑性があり、経営学は学際性を持っているため、幅広く、さまざまな事柄や知識に興味を持って学習する必要があります。

（1）模範解答として学ばないこと

　経営管理や経営学を、問題解決するための模範解答として学ぶべきではありません。

　経営学を学ぶ目的の1つは、経営課題を早期発見できる能力と、問題に直面したときに問題を解決する能力を向上させることです。

　経営学は、企業を経営する上で、基本的な原理や知恵を教えてくれます。この既知の原理や知恵からヒントを得て、自社の経営・自分の担当業務に合う解決方法を練ることができます。

　すなわち、経営管理や経営学には原理原則やルール、知恵がありますが、問題解決するための模範解答として学ぶべきではありません。**経営管理に**

は正解はないのです。前述したように、もし、経営学を企業の医学にたとえることができるなら、より東洋医学に近いのです。同じ病名の病気に対して、体質に合う処方箋を処方しなければならないケースが多いからです。体質が違う場合、同じ終身雇用、年功序列、成果主義を採用しても、よくなる企業もあれば、悪くなる企業もあります。

また、企業を元気に存続させるためには全体最適な視野で目の前のことに取り組む必要があります。経営環境や前提条件が違いますと、具体的な経営管理の方法も違います。

人間は成功者の人生をコピーすることができません。企業も同様です。成功している企業のやり方を真似するだけでは、成功できません。人間が育った環境が違ったり、得意不得意があったりすることと同じように、企業もそれぞれの企業文化が違いますし、経営者もそのやり方に向き不向きがあるからです。

(2) 経営管理や経営学を実学として学ぶこと

経営管理や経営学は実学として、全体最適な視野と既知の知識の活用と創造力の発揮が学習のポイントです。

経営管理を実学として学習する目的は、実践能力を高めることです。

実践能力には、以下の3つの内容が考えられます。

①全体最適の視野で自らの仕事を行うことができます。

②自分の仕事に関する多くの経営管理の知識やノウハウ・知恵を活用できます。

③新たな知恵を生み出すことができる、創造力・思考能力です。

これらの実践能力を高めることで、長期的に見て、組織のどのポジションにいても「仕事ができる人」になれるかもしれません。

次に①の全体最適と③の創造力について、もっと詳しく見てみましょう。

全体最適というのは、ドラッカーの言葉でいいますと、「**自分の貢献に常に焦点を合わせる**」ことです（『プロフェッショナルの条件』P.F. ドラッカー、ダイヤモンド社）。

　経営者の仕事は、企業が生存できるルールや知恵を知った上で、自社の置かれている環境を広く見つめ、企業全体の方向（経営戦略）を正確に示し、組織全体や各部門を望ましい方向に向けさせるような工夫・実践を行うことです。

　管理者の仕事も同様です。人事担当者の場合、企業全体の経営理念、ビジョン、戦略を理解し、利益意識、コスト意識を共有し、それによって全体の中での人事部門の役割が見え、人事のプロとしての人的資源管理に関する知識やノウハウを持ち、日々より良い成果を出すための実践と工夫を行えることが重要です。

　生産も財務も販売も例外ではありません。某企業の販売体制は製品ごとにチームを編成しています。評価方法は成果主義です。Ａチームに所属しているある担当者は営業活動を通じて、そのお客さんにはＡ商品よりもＢ商品が合っていることを発見しました。彼は、全体最適の視点で、ＢチームのＢ商品を顧客に勧めました。この担当者は全体最適の視点で判断したからです。しかし、Ａチームのリーダーは怒り、反省文まで書かせそうです。このリーダーは、全体最適ではなくチーム最適を考えたからです。これによって、この従業員は会社を辞めざるを得なかったのです。評価制度の是非を除き、Ａチームのリーダーが自分の仕事についてはプロなのかもしれませんが、経営的な視点から物事を考える能力はゼロです。結果、企業側から見れば、素晴らしい従業員が失われたことになってしまいました。もし、そのリーダーのやり方で顧客にＡ商品を勧めたら、大事なお客さんを失う可能性もあります。

　経営者にしても、業務のプロフェショナルにしても、**全体を見る力、ポジションについての知識の活用、工夫する習慣は、三位一体で持つこと**が

重要です。

　経営管理の実践において、創造力や工夫は常に必要です。経営者は、企業が置かれている環境を多方面にグローバル的に洞察し、企業の道筋を描くのも、また各管理者や従業員がいまのやり方をより良い状態へ進化させるのも、創造性が不可欠です。これは、経営管理の難しさでもありますし、魅力でもあります。経営者は薄氷の上で慎重かつ大胆に前に進まなければならないような仕事をしているのです。

　経営者に限らず組織で働くすべての人間に、管理活動を通じての創造力が求められています。仕事の方法は、先輩やマニュアルが教えてくれますが、各担当者の手で進化させる必要もあります。さもなければ、企業は「老化」してしまいます。

　経営管理、経営学は、合理性を追求する科学であると同時に、バランスと創造の芸術でもあります。

(3) 幅広く関心を持つこと

　経営管理は多面性と複雑性があり、経営学は学際性を持っているため、幅広く、さまざまな事柄や知識に興味を持って学習する必要があります。

　学際性とは、国境を跨ぐ意味の「国際性」という言葉と似たよう意味で、学問の境界線を跨がっているような学問という意味です。企業を経営していく上で、政治、経済、社会、法務、工学、心理学など多くの分野とかかわっているからです。

　経営管理者として、時代を読む力や市場への洞察能力が極めて重要です。これがないと、ビジョンや戦略を構築することはできません。この能力は、物事を深く広く見ようとする訓練と幅広い学習能力にかかってきます。

　経営管理者はもちろんのこと、一人の従業員や学生としても、多岐にわたる経営管理または経営学を学ぼうとしたときに、世の中の動きを含め、

幅広くさまざまなことに興味を持つことは前提となります。

　将来、経理の仕事を目指す人も、企画に興味を持つ人も、マーケティングの専門家を志望する人も、政治・経済の基本的な知識や市場のルール、顧客・人間の心理、法律、製品知識などが必要ですし、会社の経営理念やビジョン、経営戦略を理解する必要がありますし、生産や、営業、人事、財務、情報などの仕事も理解しなければなりません。

　経営学を学ぶときに、「経営学を学んでいるから、法律や経済学は関係はない」とか、「会計士の資格を取る勉強をしているから、マーケティングは関係がない」といってはいけません。これは、お医者さんが心臓の専門家なのでほかの臓器のことや、心臓とそれ以外の体の部分との関係をまったく知りたくないといっているのと同じことです。

第1章　経営管理と経営学とは

4 「正しい経営をしている」とは

　企業を健康的に存続させるためには、正しい経営管理を行うことはとても重要です。生存環境が悪ければ悪いほど、経営管理の力が試されます。間違った経営をすると、いつか付けが回ってきます。V字回復だけでよろこんではいけません。**持続できることこそ「正しい経営」の試金石です。**

(1)「経営管理をしていること」とは

　需要が多く供給が不足している経営環境は、景気が良いといいます。このような経営環境の中では、景気の波に乗って、経営管理のことがそれほどわからなくても、企業は大胆な投資やM&Aで大きく成長し、利益を得ることができます。極端にいいますと、何をやっても利益が出るという状況です。

　供給者が多くなるにつれて、需要は相対的に少なくなってきます。供給が需要より多くなった場合、競争が激しい、または不況といいます。このような環境下では、利益が得にくくなります。そこで、経営管理の力の善し悪しによって、企業の運命が変わります。日本のバブル崩壊や2008年の世界金融危機で、業績不振に陥った企業もあれば継続的に成長している企業もあるのは、その経営管理の在り方によって決まったのです。

　経営管理をしている企業は生き残り、そうでない企業は業績不振に陥り、倒産する企業も出ます。不況時には不祥事も出やすくなります。人間が普段の健康管理をしていないと、季節の変わり目などで病気になりやすいのと同じ原理です。

日本のバブル経済崩壊後に、「まさかバブルが崩壊するなんて、夢にも思わなかった」「この景気が永遠に続くものだと思った」と多くの経営者がいっていました。自社が大きな借金をしているのに、利益が出ていると思う経営者もいました。日本だけではなく、かつての先進国の企業がこのことを数多く経験していますが、いまは、中国をはじめとする新興国の企業も経験している最中です。歴史は繰り返します。

　経営管理は航海にも似ています。良い天候のときには、船は波風に乗って、順調に前進しているように見えますが、ずっと平穏な海とは限りません。悪天候を常に予測し、乗り切るための知識や知恵を備えていなければなりません。良い天候のときよりも、悪天候のときに、航海家の判断力や腕前が試されます。すなわち、経営管理をしているというのは、どんな景気であっても、企業が生き残れるように知恵や能力を備え発揮できるということなのです。

　企業が「経営管理をしている」というのは、さまざまな知恵を使って常に工夫しているということです。

(2)「正しい経営」とは

　経営管理を行うことが重要ですが、場合によっては経営に危険性も伴います。ここでいう危険性とは、短期的に売上やシェアが伸びて、利益も出て、順調に成長しているように見えますが、長期成長にマイナス影響が出てくる可能性があるということです。ビジネスに伴うリスクのことではありません。

　人間にとって食べることは、生命を維持するために重要です。しかし、「暴飲暴食」の食べ方は、かえって健康に害を与えます。暴飲暴食という**食べ方の目的**が、いつの間にか「食欲＞健康づくり」になっているからです。

　利益を追求することは、企業の責任の1つです。それ自体に対して議論

の余地はまったくありません。しかし、「暴飲暴食型経営」（短期間での規模の拡大）は、企業に害を与えます。経営の目的が「拡大・成長＞持続性」になっているからです。

したがって、「経営管理を行っている」だけでは不十分で、「**正しい経営管理**」とそうでない経営管理の区別をするのも、経営者の仕事でなければなりません。

❶ ドラッカーが考えた「正しい経営」とは

ドラッカーは、企業の目的は「顧客の創造」であること、それを実現するために重要なのはマーケティングとイノベーションであること、**利益は目的ではなく手段であること**、**経営管理の責任は企業の存続であること**、**利益は存続するために必要な未来費用であること**といった画期的な説を60年前に提唱し、いまだに多くの経営者たちに影響を与え続けています。

「顧客の創造」は、ドラッカーの最も知られている言葉になっています。

ドラッカーは、「企業の目的は、常に企業の外にある。事実、企業は社

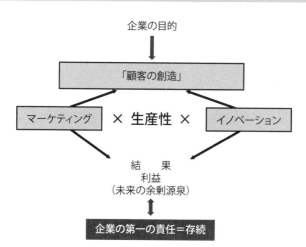

図表1-6　ドラッカーの「顧客の創造」理論のイメージ

会の機関であり、その目的は社会にある。企業の目的として有効な定義は1つしかない。すなわち顧客の創造である」と明確にしました。

「顧客の創造」は、企業の2つ基本的な機能に支えられます。それが「マーケティング」と「イノベーション」です（図表1-6を参照）。

マーケティングとイノベーションが有効に働くことによってはじめて、企業は「顧客の創造」を実現することができます。

また、「顧客を創造するという目的を達成するためには、資源を利用する。企業は、資源を生産的に利用する機能を持つ。これが事業の管理的機能である。その経済的側面が生産性である」「生産性とは、最小の努力で最大の成果を得るための生産要素間のバランスのことである」というように顧客創造に生産性という尺度が必要だということも強調しています。

最後に、利益の機能についてです。利益が原因なのではなくマーケティングとイノベーションと生産性にかかわる仕事ぶりの結果だとドラッカーは考えています。

利益には、次の機能があります。

第1は、仕事ぶりを判定するための尺度です。マネジメント活動には、このようなフィードバックが重要だからです。

第2は、未来のための備えであり、余剰の源泉です。企業にとって第1の責任は存続することなので、利益の最大化を追求するのではなく、損失を回避することが企業の経済原理だからです。

❷「日本でいちばん大切にしたい会社」が行う「正しい経営」とは

『日本でいちばん大切にしたい会社』（坂本光司、あさ出版）は近年注目されている書籍の1つです。この注目ぶりは、バブル崩壊後、資本パフォーマンス重視、利益第一主義、成果主義に過度に走った反動なのかもしれませんが、日本的経営スタイルの本来の良さをもう一度見直す兆しのように見えます。

書籍の中でいう「日本でいちばん大切にしたい会社」とは、以下の5つの条件を満たしている会社のことをいいます。
- 人員整理をしない
- 下請けにコストダウンを強制しない
- 法定の障害者雇用率を上回る
- 重大な労災がない
- 黒字経営

このような会社は、「正しい経営」をしていることを強調しています。「正しい経営」の基準はシンプルで、会社にかかわる「5人」を重視する経営だといっています。その5人とは、次の優先順位になっています。

第1に、社員とその家族

第2に、外注先・下請け企業

第3に、顧客

第4に、地域社会

最後に、株主

書籍の中に具体的に挙げている「日本理化学工業」「未来工業」「伊那食品工業」などの会社は、障害者の雇用や、従業員のモチベーション重視など、社員のリストラや赤字経営と無縁な中小、中堅企業が中心になっています。

❸「正しい経営」は正しい考え方に導かれること

正しい経営管理を行うには、人間とくに経営者の正しい考え方に導かれることが最も大切です。これは単なるきれいごとではなく、経営学の原理原則となっています。

その正しい考え方は、創業者の世代から模索しながらたどり着いた経営理念、経営哲学、価値観として認識されています。後の経営戦略で触れますが、この経営理念を明確にすると、長期利益と短期利益のバランス、スピード経営と持続性とのバランス、投資戦略とキャッシュフローとのバラ

ンス、社会的責任と自社利益とのバランス、顧客利益と自社利益とのバランス、従業員の成長と自社の成長とのバランスなどが取りやすくなります。不祥事発生の確率も低くすることができます。

　企業を永続企業体にするための経営は、正しい経営哲学を持つことがとくに重要です。これによって、環境が変化しても、世の中の流行りに流されることなく、何をすべきか、何をすべきでないか、何を変えるべきか、何を変えるべきでないかを正しく見極め、判断することができます。横並び経営、不動産投資、成果主義、株主・利益第一主義、リストラ依存など、その時々の一辺倒ブームに影響されずに、赤字無縁の企業もあれば、本質を理解せずに自分の良さを捨てて、「一辺倒」病にかかり、自らを危険の道に連れ込んでしまった企業もあります。

　正しい価値観を持っていない経営は、経営方針による経営のミスだけではなく、不祥事発生のリスクも潜んでいます。経営方針のミスも不祥事も企業に致命的なダメージを与えるものです。偽装や粉飾決算で企業を傷つけた例は多くあります。

　「日本の科学的管理法の父」といわれる上野陽一は、「能率（マネジメント）の概念は、宗教道徳とその根本を同じゅうするムリもなくムダもなく、いずれにも、偏らないのが、能率である。すなわち、能率の根本原理は、孔子の中庸、釈尊の中道の教えと一致するものである。要するに、能率すなわち中庸である」（『能率とはなんぞや』）とテーラーの科学的管理を日本に紹介しながら、「モダン・タイムス」で描いたような偏った実践をしてはならないように、東洋哲学的にマネジメントの神髄を追求してきました。同時に、現場重視、実践重視とする日本的コンサルティング・スタイルの礎を築きあげました。ここでいう中庸とは、真ん中をとるという意味ではなく、上野陽一の「能率5道」でいうように、正しく生活することによって生まれる正しい信念と偏らない学び方を貫くことです。すなわち、哲学

なしの経営をやってはいけないという意味として読み取れます。

　儒教の考え方には、「修身、斉家、治国、平天下（しゅうしんせいかちこくへいてんか）」があります。人の上に立つ者は、まず自分の行いを正しくし、次に家庭をととのえ、次に国を治めて、ようやく天下を平らにする立場に立てるという意味です。この順序が重要です。上に立つ者は、まずは、人格者（仁徳者）でなければならないのです。この人格者というのは、正しい考えを持っている人間ともいうべきです。そうでない人が上に立つことで、災難をもたらす事例は枚挙にいとまがありません。

　渋沢栄一をはじめ、松下幸之助、井深大と盛田昭夫、本田宗一郎、稲盛和夫といった偉大な創業者たちは成功する産業人である前に、まず良い人間性と高い教養の持ち主です。だからこそ、彼らは、自社に永続企業に必要な正しい経営理念や、DNAを残すことができました。彼ら誰ひとりとして、企業の利益第一主義的考えを持っている者はいませんでした。

　もちろん、利益は、企業の経営にとって重要ではないというわけではありません。むしろ、とても大事なファクターです。なぜならば、利益は、企業の血液に相当するからです。しかし、人間の生きる目的は血液を作ることだといったら、おかしな話になります。

　不況時や企業の業績不振時には不祥事が出やすくなります。何がなんでも利益を確保しようとする動機のほうが強く働くようになってしまうからです。この意味では、**世界の経営者は、再び企業や社会に傷をつけないために、2008年のリーマンショックを「正しい経営とは何か」を考え直す契機にしなければなりません。**

　転換期こそ、原点に戻り、自社がどこから出発して、どの道に行こうとしているかを真剣に考えるべきときでもあります。**経営理念や価値観、ビジョンはその原点になります。**

　ソニーの創業者は最初からカネを儲けることではなく、世界のソニーというブランドづくりを目指していました。この原点があるから、誰も自社

の製品に見向きをしない苦しい時代に、ソニーの創業者であった盛田や井深は、米国からの10万台の注文を迷わず断りました。これで、他社ブランドのOEM生産のような工場に転落せず、世界に響くソニーブランドを育て上げることができました。バブル崩壊後のソニーは経営スタイルにおいて、流行に左右され、自我を失いかけているように見えます。原点に戻り、ソニー精神の復活を期待したいものです。

　経営者に人間性は必要ですが、しかし、完璧さを求めているわけではありません。どうしても人間には認識の限界があるからです。この認識の限界を乗り越えるために、先人から学び、試行錯誤をし、後の世代に価値観や経営理念という形で残す必要があります。

　ユニクロの柳井社長は「全員経営」と自らの考えを常に訴えていましたが、実際は、「店長中心」の経営管理体制に走り、その結果、現場の従業員は「経営参加」どころか、部品化しそうになりました。しかし、2014年に「店長中心」の体制を改め、従業員一人ひとりの知恵や創意工夫を引き出す管理体制へシフトすると発表しました。自社の経営が正しくないときに、果敢に自己否定まで変革できる経営者は、望ましいリーダーの姿なのかもしれません。これも原点、経営理念の力だと考えられます。経営実践の過程において時々、出発した時点の思いからずれてしまうからです。

　以上の例だけでも、「経営管理をしている」、または「正しい経営」とはどういうことなのかを理解するヒントになるのではないでしょうか。

　経営者自身が常に「より良い経営とは何かを考えて決断している」ということは、「経営している」ということですが、**原点がなければ、経営理念がなければ、経営戦略はぶれますし、正しくない経営をする可能性が出てきます**。

　正しい経営とは何かについての探求は、永遠のテーマになるかもしれませんが、日本には、世界最多の長寿企業や優良企業があります。長寿企業

や優良企業を観察してみますと、その成功の秘訣は、正しい考え方に基づき、継続的に工夫をしていることがわかります（第5章で詳述）。

　正しい経営は短距離走選手タイプではないことは明らかです。マラソン選手のタイプも短距離走とマラソン選手の絶妙な組み合わせタイプも、優良企業になれるかもしれません。

　企業は多様な環境で生きる複雑な生き物で、人間の知恵で作られ、生命も与えられ続けなければならない人工的な生き物です。経営学では、いままで蓄積された経営管理の知恵の体系化、理論化を通じて、企業という生き物の原理原則は、100年以上の年月をかけて模索されてきました。しかし、**学問も実践も、まだまだ発展途中です。**

　本書で挙げた経営者や企業に対しても、完璧な模範として求めてはいけません。学説に対しても同じです。普通の人間と同じように、どの経営者もどの企業も所詮人間あるいは人間の創造物で、限界があり、弱点もあります。この企業のこういうところが良くて、あの企業のあのところが良いという感じで、それぞれの企業の経営の知恵を鏡のように映り出せるまで一滴一滴集め、「正しい経営とは何か」を自ら探り続けることが望ましいです。

経営学と経済学の違い

(1) 対象が違う

　経営学の対象は企業などの組織ですが、経済学（マクロ）の研究対象は、経済社会全体のしくみです。具体的には、供給する側の企業と消費する側の家計といった市場原理に支配されている部分のしくみと、政府の経済政策による市場経済での役割です。前者は「神の見えざる手」といわれ、後者は人間の手になります。経済学の関心は、健全な経済社会にするために、この2つの手がもたらす影響や役割、波及効果などの解明です。

　市場経済は、できるだけ人間の手が介入しない状態をつくり、経済社会の需給関係や循環、分配が合理的になっていくという考えです。国単位で見た場合、いまのところ、人間の手が経済に介入する程度の差があるものの、介入していない純粋な市場経済は存在していません。

　経済学は、経済社会全体において、市場経済下のヒト、モノ、カネの需要と供給のバランスと、そのバランスを調整するための経済政策に注目しています。

(2) 研究目的が違う

　経営学の研究目的は、企業・組織の存続原理と方法を知るということです。経営戦略の策定のために、企業の外部の経済状況、政治状況などにも関心を持つと同時に、企業・組織を解剖的に観察し、内部のそれぞれの機能の働きや機能間の相互作用、資源の最適な調達と活用方法が注目されま

す。

　企業の経営には、経営者という人間の手の役割が最も大きいのです。

　経済学から見た企業は海に浮かぶ点になっていますが、経営学から見た企業は、生き物そのものです。したがって、経営学を理解するために、企業の生存環境である経済のしくみも経済学から学ぶと良いのです。

(3) 経営指標と経済指標が違う

　経営学と経済学の研究方法が違いますので、経営状態と経済状態をはかる指標も異なります。

　経営学の場合、企業の付加価値、売上、利益率、資本回転率、自己資本比率、原価、損益分岐点レベル、顧客満足度、従業員満足度、企業価値などに対して、経済学の場合、社会全体における経済成長率、雇用率・失業率、物価指数、設備稼働率、賃金コスト指数、為替、輸出入、直接投資、間接投資などがあります。

第2章
永続企業体にするための経営者の仕事（経営機能）

　本章では、経営者やトップ・マネジメントが企業を永続企業体にするために、考えなければならないことを中心に紹介します。第1章でも説明しましたが、マネジメントには、経営機能と管理機能の両輪が必要です。前輪は経営戦略、経営組織を中心とした経営機能で、後輪は研究開発、生産管理、販売管理、人的資源管理、財務管理などの管理機能となっています。本章は、まず、経営機能の内容に絞ります。第3章では管理機能の内容を整理します。

トップ・マネジメントの役割とコーポレート・ガバナンス

　トップ・マネジメントとは経営陣のことですが、今日の大企業には、所有者・出資者が直接的に経営に携わるケースはほとんど見られません。所有者のかわりに実際に企業を経営しているのは専門経営者です。そうしますと、所有者の権利がきちんと守られている中で経営をしているかどうかが、重要な問題になります。したがって、会社法では、所有者の株主の権利や、経営者がやるべきことについて明確に規定しています。

　この一連のことを理解するために、本節では、企業の進化、専門経営者の登場、専門経営者のトップ・マネジメントとしての役割、および、経営陣への監督に関連する**コーポレート・ガバナンス**、さらに経営陣に必要な経営能力について見てみます。

　また、会社法で定められている株主と経営陣との関係について主に見ることにしますが、経営陣は、企業の専門経営者として、株主の利益だけで経営管理を行っているわけではなく、他の消費者、従業員などの利害関係者とのバランスも重要だ、ということも認識する必要があります。

　企業は、社会から見て、一企業市民です。企業も、一人の人間と同じように、**コンプライアンス**（法令遵守）を基本的価値観にしなければなりません。

（1）企業の進化と専門経営者の登場

　会社には、合名会社、合資会社、合同会社、株式会社の4種類があります。そのうち、株式会社の割合は99％ほどだといわれています。したがって、本書で使う「企業」「会社」は、株式会社を指していると考えます。ま

ず、株式会社の概念を理解しましょう。

株式会社とは、事業に必要な資金を株式発行の形で、投資家である株主から調達し、事業運営で得た利益の一部分を配当金として投資家に還元する会社のことです。

株式会社の投資家は出資した金額のみ責任を負うことになっていて、企業の債務に関しては責任がなく、また、上場企業の場合、投資した株式を自由に譲渡（売却）することができるため、株式会社は、投資家にとって投資リスクの低い会社形態になっています。しかも、このしくみによって経営者は、企業の規模拡大や戦略転換を容易にすることができます。したがって、株式会社は最も多く採用される企業の形態です。

企業は、その成長ステージによって経営課題も異なります。次に挙げる企業の進化を概観することで、大きくなっていく企業の共通の経営課題を見てみましょう。

❶ 企業の創業期

一般的に企業は、**創業期**では、創業者と経営者が一体になっています。創業者は自ら投資する場合もあれば、投資家から投資してもらう場合もあります。米国のシリコンバレーでは、個人投資家や機関投資家の投資によって多くの企業が生まれ、育てられたことがよく知られています。今日のアマゾン、ヤフー、グーグル、アップルなどはその産物です。創業期の企業は、何らかの技術やアイデアを通じて利益の最大化を追求します。もちろん、草創期時代から、使命感を持っている経営者も少なくありません。

❷ 企業の成長期

ビジネスが軌道に乗ったら、利益をさらに得る手段として、多くの企業は、**規模の拡大戦略**を展開し、**成長期**を迎えます。

図表 2-1　所有と経営の分離と専門経営者の登場

・企業が大規模化して、経営が複雑になる。
・株主（出資者）と、専門経営者とが分離する。
・株主が分散していくにつれて、経営者のパワーが増大する。
・専門経営者によって大組織を動かす経営のノウハウが蓄積される。

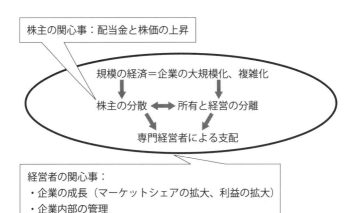

　企業の規模が大きくなると、ヒト、モノ、カネといった経営資源が増え、経営管理も複雑化し、大企業を動かす経営能力が求められます。創業者にも株式の所有が多かれ少なかれ、企業の成長とともに、創業の時期と違った経営能力が求められてきます。スターバックスの事実上の創業者は、企業が大きくなったら、専門経営者に社長の席を譲るか、自ら創業者から経営者に変身するかと述べたことがあります。まさにその通りです。

　また、図表2-1で示したように、規模を大きくするためには、多くの株主の投資が必要になります。ほとんど企業は、この時期に上場を狙います。このように株主が多く増えていく現象を「**株主の分散**」といいます。分散化した多くの株主の投資目的は、経営参加ではなく、配当金やキャピタル・ゲイン（利益の獲得）にあります。株主たちに経営管理の知識とノウハウがあるとは限りません。

この株主の分散化と企業の大規模化は、経営管理のプロである**専門経営者**の登場を促します。これは、所有と経営の分離の理由でもあります。このような専門経営者による経営は、米国企業でよく見られます。

　たとえば、ビル・ゲイツは、1975年にマイクロソフトを創業しました。マイクロソフトはWindows95発売の成功で、一気に大企業に成長しました。ゲイツは、企業の成長と自らのポジションを認識し、45歳になる2000年1月にCEO職（最高経営責任者、後述）をバルマーに譲り、自分は会長になり、その後、徐々に第一線から身を退き、2014年2月には会長職から退いて「テクノロジー・アドバイザー」となっています。

　専門経営者の目的は、企業の成長やシェアの拡大、利益の拡大になりますので、株主のそれとは異なります。

　株主の分散と企業の規模の拡大によって、株主よりも、専門経営者のパワーが増大していきます。このような企業の特徴を「**専門経営者による支配**」ともいわれています。

❸ 持続成長期

　専門経営者の誕生と経営者支配の増大によって、**大組織を動かす知恵・ノウハウ**が世に蓄積され、いまの**経営学**が形成されました。一方、経営者による、株主の利益をはじめステークホルダー（利害関係者）の利益に反するような**暴走リスク**も高まります。経済が高度に成長するときの環境破壊や、時々発生する不祥事は、どこの国でも見られます。この場合、企業の持続成長のために、経営者に、規模の拡大や利益の獲得だけではなく、**ステークホルダーとの間でバランスを取る能力**も要求されるようになります。

　成長した大企業を、進行中の大きな船にたとえると、この船を支えるのは、株主、顧客、従業員、取引先、債権者、地域社会、国際社会、政府といった、ステークホルダーです。このステークホルダーのうち、どちらの利益が損なわれたとしても船は傾きます。

企業は、小規模であれば、社会への影響力も限定的ですが、規模が大きくなった場合、社会や各ステークホルダーに大きな影響を与えます。その影響の範囲は、個人のライフスタイル、生活、仕事から、社会が直面するさまざまな問題まで、幅広く及びます。その影響力も、プラス効果だけではなく、ときにはマイナスにもなります。

　企業、とくに大企業の経営者の暴走や不祥事などによるマイナス影響を最小限にするために、法律や規制のほか、企業が自律できるようなしくみも必要です。このような**監督のしくみをコーポレート・ガバナンス**といいます。近年、多くの企業は、不祥事防止と経営の効率化のために、それを重要視するようになってきています。

(2) コーポレート・ガバナンス

❶ コーポレート・ガバナンス（企業統治）とは

　大企業の場合、企業を実質的に支配するのは、トップ・マネジメントの経営者たちです。トップ・マネジメントとは、経営戦略などを決める取締役会と執行を担う代表取締役を指しています。所有者や他のステークホルダーの利益を損なわないように、改めて、経営者への監督を強化する動きが、このコーポレート・ガバナンスです。

　コーポレート・ガバナンスとは、**効率的かつ健全的な企業経営を可能にするしくみ**です。**健全的な企業経営**というのは、「企業は誰のものなのか」に関連する問題で、その答えが株主であれば、経営者は、株主の利益を最大化するように経営努力をし、株主が経営監督しやすいしくみを作ることになります。しかし、その答えが、すべてのステークホルダーなら、株主に加え、他のステークホルダーによる監督のしくみが必要になります。

　現実的には、誰の利益を最優先にするかについて、国によって、企業の理念によって異なります。米国の場合は、株主をより重視する傾向があり

ますが、日本の場合は、よりバランスの取れた考えを持っています。それが原因で、日本企業に対して株主不在の批判もあります。とくに近年、日本企業に投資する外国人投資家が増えているので、株主利益を重視するようなコーポレート・ガバナンスが強く求められています。

2003年、2006年、2014年、2021年に「委員会設置会社」の導入に関わる会社法の改正を重ねています。その一連の動きは、株主による監督強化に注目されています。

委員会設置会社は、企業のコーポレート・ガバナンスを強化するために、2006年に、従来の日本型コーポレート・ガバナンスのしくみ、すなわち、従来の日本の株式会社の機関のしくみ（株主総会・取締役会・代表取締役・監査役など）に加え、米国企業のトップ・マネジメントの構成を参考に、新規設置したコーポレート・ガバナンスのメニューになります。従来のままの機関によるガバナンスでもいいですし、委員会設置会社を選択しても良いのです。どのメニューにするかは企業が自由に選べるということです。図表2-2は委員会設置会社のイメージ図になります。

この委員会設置会社というメニューの特徴は3つあります。

図表2-2　委員会設置会社のイメージと従来の企業統治との違い

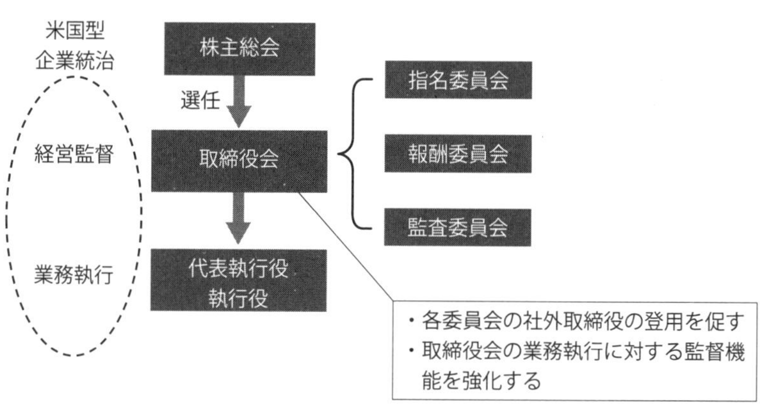

- 各委員会の社外取締役の登用を促す
- 取締役会の業務執行に対する監督機能を強化する

1つは、執行機関の「代表取締役」というあいまいな表現のかわりに、明確に「**代表執行役・執行役**」を執行機関として明文化したことです。注意しなければならないのは、**執行役**は、**執行役員**とは違うということです。

執行役員制度は、よく耳にするCEO（最高経営責任者）、COO（最高日常業務責任者）、CHRO（最高人的資源責任者）、CFO（最高財務責任者）、CMO（最高マーケティング責任者）などのことです。企業は、これを必要に応じて自由に設けることができます。会社法で定めた機関ではありません。

2つ目は、取締役会に**指名委員会**、**報酬委員会**、**監査委員会**を設置することで、執行役への監督機能を強化したことです。

指名委員会は、株主総会に提出する取締役の選任および解任に関する議案内容を決定するために設けられています。これによって、株主が経営者の選任・解任ができる権利を守ることができます。

報酬委員会は、取締役および執行役の個人別の報酬内容、または報酬内容の決定に関する方針を決めるために設けられています。

監査委員会は、取締役および執行役の職務が適正かどうかを監査し、株主総会に提出する会計監査人の選任および解任・不再任に関する内容を決定するために設けられています。従来の監査役の役割です。

3つ目は、社外取締役の活用を促すことです。社外取締役を導入する目的は、内部昇進者だけでは生じやすい社内の利害を排除し、外部の視点で経営を判断することです。ワンマン経営や仲良しクラブ経営による不透明経営のリスクを防ぐだけではなく、冒頭で指摘した効率的に経営できる感覚や能力を持つ外部人材を活用することも狙いで、これは日本の経済成長にとって不可欠なことです。

今回の委員会設置会社を導入する前に、日本では、米国の企業統治制度が先進的だという認識に基づき、委員会設置会社（当時「委員会等設置会社」といいました）が大会社を限定に2003年に実施されました。しかし、そ

の直前の2002年の年末に、米国では、エンロン社とワールド・コム社という大企業が相次ぎ倒産しました。倒産する理由は、どちらもコーポレート・ガバナンスに原因がありました（第5章で説明します）。

　コーポレート・ガバナンスは正解のない問題です。法律では、透明性を高め、投資家の利益を守る知恵を絞ってきましたが、いまの段階では、人類の知恵はここまでです。完全に不祥事といったモラル・ハザードのリスクをなくすことは、いまも、これからのしばらくの間も不可能でしょう。したがって、法律というハード面の進化を期待するとともに、正しい経営理念・価値観と経営者の人間性、経営管理能力といったソフト面の浸透や向上が問われつつあるのです。

　また、従来の日本型株式会社の機関に加え、新たに委員会設置会社が設置されたことや、新成長戦略にコーポレート・ガバナンスを盛り込まれたことからも、株主の利益重視が一層鮮明になってきました。このことは、所有者としての当然の権利で議論の余地はありませんが、株主の利益は、かならずしもほかのステークホルダーの利益と一致しているとは限らないので、大手企業にとっては、株主への一辺倒は、長期的に見ればむしろリスクです。したがって、トップ経営者は、コーポレート・ガバナンスを考える場合、ほかの消費者、従業員、取引先、社会（地域、国、国際）などのステークホルダーとのバランスも無視してはいけないのです。

2 経営理念、ビジョンに基づく経営戦略の策定

(1) 経営戦略の定義

　伊丹敬之・加護野忠男は、経営戦略を「企業や事業の将来のあるべき姿とそこに至るまでの変革のシナリオを描いた設計図」と定義しています。ドラッカーは、「われわれの事業は何なのか、何であるべきかを決めること」といっています。

　経営戦略は多くの要因を配慮して作らなければなりませんので、体系として考える必要があります。したがって、上記の定義を参考にしながら、ここで、経営戦略を広い意味（広義）と狭い意味（狭義）に分けて、見ることにします。

　「広義の経営戦略とは、企業を永続企業体にするために自社の向かうべき方向と到達するためのコース設計を決めること」と定義します。

　図表2-3のように、この定義は明確な目的と長期・中期に向かうべき方向と到達するためのコースという3つの階層を提示しています。すなわち、経営戦略は、3つの階層の総合作用によって機能するものです。

図表 2-3 広義の経営戦略の概念と３つの階層

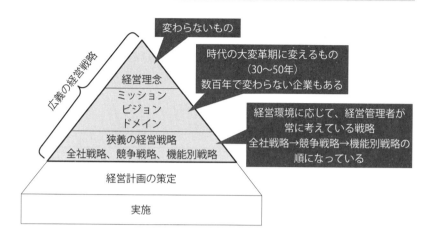

(2) 経営戦略の前提—経営理念（第 1 の階層）

　第１の階層は、経営理念またはコア・バリューというもので、企業の行動基準の役割を果たします。経営理念は一般的に創業者が企業に注入した魂、DNA なのです。コア・バリューは、社員と一緒に作り、共感できる「わが信条」のようなものです。

　経営理念は、企業を永続させるために作られ、時代とともに変化せず、代々受け継がれていくものです。

　企業が第２代目、第３代目、あるいは専門経営者の手によって経営されても長く続けられるのは、この経営理念の存在が大きいのです。

　経営理念は企業の中で、経営方針の前提として、ビジネスを動かす根拠として、企業文化の基礎として、イノベーションの土壌として、従業員の行動規範として、迷ったときの原点として、さまざまな場面でその行動基準の役割を果たしています。経営理念は飾りでもないし、きれいごとでもありません。

企業のグローバル化に伴い、経営理念で従業員の考えを1つに束ねることは、ますます重要になってきます。稲盛和夫は「異なった環境で育った人々の心を結びつけるには、世界中の人々から信頼や尊敬、共鳴や感動を得られる普遍的な経営理念がなければならない。そのような経営理念を世界各地の従業員が共有してこそ、文化の壁を越え、一体となって事業を推進できるのではなかろうか」と経営理念の重要性を教えています。

(3) 青写真としてのビジョンと生存領域としてのドメイン（第2の階層）

　第2の階層は、ミッション（使命）、ビジョン（夢・青写真・設計図）、ドメイン（存続領域）です。

　ミッションとは、企業の使命という意味で、社会や顧客に提供する価値を明確にすることです。言い換えれば、ミッションとは、自社の存在価値です。企業によっては、経営理念として認識しているところもあります。

　オムロンの創業者の立石一真は、「企業は社会に役立ってこそ存在価値があり、利潤を上げることができ、存続していける」、企業の存在価値は「ソーシャルニーズの創造」であるという使命感を持って創業されました。半世紀にわたる企業の実践においても、社会の問題解決のために、「永遠のベンチャー企業」という精神で、さまざまな技術の難題に挑んできました。その結果、オムロンは社会にとってありがたい存在の企業になり、社会や市場からの報いも多くありました。

　ジョン・マッキーは30数年間、ホールフーズ・マーケット（米国）の共同創業者兼共同CEOとして、利益や株主価値の最大化だけでなく、すべてのステークホルダーが幸せになるような「より高い目的を意識したビジネス」を目指し、経営の実践をしてきました。ジョン・マッキーは、自分たちのビジネス・モデルを「コンシャス・キャピタリズム」（意識の高い

資本主義）といっています。

　ビジョンは、企業の青写真、夢、長期的な目標という意味です。創設期や、大変革期に作られることが多いです。

　ジェームズ・C・コリンズ著『ビジョナリー・カンパニー2』（日経BP社発行）では、資産、利益、あるいは市場でトップになること以上に、崇高な目的を持つビジョンが、良い企業と偉大な企業との違いだといっています。つまり、本当のビジョンは、資産、利益、世界一、業界一を超える使命的なものでなければならないともいえます。

　ドメインは、企業の生存の領域という意味で、自社の主力事業とは何かを明確にするために使われる概念です。

　ミッションやビジョンを明確にすることで、ドメインも必然的にわかることが多いのです。

　たとえば、バンダイナムコは、ミッションを「……斬新な発想と、あくなき情熱で、エンターテインメントを通じた『夢・遊び・感動』を世界中の人々へ提供しつづけます」として、ビジョンを「世界で最も期待されるエンターテインメント企業グループ」としています。ソフトバンクは30年ビジョンを「情報産業において世界の人々から最も必要とされる企業グループ」としています。そこから、バンダイナムコのドメインは「エンターテインメント事業」で、ソフトバンクは「情報革命」だということがわかります。

　経営戦略の第2の階層は、2番目の階層として、企業が経営環境の変化に応じる経営戦略を策定するときに、ブレない戦略を作る基準になります。これがあれば、しばらくの間、上述した両社は、それぞれ、「エンターテインメント事業」の領域と「情報革命」の領域に集中させて強みを出すことができます。

　一般的に、ミッション、ビジョン、ドメインは、長期的に変わらないものです。しかし、時代の大変革期には変える必要があるかもしれません。

トヨタのような「一代一業」の企業もありますし、金剛組のように、千年以上も主力事業を変えていない企業もあります。多くの長寿企業は何百年も自社の生存領域を深耕しています。

　ビジョンを作ることは、創業者や経営者のビジョン構築能力にかかっています。ソフトバンク創業者の孫正義は、良いビジョンというのは、周りの人から見て、「気違い」と思われてちょうど良いといっています。多くの成功企業を見ますと、まさにその通りです。

　「地球環境は危機に瀕している。人類を火星に移住させなければならない」というビジョンを聞いて本気にする人はほとんどいませんが、しかし、これは、テスラ・モーターズのCEOのイーロン・マスクが、学生時代から描いたビジョンです。その後、太陽光発電のスマートシティや、宇宙事業、電気自動車などを通じて、そのビジョンの実現に一歩ずつ踏み出しました。孫正義自身の「300年企業」のビジョンも世を驚かせました。アリババのジャック・マーが企業を創業した当初に「誰もが国境を越えるビジネスができる」という考えで、中国では詐欺師だと思われました。

(4) 狭義の経営戦略 (第3の階層)

　第3の階層は、経営者が通常考えている経営戦略のことで、全社戦略、競争戦略、機能別戦略が含まれます。

　つまり、この段階で、経営管理者は、何をやるか、何をやらないか、どのようにやるかを決めていくのです。

　この3つの戦略の詳しい内容については後述しますが、まずは定義だけ見てみましょう。

　全社戦略は、企業の3〜5年の方向を示し、成長戦略・企業戦略ともいいます。経営者は、主に、企業の事業ポートフォーリオ(組み合わせ)などを決定します。

第2章　永続企業体にするための経営者の仕事（経営機能）

　競争戦略は、何をやるかを決めた後、その市場に一定の競争優位を確保するための基本的な方針を明確にすることです。事業戦略ともいいます。この戦略をマーティング戦略そのものとする考えもあります。

　機能別戦略は、全社戦略に基づき、人事、財務、開発、生産、販売といった機能部門別の戦略を指します。

　図表2-4のように、この階層の経営戦略は、ビジョンに近付けるための「駅」になります。第1、2の階層をしっかり持っている企業において、このレベルの意思決定は、現役経営者にとって車の前輪を動かすような、最も重要な仕事になります。これを決めるために、第1、第2階層に対する深い理解と企業内外の環境に対する正確な把握が必要です。

図表2-4　第3の階層の経営戦略の役割

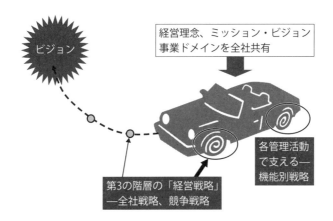

　第3の階層の経営戦略の働きは、事業の新陳代謝を通じて顧客を創造し、収益を確保して、企業に新たな生命力を注入することです。

　経営者には、前述のような「未病」を治す優れた医者の役割が期待されます。彼らは、企業の業績が悪くなる前に、経営環境と経営資源と自社ビ

ジネスとの良い組み合わせを決定しなければならないからです。

　日本の長寿企業の80%は経営理念を持ち、200年以上存続している企業の80%は本業（ドメイン）を継続しています。調査によりますと、経営理念と利潤は正比例し、経営利潤が3000万円以下の企業の49%ははっきりした経営理念を持ち、3000万～1億円の企業は61%、1億～3億円は69%、3億円以上は78%です。つまり、利潤が高い企業の中で8割近くの企業が明確な経営理念を持っているのです。長寿企業の経営理念の多くは家訓という形式で受け継がれ、心に刻んで何百年も実践されてきたものです。

（5）経営戦略の必要性―製品のライフサイクル（PLC）

　事業や製品には寿命があります。そのことをプロダクト・ライフ・サイクル（product life cycle=PLC）といいます（図表2-5）。

図表2-5　PLCと戦略転換の必要性

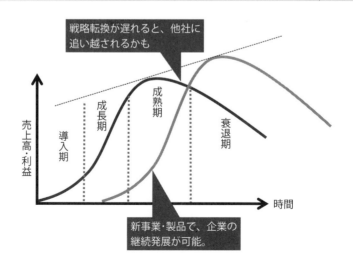

「PLC」は、製品またはビジネスが市場に登場してから退場するまでの間に各製品またはビジネスでもたらした売上・利益の変化を表しています。ほとんどすべての工業製品やビジネスは、マーケットにおいて、導入期、成長期、成熟期、衰退期を経験するといえます。ブラウン管テレビ、液晶テレビなど、それぞれの製品にライフサイクルがあります。いまの時代は、このライフサイクルは、ますます短くなってきています。

導入期は、製品の新発売期、事業の開始段階として、知名度、技術、市場とのマッチなど、多くの問題を抱えながらも、可能性の高い段階です。

成長期は、モノの普及期、事業の成長期として、短期間に多くの収益を得ることができる時期になります。成長期には、「規模の経済性」を追求する戦略が多く見られます。「規模の経済性」とは、標準化した製品を大量生産するにつれて、コストが安く、利益が増えやすくなっていく原理のことをいいます。

iPhoneの普及段階では、製品の多様性よりも、大量生産の戦略をとっています。この時期に多くの競争者が参入してくる時期でもあります。

成熟期は、時間が経つとともに、収益が減っていく段階です。普及期が終わり、買い替える時期でもありますし、参入者が多くて競争が激しい時期でもあります。このマーケットで存続するためには、自社の独自性が強く求められます。さもなければ、早い段階から製品の開発戦略や、事業の撤退と新規参入の戦略を練る必要があります。

いまの時代のマーケット、とくに先進国のマーケットは成熟していて、企業の生存条件が厳しくなっています。自社の独自性や戦略転換といった経営戦略は極めて重要です。

衰退期に向かっているとわかったときに、一般的に撤退戦略をとります。

経営者は、常に自社にとって最良の事業・製品の規模とポートフォリオを考えて、企業を持続させます。経営戦略の本質は、企業が「未病」のときの打つべき手ということになります。それは、なかなか難しいので、「病

気」を治すための手や、「延命」するための手というレベルの経営戦略もよく見られます。もっと深刻な問題は、その経営者の手によって、企業を病気にさせてしまった経営戦略も少なくないということです。

(6) 経営戦略の種類

ここからは、第3の階層の経営戦略について詳しく見てみましょう。

この階層の経営戦略は、全社戦略、競争戦略、機能別戦略に大別することができます。

❶ 全社戦略（成長戦略・企業戦略）

前述したように、全社戦略は、企業においての各事業・製品の規模や組み合わせ（ポートフォリオ）などを決定することです。一般的に、この決定で、企業は3～5年の進むべき方向が定められます。

1）全社戦略の3つのコンセプト

全社戦略には、主に**規模拡大戦略（大量生産・大量販売戦略）**、**多角化戦略**、**コア・コンピタンス戦略**が挙げられます。

大量生産の規模拡大戦略は「**規模の経済性**」、多角化戦略は「**範囲の経済性**」、コア・コンピタンス戦略は「**創造の経済性**」の原理が働いています。

実際のところ、大手企業を中心に、この3つのタイプの経営戦略が互いに入り込んだ形で柔軟に応用されていますが、図表2-6で示したように、この3つの経営戦略は、時代の変化に応じた経営管理の進化のあらわれでもあります。

第2章 永続企業体にするための経営者の仕事（経営機能）

図表 2-6 時代とともに変化してきた全社戦略のコンセプト

```
モノの普及期 ⟷ 大量生産・大量販売戦略 ⟷ 規模の経済性
           (標準化した商品を大量に供給)
                    ↓ ↑
市場の多様化 ⟷ 多角化戦略 ⟷ 範囲の経済性
           関連多角化、非関連多角化
    (複数の事業を同時に展開することで市場の多様化に対応。
     同時に、リスクのヘッジもできる)
                    ↓ ↑
市場の成熟化 ⟷ コア・コンピタンス戦略 ⟷ 創造の経済性
  (資源を集中することで、自社の強みを作り出し、スピード経営も狙う)
```

２）大量生産・大量販売戦略

モノの普及期に、大量生産・大量販売戦略、または規模拡大戦略は、標準化した製品を、規模の経済性による大量生産でより容易に利益を上げることができます。この戦略は、車、家電、携帯、スマホの普及期や、個人商店からマニュアル化されたフランチャイズ店などの増加によく見られます。

この戦略にとって重要なキーワードは、標準化になります。顧客はすぐに飽きてしまうことや競合者が殺到することで、PLCが短縮されています。このような経営環境において、1つの事業の規模拡大戦略を持続することはきわめて困難なことです。

マイクロソフト社のWindowsとインテル社のCPUのように、20年以上も世界規模で成功している例は他にありません。そこまで成功するためは、グローバル・スタンダード（世界標準）になることやブランド力を高めることがポイントです。

いずれにしても、市場ニーズの多様化によって、規模拡大戦略に限界が

やってきます。そして、市場ニーズの多様化に対応するための**多角化戦略**が登場します。

3）多角化戦略

多角化戦略は、多くのビジネス・製品を同時に展開することで、**市場の多様化**に対応します。同時に、資源の分散をはかり、リスクをヘッジすることもできます。**多品種少量、多事業に期待する「範囲の経済性」**は、この戦略の狙いです。

しかし、過度の多角化は経営資源の過度の分散を招き、企業の体力を奪うことがしばしば見られます。米国の GE 社は、名経営者のジャック・ウェルチが CEO に就任した 1981 年に 350 の事業がありました。彼は、過度の多角化に危機を感じ、一気に 118 の事業を売却・閉鎖したのです。GE だけではなく、日本企業も含む多くの企業は同じ問題を抱えましたが、違ったのは、ジャック・ウェルチは不況になる前に手を打ったことです。

多角化戦略の概念について、イゴール・アンゾフの「成長マトリクス」（成長ベクトル）が有名です。アンゾフは、全社戦略・成長戦略を、市場と製品の二軸と、それぞれ既存・新規と分けることにより、4つの種類へと分類しました（図表 2-7 を参照）。

図表 2-7　成長マトリクス（アンゾフ）

市場＼製品	既　存	新　規
既　存	市場浸透戦略	製品開発戦略
新　規	市場開拓戦略	多角化戦略

市場浸透戦略は、カスタマー・リレーションシップ・マネジメント（CRM＝既存顧客との関係の管理）などを導入することで、顧客のロイヤルティとマーケットシェアを高めるといった戦略です。

製品開発戦略は、製品の改良と新規開発によって既存顧客への販売を目指すものです。

市場開拓戦略は、海外展開や客層の転換、業務用家庭用の転換などを通じて、現状の製品を新しい顧客へと広げていく戦略です。

多角化戦略は、現在の製品・市場とも関連しない領域へと新規参入する戦略です。

多角化戦略を展開するポイントは、シナジー効果、相乗効果です。多くのビジネスを同時に展開したときに、事業間で1+1=2の効果ではなく、1+1=3の効果を生み出すことが狙いです。鉄道会社は鉄道事業と沿線の不動産、観光業、ホテル業を同時に展開することで、相乗効果を生み出そうとしています。ソニーは、エンターテインメントに関する機器の製造だけではなく、映画、音楽、ゲームのコンテンツ事業も手掛けています。これに対しては賛否両論がありますが、これもハードとソフトの両方から相乗効果を図ろうとする多角化戦略です。

多角化戦略には、資源配分の問題を伴います。つまり、どの事業に資源が必要で、どの事業から資源を撤収すべきかという問題です。これについては（8）資源配分のためのフレームワークでPPM分析を紹介します。

4）コア・コンピタンス戦略

市場の成熟化に伴い、製品のライフサイクルがどんどん短縮され、ヒット商品であっても、あっという間に売れなくなります。

この状況に対応できるのは、**スピード経営**と**自社の強み**を持つことです。近年、M&Aなどを通じたスピード経営が加速しています。同時に、**コア・コンピタンス戦略、選択と集中**、すなわち、自社の強みづくりも一層重視

するようになっています。自社の強みを維持するために、新たな創造力がかつてないほど求められます。このような企業の成長戦略は「創造の経済性」を狙っています。

コア・コンピタンス戦略が注目された背景はすでに述べましたが、この言葉は、ゲイリー・ハメルとプラハラードが1990年代に発表した論文「The Core Competence of the Corporation」の中で登場し、その後広められた概念です。コア・コンピタンスは、

「顧客に対して、他社に真似のできない自社ならではの価値を提供する、企業の中核的な力」

または、

「顧客に特定の利益をもたらす技術、スキル、ノウハウの集合」

と2人は定義しています。日本語では、しばしば「選択と集中」と表現しています。

ゲイリー・ハメルとプラハラードによれば、コア・コンピタンスは3つの要件を満たす自社の中核能力のことだそうです。

1つは、顧客に何らかの利益をもたらす能力：旭硝子は自社の強いガラス製造技術で、断熱、頑丈、薄さなどで顧客や社会に利益をもたらしています。

2つ目は、競合相手に真似されにくい能力：同社は、独自の技術開発を重視しているので、競争に巻き込まれることが避けられます。

3つ目は、複数の商品・市場に推進できる能力：ガラス技術によって、建築、自動車、スマホなどの多分野に自社のビジネスが参入できます。富士フイルムはコラーゲンの技術で、化粧品にも参入できました。

コア・コンピタンスは、単なる技術ではありません。ビジネス・モデル、組織力、企業文化、業務プロセス、取引先との関係など、経営管理能力のほぼ全域が含まれます。米国のグーグルや日本の未来工業などの成長は、自由な発想や「常に考える」という企業文化で、自社の強みを作り出すこ

ともできました。

　コア・コンピタンス戦略は、ある意味では、**自社のドメインを深耕する戦略**といっても良いでしょう。私たち個人も、同じ領域で長く努力し、蓄積していけば、何かのコア・コンピタンスを手に入れられます。

　コア・コンピタンス戦略と関連している概念は、**アウトソーシング（業務の外部委託）**があります。アウトソーシングは、一般的にコスト削減のために行われているという認識があります。同時に、自社のコア・コンピタンスに資源を集中するためでもあります。たとえば、先進国の企業の多くは、プログラミングの仕事やコールセンターの仕事、給与計算、総務など、自社にとってコアではない業務を他社や外国企業に委託します。逆のケースもあります。たとえば、自社の購買ノウハウを生かして他社の在庫管理を一括請け負うという場合です。

5）成長するための全社戦略の手法

　企業が、方向転換したり、事業再編したりするような戦略は全社戦略になりますが、実際に置かれている状況に応じて、縮小の戦略や、守りの戦略、攻めの戦略などを展開しています。

　次頁の図表2-8は、企業の各成長ステージに応じて、一般的に行われている戦略をまとめたものです。

　企業は、市場にチャンスがある成長期にシェアを拡大しながら、**生産性の向上や業務改善に経営の重点を置く**ことが多いのです。この時期において、自社の強みやコア・コンピタンスを確立し、継続的に成長できるか、または、先を見ずむやみに「攻めの戦略」を行い、市場が低迷するときに業績不振に陥ってしまうか、といった可能性があります。

　この業績不振を避けるために次の手を早めに打つというのは、**全社戦略の本来の意味**になります。これは、多くの場合、リストラクチャリング（事業の再編成）を行います。リストラクチャリングとは、従来事業の縮小・撤退、

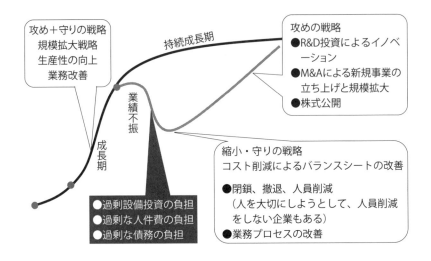

図表 2-8　企業の成長ステージにおいての戦略と手法

新規ビジネスへの進出を決定し、実行することです。この事業の入れ替え、または事業の再編成には、時に人員整理が伴いますので、日本語での「リストラ」は、本来の「事業の再編成」の意味ではなく「人員整理」の意味として使われています。

　日本の多くの企業では、バブル経済崩壊後に**業績不振期**を経験しました。この時期に企業は、少なくとも3つの過剰による負担を背負うことになります。それはつまり、①過剰な設備投資による負担、②過剰な人件費の負担、そして①②による③過剰な債務の負担です。人間にたとえるなら、腫瘍があったり、出血したりする状態です。

　この場合の緊急措置として、まず、腫瘍を摘出し、出血を止めなければなりません。経営の場合、優先課題として**コストの削減とバランスシートの改善**になります。具体的な方法として、**不採算事業からの撤退・縮小、人員整理（リストラ）、業務プロセスの改善**などが挙げられます。ここでいう業務プロセスの改善は、リエンジニアリングともいわれています。い

ずれにしても、企業全体は縮小の戦略か守りの戦略に導かれます。

1990年代以降、日本の多くの大手企業は、この段階に立ち往生しているような状態でした。これが原因で、日本経済も前に進まない状態が続き、「失われた20年」といわれています。

この段階の経営、つまり、リストラやリエンジニアリング（業務プロセスの改善）は、ある意味では本当の戦略ではありません。リエンジニアリングは常に行う管理レベルのことであり、リストラはあくまでも緊急措置として考えなければならないからです。

危機に瀕したときにも、利益を生み出せない事業から撤退しても、雇用を守っている企業があります。一般的にこのような企業は、リストラに頼る企業より長期的に見て堅実的です。

業種によって違いますが、総じていえば、更なる成長を目指す企業であれば、新規ビジネスや新製品、新規市場の創出をするための投資や、積極的なイノベーション投資を継続的に行います。つまり、自社のコア・コンピタンスを確立し、マーケットを深耕するということを常態化することは、本来の経営戦略の意味であり、経営者の本業なのです。

「失われた20年」は、経営環境が大きく変わった時代に企業が何をやればいいかを模索している20年間だと、ポジティブに再定義してもいいかもしれません。

これからの時代、グローバル化、IT技術の進歩は、新たなビジネス・モデルやビジネスルールを生み出すチャンスをもたらしています。同時に、環境問題、少子高齢化問題などの社会問題の解決にも、多くのビジネス・チャンスが潜んでいます。すなわち、このような経営環境は、いままで苦しんだ日本企業が、20年間の模索と迷いで蓄えた智恵を活かし、復活できるチャンスにもなっています。日本経済が「失われた20年」から脱出するのは、企業の経営者自身が攻めの経営戦略を打ち出せるかで決まります。

❷ 競争戦略（事業戦略）

競争戦略は、全社戦略で決められた事業が、その市場に一定の競争優位を確保するための長期的な基本戦略です。

競争戦略という言葉が注目されたのは、マイケル・ポーターの名著『競争の戦略』（ダイヤモンド社）の発表がきっかけです。彼は「競争戦略の目標は、業界の競争要因からうまく身を守り、自社に有利なようにその要因を動かせる位置を業界内に見つけることにある」といっています。

ポーターは企業が市場において競争優位を確保するための基本戦略を図表2-9で示すような3つに集約しています。その3つの基本戦略とは、

①コストリーダーシップ戦略
②差別化戦略
③集中戦略

になります。

縦軸の「戦略ターゲット」では業界全体と特定セグメントの選択肢があり、横軸の「競争の優位性」では低コストと差別化の選択肢があります。

コストリーダーシップ戦略は、業界全体のマスマーケットの大規模性を

図表2-9　ポーターの競争戦略

戦略ターゲット		競争の優位性	
		低コスト	差別化
	業界全体	〔コストリーダーシップ戦略〕 ウォルマート ユニクロ マクドナルド	〔差別化戦略〕 コンビニ各社が 差別化時代へ
	特定セグメント	〔集中戦略〕	
		低価格に集中 吉野家など	差別化に集中 フェラーリ

狙うのと同時に、効率化や生産性を追求する位置になっています。これによって、他社より低いコストが実現できるので、安い価格で販売数を伸ばしたり、他社と同じ価格で販売したりすることで、業界平均以上の収益を目指すことができます。

　ウォルマートもユニクロもマクドナルドも、大規模性や製品の標準化によって低コスト体制を作り上げています。前期投資は大きいですが、この低コストを武器に規模の拡大ができ、今度は規模性を武器にコストをさらに低く抑えるといった循環ができたら、ライバルが簡単に追いつけないというしくみになっています。

　コストリーダーシップ戦略は、決して値下げ戦略ではありません。他社と競争するときに、値下げで勝負することは最後の手段にしなければなりません。値下げは、コストパフォーマンスを持っていなければ、企業の体力がかなり消耗されます。無理な値下げ競争を引き起こす企業は、多くの場合、競合企業より先に倒れます。

　差別化戦略は、業界全体を狙いながら、他社との差別化を図る戦略です。差別化とは、他社より優れた品質、アフターサービス、ブランドイメージなどを獲得することにより、価格競争に巻き込まれるのを避け、平均以上の収益を目指す戦略です。

　差別化は一部の顧客ニーズに絞り込んだ戦略となりやすいため、市場シェアを落とすこともあります。差別化のための投資や低い市場シェアによって、製品やサービスの値段が高くなりがちです。日本のコンビニ各社は、似たり寄ったりする激しい競争状況から脱出するために、PB製品の開発や品揃え、サービスなどに着目し、独自性を高め始めています。

　集中戦略は、特定のセグメントに資源を集中し、①低コストを重視し、ローエンドユーザーを狙うか、②差別化を重視し、特定の顧客、またはハイエンドユーザーに絞り込むかで、競争優位を獲得する戦略です。前者は、吉野家のような低価格外食チェーンや、後者のハイエンドユーザーに絞り

込むフェラーリのような高級車、スポーツカーは集中戦略の典型です。

特定のセグメントとは、特定の顧客、商品、市場を意味しています。差別化戦略と同様に、集中戦略をとると、シェアを犠牲にしなければならないのが常です。

このマイケル・ポーターの競争戦略は非常に有名ですが、異論の声も多くあります。異論の焦点は、主にこの3つの基本戦略は同時発生も可能ということと、この競争戦略はマーケティング戦略そのものだ、という2点に集中しています。したがって、この3つの基本戦略は、競争戦略を考えるヒントとして参考価値があるものの、それぞれは絶対的な独立された戦略として考えなくても良いです。また、マーケティングの部分で再びこの競争戦略に触れることがあります。

❸ 機能別戦略

機能別戦略は、全社戦略に基づき、各機能・職能部門の管理者が決定する戦略を指します。全社戦略は、機能別戦略の前提になります。具体的には、第3章の各機能部門の管理ノウハウで紹介しますが、ここでいくつかの機能部門を例として見てみましょう。

- 人事戦略：人材をどう集めるか？どう育成するか？どう配置するか？どう評価するか？…
- 財務戦略：カネをどう調達するか？カットすべき費用はどれか？投資すべき分野はどこか？…
- 営業戦略：顧客にどのような提案をするか？…
- マーケティング戦略：売れるしくみをどう工夫すべきか？…
- 生産戦略：低コストと高品質の商品を顧客が必要なときに届けるために何をすべきか？…

以上のようなものが挙げられます。

（7）経営戦略策定のためのフレームワーク

　経営戦略や企画書を論理的に作成するのに、「空→雨→傘」の考え方があります。「空」の段階では、環境分析をして実態を把握します。分析の結果、「雨」が降るか、降らないかの課題を明確にします。この課題から具体的な対策案、つまり、傘を持つか、持たないかを決定します。

　図表2-10の「経営戦略策定のプロセス」からもわかるように、経営戦略を決めるには、まず、環境分析や業界分析を行い、目標と課題を決めなければなりません。

　環境分析でよく用いるフレームワークとして、PEST、3C、5フォース、SWOTなどがあります。これらはマーケティングのフレームワークとしてもよく使われます。

　フレームワークは、何かを考えたり、分析したりするときの良いヒントとして活用できるツールです。フレームワークを活用する最大の目的は、

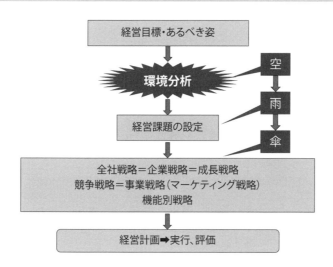

図表2-10　経営戦略策定のプロセス

用意された切り口があるので効率的に分析を行うことができる、ということです。

❶ PEST 分析 ── マクロ環境を見極める

PEST は、それぞれ P=Politics（政治面）、E=Economy（経済面）、S=Society（社会・ライフスタイル面）、T=Technology（技術面）を示しています。

PEST 分析とは、マクロ環境をこの 4 つの分野に分類して、自社が受ける影響を分析していくフレームワーク・手法です。

いまの時代において、国内だけではなく、グローバル視野でマクロ環境を分析しなければなりません。

マクロ環境を分析するポイントは、トレンドを把握し、事前に方策を考えることにあります。

❷ 3C 分析 ── 自社の課題や成功要因を見つけ出す

3C は、「市場・顧客（customer）」「競合者（competitor）」「自社

図表 2-11　3C ―市場・顧客と競合者と自社の現状を分析し、自社の戦略を立案するために使うフレームワーク

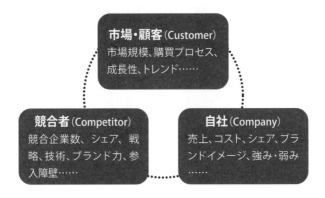

（company）」の頭文字です。

3C分析とは、市場・顧客と競合者と自社の現状を分析することによって、自社の課題や成功要因を見つけ出し、戦略立案に使うためのフレームワークです。

この自社の成功要因、または、自社ビジネスで成功するための要件は、KSF（key success factors）ともいいます。

図表2-11は、この3Cの三角関係を表しています。

❸ 5フォース──業界を見極める

5フォースは（5 Forces、日本語読み：ファイブ・フォース）は、ハーバード・ビジネス・スクール教授マイケル・ポーターが提唱した有名な戦略のフレームワークです。

5フォース分析とは、業界の収益性を決める5つの競争要因から、業界の構造分析を行う手法のことです。その5つの競争要因または、競争圧力は、

①「新規参入業者の脅威」

図表2-12　5フォース─競争要因・競争圧力から業界の魅力度を分析するフレームワーク

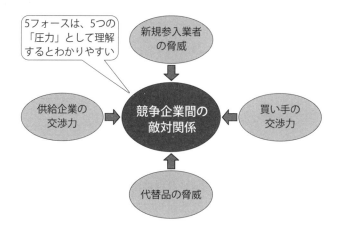

②「代替品の脅威」

③「供給企業の交渉力」

④「買い手の交渉力」

⑤「競争企業間の敵対関係」

から構成されます。「新規参入業者の脅威」と「代替品の脅威」は外的要因で、「供給企業の交渉力」「買い手の交渉力」「競争企業間の敵対関係」は内的要因とも考えられています（図表2-12を参照）。

　5フォースを分析することで、業界全体の魅力度を測ることができます。ここでいう魅力度とは、主に、業界の長期的な投資収益率を指しています。

❹ SWOT分析 —— 自社の現状とビジネス機会を把握する

　SWOTは、Strength：強み、Weakness：弱み、Opportunity：機会、Threat：脅威の頭文字をとっています。

　SWOT分析とは、一般的に、企業や事業の戦略策定やマーケティング戦略を導き出すための現状分析のフレームワークです。ときには、策定された経営戦略やマーケティング戦略の分析にも使います。

　SWOT分析の最初のステップとして、自社にとっての4つの要素が何かを正確に探し出すことです。

　図表2-13で示したように、SWOT分析の各要素は、事業の外部環境分析（機会のOと脅威のT）と内部環境分析（強みのSと弱みのW）に分けられます。

　これを具体的にいうと、政治動向、規制、経済・景気、社会動向、技術動向、業界環境の変化や顧客ニーズなど、自社がコントロールできない**外部環境分析**を通じて、**機会（O）**と**脅威（T）**を導き出します。ここでいう機会とはビジネスの成功要因（KSF）です。

　また、自社の現状や変化といった**内部環境分析**を通じて自社の強みと弱みを洗い出します。自社の強みや弱みは、競合企業との相対評価として客

図表 2-13　SWOT 分析―環境分析または戦略分析のフレームワーク

外部環境分析

		機会 (Opportunity)	脅威 (Threat)
内部環境分析	強み (Strength)	強みを活かす戦略 攻めの戦略	縮小する戦略 差別化戦略
	弱み (Weakness)	弱みを克服する戦略 （買収など）	撤退する戦略

観的に分析するものです。

　次のステップは、課題や戦略を明確にすることです。

　自社の強み（S）に機会（O）もありという場合、一般的に攻めの経営を行いますが、この場合、急成長による後の市場縮小の可能性も見なければなりません。

　自社の強み（S）があるが強い競合者（T）が存在する場合、縮小戦略をとるか真正面からの競争を避けるように差別化を図るかで、自社の強みを出しやすいように戦略を練ります。

　機会（O）はあるが、自社はそれをつかむための強みが足りない場合（W）があります。この場合、提携・買収といった外部資源を活用してチャンスをつかむようにします。

　最後に、自社の弱み（W）と強い競合者がいる（T）という領域であれば、どの企業もこの領域を避ける戦略を取ります。

　SWOT 分析は、自社の現状とビジネス機会を明らかにし、ビジネス機会をできるだけ多く獲得するような戦略に落とし込めるようにすることが、SWOT 分析の目的といえます。しかし、現実には、SWOT 分析は、戦略を作るための分析ツールとして使うだけにとどまり、肝心な戦略につなが

らないケースも多く見られます。したがって、経営戦略やマーケティング戦略を策定した後に、戦略の有効性分析に活用する場合も多いのです。

(8) 資源配分のためのフレームワーク

❶ PPM 分析 ── 自社の事業と資金の流れを把握する

　多角化戦略は、多くの品種の製品、または多くの事業を同時に展開することです。そのため経営トップの立場で考えると、資源の分配という問題が発生します。

　現状の財務データを見て資源配分を行うと、いま儲かる事業に多くの資源を配分してしまう傾向があります。この儲けている事業には、将来性がある、ない、という違いがあるにもかかわらずです。

　1990年代のIBMも、PC時代が到来することを見逃し、当時利益が多く出る大型オフコンに継続的に投資を行ったのです。その結果、コンピュータの巨人の牙城は、小さなマイクロソフト社やインテルに取られてしまいました。

　PPM分析は、このような投資リスクを低減するためのフレームワークになります。

　PPM（Product Portfolio Management）分析は、ボストン・コンサルティング・グループが1970年代に提唱したマネジメント手法です。**PPM分析は、「事業の流れがわかる」「資金の流れがわかる」**という目的で開発されたフレームワークまたは分析方法です。

　その原理は、製品のライフサイクル（PLC）の4つの段階を、それぞれ「問題児」「花形製品」「金のなる木」「負け犬」の4つの立ち位置として考え、それぞれのビジネスの方向性と、可能性にあった資源配分を行う、ということです（図表2-14を参照）。

　図表2-14の縦軸は市場成長率、または、市場の潜在力です。横軸は相

図表2-14 資源配分に使うPPM分析

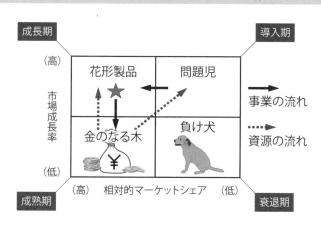

対的マーケットシェアです。この2つの軸を引くことで、自社や業界の事業、製品、サービスなどが4つのフレームのどこに位置するかを確認し、それぞれを考察することができます。

- 問題児（problem child）

 問題児は、製品ライフサイクルの導入期に属し、シェアがまだ低いですが、成長率が高く、将来性のある分野です。知名度や、規模拡大、品質、コストなどの課題も多いです。シェアを高めるといった経営努力によって問題児を成長させ、「花形製品」として育てていきます。そのため、多額な投資資金が必要な分野でもあります。

- 花形製品（star）

 花形製品は、製品ライフサイクルにおける成長期に属し、成長率・シェアともに高く、資金流入も大きい分野です。しかし、競合が多く参入し、シェアの維持・拡大に多額の追加投資が必要だ、といった課題があります。高いシェアを維持し続ける経営努力によって、「金のなる木」として育てます。

- 金のなる木（cash cow）

金のなる木は、製品ライフサイクルにおける成熟期に属し、市場の拡大が見込めませんが、市場シェアの高さから、多くの資金流入・利益が見込める分野です。したがって、このような事業には、追加的な投資があまり必要でないだけではなく、負け犬になる前に、撤退戦略を考える必要があります。「金のなる木」から流入した資金・利益を、「問題児」や「花形製品」に投資するのが一般的な考えです。

- 負け犬（dog）

　　負け犬は、製品ライフサイクルにおける衰退期に属し、マーケットシェアが低く、今後の市場成長率も見込めないため、撤退が検討されるべき分野です。

問題児にしても、花形製品にしても、金のなる木にしても、成長率が鈍化すれば、「負け犬」となるリスクがあることがわかります。したがって、**正しい資源の配分は、経営戦略における重要な内容**となっています。

ここでは、多角化戦略とかかわる事業の流れ・方向性と資源の配分というPPM分析の本来の視点に注目していますが、それぞれの分野の課題を洗い出すのにも、業界地図の分析にも、応用できます。

以上の経営戦略の内容は、図表2-15で示した「経営戦略策定フォーマット」にまとめることができます。このフォーマットは、経営戦略を策定するときの手順として、確認すべき、考え抜くべき項目をリストアップしたものです。

経営戦略を決めるときに、第1の階層の経営理念と第2層の経営ビジョン、ドメインを確認するところからはじめなければなりません。大変革期では、経営者は、ビジョンやドメインを見直す必要もあるかもしれません。

一般的にいう経営戦略は、大多数の企業にとっては、第3の階層の経営戦略になります。第3階層の経営戦略には、全社戦略、競争戦略、機能別戦略があります。全社戦略は、競争戦略と機能別戦略の前提です。また、

戦略を考える上で、環境分析を行い、課題を明確にする必要があります。その環境分析のフレームワークとしてSWOT、3C、5フォースがよく使われます。資源の配分のフレームワークとしてPPMが用いられます。

図表2-15　経営戦略策定フォーマット

No.	確認と決定すること	役割や内容
1	経営理念	企業の行動基準、2と4の前提、行動規範
2	ビジョン・ドメインの確認	夢、青写真、設計図、生存領域
3	環境分析（SWOT、5フォース・・・）	経営課題を明確にするため
4	3〜5年の経営戦略（規模、多角化、コア・コンピタンスのバランス）	1と2と3に基づき、事業の組み合わせと資源の配分、中長期目標、評価方法などを決定する
5	競争戦略（マーケティング戦略）	競争優位、ポジション（コストリーダーシップ、差別化戦略、集中戦略など）
6	各事業・部署の戦略、目標	開発、生産、販売、財務、人事など
7	経営計画、実施	戦略は実行中に柔軟に調整できることが望ましい

注：1〜6は経営戦略の意思決定の範囲です。

3 経営組織の構造の決定

　企業というのは、多くの人々が集まり、商品の生産、販売、サービスの提供を行っています。この人々の集まりを組織といいます。

　「組織は戦略に従う」というチャンドラーの有名な言葉があります。戦略を決めたら、その戦略を実現するための組織づくりや組織改革を行うのが一般的です。同時に、優れた組織から革新を起こしたり、良い戦略を生み出したりすることも可能です。

　いかに企業のトップ・マネジメントが立派な戦略を立てたとしても、組織がうまく機能しなければ、その戦略は絵に描いた餅に終わってしまいます。また、最近のように目まぐるしく変化する環境の中では、この組織から革新的なアイデアが生じるようなしくみがなければ、企業の存続も危うくなってきます。いずれにしろ、企業組織の問題というのは、経営者がマネジメントを行う上で大きな課題になります。

　組織構造について、以下について見てみましょう。

- 企業組織の課題とその進化
- 戦略の変化による組織の進化
- それぞれの組織形態

　ここでいう組織の進化は、組織が経営環境、または経営陣が決めた経営戦略に従って、変化、変遷することを意味します。具体的には、組織は課題に直面し、解決する過程から知恵やノウハウを生み出します。この中で、企業組織は進化していくのです。企業組織の課題として、効率化、柔軟さ（変化への適合力）、メンバーのやる気、動きの俊敏さなどが挙げられます。

（1）企業組織の課題とその進化

　企業組織は、多くの人間が集まって1つの目的を達成しようとするものです。企業が目的を達成しようとする際、まず**効率化**の課題が出てきます。この課題には**分業**と**分権**という知恵で対応するのが一般的です。これは、いわゆる**組織の横と縦の進化**になります。分業によって、企業内のさまざまな仕事をどの部門が担当するかといった部門化が進み、分権によって誰がどこまで決定権を持つかといった階層化が進みます。部門化は横の進化、階層化は縦の進化として見ることができます。

❶ 分業による効率化（部門化）

　図表2-16は、分業による部門化への進化を表しています。

　効率性を追求した結果、企業の仕事はその役割によって財務部門や人事部門、研究開発、製造部門、マーケティング、販売部門などに**部門化**されます。ここで分化された部門や部署を**機能・職能**といい、部門化すること

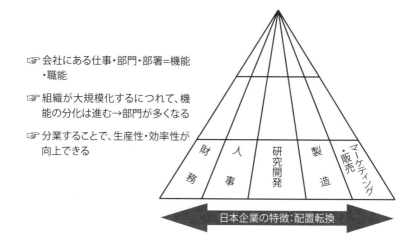

図表2-16　企業組織の分業による部門化

☞ 会社にある仕事・部門・部署＝機能・職能

☞ 組織が大規模化するにつれて、機能の分化は進む→部門が多くなる

☞ 分業することで、生産性・効率性が向上できる

日本企業の特徴：配置転換

を機能分化・職能分化といいます。

分業と効率化との関係は、いまは当たり前に理解できますが、あえていうならば、分業によって仕事が専門化され、専門的な知識が蓄積されたことで、生産性や効率性を上げることができるということです。アダム・スミスは、『国富論』の中で、ピン製造にあたって分業をしたほうがはるかに1日当たりの製造本数が多くなることを提示し、20世紀初頭のフォード社は、ベルトコンベア生産方式による大幅な生産性の向上を、実証してくれました。その時代で**分業**は一大発明のようなものでした。現代の組織は、いまだにその成果を享受しているわけです。

しかし、分業が進むと部門化の壁が生じ、かえって非効率的になる場合もあります。ここで部門間の**調整**による**柔軟性**が重要になってきます。

後に述べる横断的なマトリクス組織などを通じて、部門間の協調性を高めようとする試みも見られます。

日本企業の場合、ジョブローテーションの形で、この部門化の壁によるマイナス影響を小さくしています。ジョブローテーションとは、従業員や経営管理者に、多くの部署の配置転換を経験させるということです。このことによって、日本の企業は、ジェネラリストや多能工のような人材育成に長けていますが、専門家のようなスペシャリストが育ちにくいという指摘も受けます。この点は外国の企業とは確かに違います。

人材市場の流動性が低い場合、日本の従来のやり方は組織の協調性が高いといった強みがありますが、人材市場の流動性が高くなっていきますと、ほかの企業に再就職しにくいといった問題が出てきます。つまり、長期雇用をやめるなら従業員のキャリア形成に注力する必要があるということです。

❷ 分権による効率化（階層化）

効率的な組織にするもう1つのキーワードは**分権化**です。

図表2-17は、分権による階層化の進化を表しています。企業は、規模

図表2-17　企業組織の分権による階層化

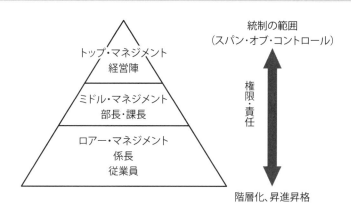

が小さいときには社長一人で、すべての責任を負ったほうが効率的ということもありますが、企業が大きくなると、一人の人間がコントロールできる**限界**が現れます。この限界を**統制の範囲（スパン・オブ・コントロール）**といいます。組織として、この限界をなくすために、一部分の仕事を他人に任せるという分権を行うことができます。

分権によって組織は**階層的**になります。これを組織の**階層化**といいます。

階層化が進むと、**権限**と**責任**の明確化が非常に重要になります。

権限とは、組織の中で公に認められる力のことをいいます。組織には、具体的に、意思権、決定権、命令権、人事権、執行権、承認権、提案権、助言権といったさまざまな権限が存在します。

責任は、それぞれの権限に対する組織上の責任のことをいいます。仕事を遂行していくためには、権限と責任はセットで明確にしなければなりません。権限だけがあって責任を負わない、または、権限がないのに責任だけ負わされているといったような組織は良い組織とはいえません。

しかし、企業組織には、部下に大胆にチャレンジしてもらうために権限を与え、責任は上司が負うというようなことも見られます。とくに、日本

の企業には、このような現象がよく見られます。権限と責任の一致は組織の原理原則ですが、応用面では絶対的なものではないのです。

権限は、やや上より、やや下よりといったように、組織によって異なります。権限がトップに集中するような組織は一般的に効率が良く、動きが速いといわれています。一方で、権限を下に委譲する組織の場合、組織メンバーのやる気が引き出されやすいと認識されています。

巨大企業の場合、分業と分権による部門と階層が多くなり、各個人の能力の発揮、コミュニケーションの正確さと組織の効率性などは、いつも組織につきまとう問題になっています。

近年、多くの企業は、この問題の解決に挑戦しています。組織のフラット化、エンパワーメント、小チーム制、ネットワーク組織などの試みが行われています。

組織のフラット化やネットワーク組織は、組織の階層を極力少なくし、効率化を図るという狙いがあります。インターネットの普及で、このような組織を実現しやすくなってきています。

エンパワーメントは、組織のフラット化やネットワーク組織と関連していますが、個人に多くの権限と責任を与え、一人ひとりの能動性を発揮させるという意味です。小チーム制の狙いもそこにあります。

近年、多くの企業は、一人ひとりが組織に貢献しやすい、俊敏な組織づくりへと工夫を凝らしています。

❸ バリューチェーンで見る企業の諸活動の関係

バリューチェーンはマイケル・ポーターが提唱した概念で、企業の各部署や活動が価値で連鎖しているというものです。この概念を構成するキーワードは、**主活動、支援活動、マージン**です（図表2-18を参照）。

主活動は、直接的に利益を生み出す部門の活動・仕事を指します。メーカーの場合、部品の購買、製造、物流、販売・マーケティング、アフター

図表2-18 ポーターのバリューチェーン

支援活動	会社管理(インフラストラクチャー)					マージン
	人事・人的資源管理					
	技術開発					
	財務管理					
主活動	購買物流	製造	出荷物流	販売 マーケティング	サービス	

上流　　　　　　　　　　　　　　　下流

出所：マイケル・E・ポーター著『競争優位の戦略』ダイヤモンド社（1985）より作成

サービスといった仕事になります。

支援活動は、直接的に利益を生み出さないが、主活動のサポートにかかわる部門の活動・仕事を指します。具体的にいうと、全社的な経営管理活動をはじめ、人事・労務、技術開発、財務管理といった仕事になります。

マージンとは、直訳すると粗利益・売上総利益のことを指しますが、ここでは、企業の付加価値目標、利益目標というように理解することができます。

バリューチェーンは、企業組織の各部門や活動がすべて企業の付加価値や利益目標に貢献できるように連鎖していくべきという意味として使われています。バリューチェーンは、いわば部門利益を最優先にするといったセクショナリズム・部門至上主義的な考え方ではなく、全体最適の視点で、トップ・マネジメントをはじめ、各機能部門における製造部門も、人事部門も、企業の利益に仕向けるための考えを示しています。組織が大きくなればなるほど、このような視点で仕事を進める重要性は増してきます。

(2) 戦略の変化による組織構造の進化（組織の形態）

「組織は戦略に従う」という視点から組織の進化を見てみましょう。進化した組織の種類は、**組織の形態**ともいいます。

図表 2-19 で示したのは、経営環境と経営戦略と組織構造との関係および組織形態の進化を表しています。経営環境が変われば、経営者は、経営戦略でその変化の中からビジネス・チャンスを探ります。そして、経営戦略を実現するための組織構造も次第に構築されていきます。これが、環境と戦略と組織との関係になります。

本章の 2 節の経営戦略の部分で述べたように、企業は 100 年あまりの歴史の中、モノの普及期、市場の多様化、市場の成熟化を経験してきました。

図表 2-19　経営環境の変化と経営戦略と組織形態との関係と組織の進化

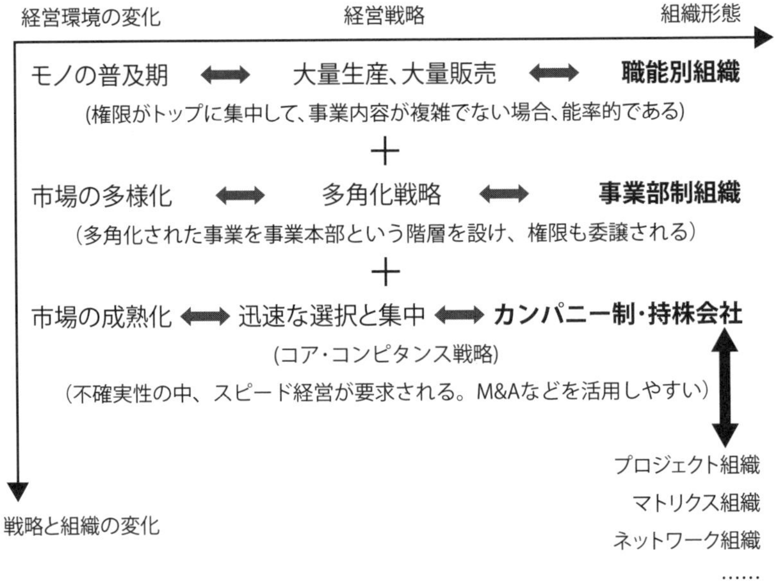

経営環境の変化	経営戦略	組織形態
モノの普及期 ⇔	大量生産、大量販売 ⇔	**職能別組織**
	(権限がトップに集中して、事業内容が複雑でない場合、能率的である)	
	＋	
市場の多様化 ⇔	多角化戦略 ⇔	**事業部制組織**
	(多角化された事業を事業本部という階層を設け、権限も委譲される)	
	＋	
市場の成熟化 ⇔	迅速な選択と集中 ⇔	**カンパニー制・持株会社**
	(コア・コンピタンス戦略)	
	(不確実性の中、スピード経営が要求される。M&Aなどを活用しやすい)	
		プロジェクト組織
		マトリクス組織
		ネットワーク組織
		……

戦略と組織の変化

その中で、それぞれの環境で存続できるような戦略が、経営者によって模索されてきました。その例が、大量生産や多角化戦略、コア・コンピタンス（選択と集中）戦略です。そして、それぞれの戦略に合う組織の構造も作られました。

自社の商品の種類が少なく、**市場の規模が大きい**環境、つまり、大量生産が可能な環境においては、効率性が最優先課題になりますので、一般的に能率的な**職能別組織**が採用されます。いまでは、職能別組織は、中小企業の組織としてよく見られます。

市場の多様化に対応するためには多角化戦略が展開されます。多角化戦略は、同時に複数の事業を進める戦略なので、事業ごとに組織を設けるような**事業部制組織**が有効だと考えられています。

市場の成熟化とは、製品や事業のライフサイクルが短いという環境です。市場は成熟化するとスピード経営が要求されます。この場合、独立採算に弱い事業部制の限界が出てきます。新規進出や撤退を行う場合、丸ごとビジネスを買収・売却するといったM&Aの手法がよく使われますが、事業部制よりも、**カンパニー制や持株会社**のほうが意思決定の効率性やM&Aの容易さでは優れています。

以上までは、時代と戦略に合う組織の大きな流れを進化という視点で概説しました。それぞれの戦略も、組織も、全く別のものではなく、互いに入り込んだ関係になっています。持株会社には、職能別組織の原理も、事業部制組織の原理も生きています。

次から職能別組織、事業部制組織、カンパニー制・持株会社、マトリクス組織など、それぞれの組織形態の構造について、詳しく見てみましょう。

(3) 効率的な職能別組織

経営組織は大規模化するにしたがって全体の機能と階層が分化し、立体

的な組織構造を形成していきます。このような垂直的な階層分化と水平的な部門化を軸として構造化した組織を一般に「職能別組織（機能別組織）」と呼びます。職能別組織は、その特徴として、社長や経営陣のすぐ下に製造や販売、人事、財務といった機能部門が並ぶという形になっています。

　組織の規模が大きくなるにつれてこの機能分化が進み、部門・部署が多くなります。組織の成長とともに必要な機能が設けられているからです。最初は、生産、販売といった「主活動」だけかもしれませんが、のちに、財務も、人事も、総務も、企画も「支援活動」として設けられます。主活動は**ライン部門**、支援活動は**スタッフ部門**といいます。ライン部門とスタッフ部門は、それぞれ、**直接部門**、**間接部門**ともいいます。

　したがって、組織の成長度合いによって、職能別組織には、**ライン組織**と**ライン・アンド・スタッフ組織**があります。

❶ ライン組織

　ライン組織は、社長や経営陣のすぐ下に、購買、製造、販売、マーケティング、アフターサービスなどの、直接的に利益を生み出す職能・部門（主活動）が設けられる組織を指します（図表2-20参照）。

　ライン組織は、規模が小さいし、権限が社長に集中していますので、俊敏に動ける特徴を持っています。

❷ ライン・アンド・スタッフ組織

　組織がより拡大するにつれて、ライン組織を側面から支援するスタッフ部門（支援活動）が派生し、**ライン・アンド・スタッフ組織**が形成されます。

　スタッフ部門は、企画、総務、人事、法務、経理、財務といった、ライン部門を横断的にサポートするような機能を指します。スタッフ部門自体は、直接的に利益を獲得する仕事ではないので、アウトソーシングの対象になりやすいです。

図表 2-20　職能別組織①ライン組織

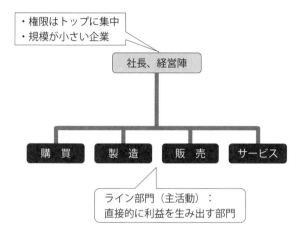

図表 2-21　職能別組織②ライン・アンド・スタッフ組織

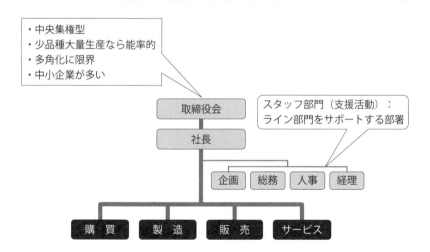

　スタッフ部門の配置は、個別企業の特性に応じて異なりますが、ライン組織より規模が大きくなりますと、直接部門としてのラインの仕事と、間接部門としてのスタッフの仕事を複合する形になります。このような形は、

ライン・アンド・スタッフ組織といいます。

ライン・アンド・スタッフ組織も、権限がトップに集中しているために、少品種多量生産の経営戦略には効率的です。つまり、事業内容が単純な場合、トップの意思決定次第で変化に迅速に対応できます。

以上で見たライン組織も、ライン・アンド・スタッフ組織も、トップの下に、専門的な部門・職能が置かれているので、総じて職能別組織といわれています。

いまの時代では、一種類の商品を大量に生産して市場に供給するような大企業は少ないので、職能別組織は中小企業がまだ多く採用されています。

職能別組織は、製品の種類が少なく、一定の生産量を要するような少品種多量生産の企業にとっては、効率的・能率的な組織です。したがって、この組織の最大のメリットは、規模の経済性を最大限に追求することができるところにあります。

❸ 職能別組織の限界

職能別組織は、安定的なピラミッド構造を作ることによって、一定の方向への巨大な推進力を生み出し、スケール・メリットを追求しようとするときに威力を発揮する組織です。しかし、その反面、この組織には限界もあります。

第1に、外部環境が不安定で複雑になったときに、多くの企業は、**多角化戦略**を展開するようになります。この場合、職能別組織の良さを極端に低下させることになります。1つの生産部門で、テレビも、冷蔵庫も、洗濯機も、PCも同時に扱うことがいかに非現実的なことかを考えれば、その限界は容易に理解することができます。

第2に、多角化戦略に合わなくなるという限界のほかに、組織が大きくなるにつれて、部門・職能が増えるほどトップに権限が集中する「集権化」が進展し、いわゆるワンマン経営の弊害が生じやすくなります。

第 2 章　永続企業体にするための経営者の仕事（経営機能）

　第 3 に、中間管理階層やスタッフ部門といった、利益の獲得に直接的に貢献しない間接部門の割合が増加し、固定費の相対的増大を招くこともあります。

　第 3 に挙げている限界は、職能別組織に限った問題ではなく、ほかの企業組織形態でも生じやすい問題です。

　不安定かつ複雑な環境に対応するための柔軟性をもたらす必要性に迫られ、事業部制組織が誕生します。

（4）分権的事業部制組織

❶ 事業部制組織

　事業部制組織における事業部は、PC 事業部、スマホ事業部といった事業別・商品別の事業部もあれば、国内事業部、海外事業部といった地域別の事業部もあります。

　事業部長は、各事業の運営を任されています。各事業部単位だけ見た場合、あたかも独立したライン組織のように構成されています。したがって、事業部組織にも職能別組織の効率性を活かしながらの分権組織になります。事業部制組織は、多くの大企業で見られる経営組織です。

　自動車や、PC、スマホなどからわかるように、商品が普及するときに、共通した製品でも売れますが、普及するにつれて、デザイン、カラー、機能などの面で消費市場は多様に分化し始めます。この場合、経営環境は、より不安定で複雑さが増します。そこで多くの企業は多角化戦略を採ります。事業部制は、もともと多角化戦略を展開する企業で開発、採用された組織構造です。

　多角化の進展によって多くの事業や製品を展開するようになると、単一の集権的な職能別組織の構造では、多様な市場動向に対処しにくくなり、また経営者は、瑣末な日常業務の決裁に忙殺されることになります。

このような問題を解決するために、職能別組織のトップと職能部門間に事業部という階層が設けられ、各事業部に大幅な権限委譲を行い、自立化させる事業部制組織が開発されました。したがって、この組織には、「**多角化**」と「**分権化**」という2つの戦略的、組織的な思考が反映されています。

事業部制は、図表2-22のように、組織を本社機構と事業部機構に分離させています。本社では、経営トップとそれを支援する本社スタッフが、全社的目標や戦略を策定し、各事業部の目標や方針を調整し、資源の調達と配分を行います。これを受けて個々の事業部は、**事業別・製品別・地域別・顧客別**に独立した管理権限および利益責任が与えられ、生産、販売、研究開発の機能を一括して備えた自立的単位として市場に対応します。

企業によっては、それぞれの事業部は、独立採算の権限と責任が異なりますが、図表2-22の点線で囲まれている部分でわかるように、独立したライン組織のように、生産と販売の機能を包括的に備えた事業単位として自立させます。

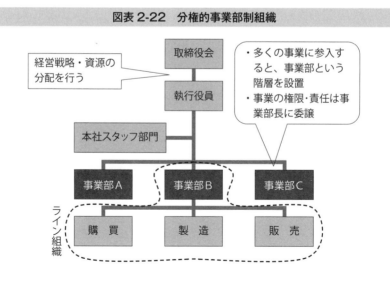

図表 2-22　分権的事業部制組織

❷ 事業部制のメリットとデメリット

1）多角化戦略にすっきりした形で対応できます。同時に、多角化戦略の促進もできますので、環境の変化へ適合する**柔軟性**も高いのです。しかし、多角化を進めると、**事業の過度の分散化**をもたらすことがあります。日本のバブル経済崩壊直後に、多くの企業がこの問題に悩まされたという教訓は、まだ記憶に新しいです。

2）分権することで、トップ・マネジメントは、全社戦略や、資源の配分の策定に専念することができます。しかし、組織改革をする前のGEは350、当時の松下電器は150くらいの事業部があったというように、事業部の数が増え企業が巨大化しますと、3つ大きな問題に直面します。

　1つは、戦略的や、資源配分の**意思決定にミスが出やすくなる**問題です。2つ目は、資源の分散による**自社の方向性や強みを見失う**問題です。3つ目は、トップは、資源の配分などの意思決定を行うのに時間がかかり、かえって非能率的になるという問題です。

3）組織全体に分権化が進み、個人の自由裁量の幅も広がりますので、従業員の能動性を引き出しやすくなります。しかし、それが行き過ぎると、セクショナリズム（事業部の利益を優先する考えなど）、事業の重複などの新たな問題を発生させることがあります。

(5) 持株会社（ホールディングス）

❶ 持株会社とカンパニー制の違い

いまのマーケットは**成熟化**しており、製品のライフサイクルはどんどん短くなっています。そこで、企業には、俊敏に事業のポートフォリオを見直すことが求められています。この**スピード経営**に対応するために、事業の**コア・コンピタンスの確立**が必要です。これを背景に、カンパニー制、または、持株会社の組織構造が多く用いられるようになっています。

カンパニー制組織は**事業持株会社**ともいい、社内で分社化している形になっています。この組織はあたかも独立した社内企業をいくつか作り、そのトップに**事業部制組織の事業部長よりもさらに大きな権限**（承認できる金額など）を与えるような組織です。各事業組織への**権限委譲の度合い**で見ると、カンパニー制組織は、事業部制組織と純粋持株会社の真ん中に位置します。

　カンパニー制は、単純に考えると、事業部だった組織にさらに権限を与え、あたかも独立した会社のように運営できるものです。カンパニー組織は、分社化組織ともいわれています。

　一般的にいわれている持株会社は**純粋持株会社**のことを意味します。このような組織は**ホールディングス**とも呼ばれています。NTT持株会社や、キリンホールディングスなどで使われています。純粋持株会社の場合、分社したカンパニー（子会社）は、社外から見ても独立法人になっています。たとえば、NTTドコモは、NTT持株会社に属しながら独立した企業でもあります。この場合の子会社は、完全子会社の場合でも上場企業の場合もあり多様です。

　子会社の独立性、または、カンパニーの権限の違いはありますが、カンパニー制と持株会社は共通点が多いので、本書では、企業が実際に多く採用されている持株会社（純粋持株会社の意味として）について見ることにします。

❷ 持株会社

　持株会社は、事業部制組織を進化させ、権限を各事業組織にさらに委譲した組織になります。純粋持株会社は、戦前から採用している日本企業もあり、まったく新しい組織ではありませんが、事業部制組織の限界を克服しようとする企業側の要請によって1997年に解禁された組織です。時代の要請という意味から進化として理解することができます。

図表 2-23 は、持株会社のイメージを表しています。

持株会社とは、傘下の株式会社の事業を支配する目的で、株式を保有する会社のことです。言い換えると、傘下の子会社の株式を所有することで、その会社の事業を支配する企業のことです。

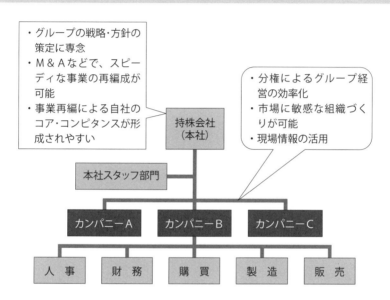

図表2-23 スピード経営に対応する持株会社

持株会社は、グループの本社という位置づけで、下のカンパニーはグループ企業になります。本社のトップ経営陣は、事業部制と違って資源の配分を行わず、カンパニーの株を所有し、グループ全体の戦略と方針の策定に専念します。したがって、持株会社のことは**ホールディングス**ともいいます。これはスピード経営ができる理由になります。カンパニーの株式を所有する形で事業を支配しているので、新規進出や撤退するときに他社の株式を取得したり、子会社の株式を放出したりすることができるからです。合併の場合も、株式交換などの手法で容易に行うことができるのです。

1994年にソニーがカンパニー制を導入することを皮切りに、1997年の独占禁止法の解禁とともに、日本では、大企業、または、巨大企業の多くは、事業部制組織から持株会社へ移行してきています。ちなみに、ソニーは2005年にカンパニー制を廃止し、再び事業本部制に戻りました。

❸ 持株会社のメリットと課題

　図表2-23で示したように、持株会社は、事業部制組織と比べグループの経営がより効率的になりながら、より分権による組織の柔軟性と俊敏性が得られます。同時に、長期的視野による持続経営とともに、事業部制組織よりも全体最適を図りにくいという課題もあります。

1）事業の再編成などに効率性と長期的な視野

　いまの持株会社は、本社機能、または、トップ・マネジメントの働きをします。この組織形態のトップ経営陣は、グループ全体の経営戦略や方針の意思決定に専念することができます。事業部制組織のような複雑なカネに関する資源の配分も行いやすくなったため、意思決定に必要な人数も、かかる時間も少なくなります。これによってグループ組織の経営がより効率的になっていきます。

　また、事業を合併、買収、売却といったM&Aを行うことで、事業の再編成を事業部制組織よりもスピーディに進めることができます。このことによって企業は、変化の速い環境において、自社の事業のコア・コンピタンスの確立と維持がしやすくなりました。したがって、このような組織形態は、グループ全体にとって、時代とともに俊敏にビジネスを創り出すのに有効な組織になっています。

　こうしたプラス面の一方で問題もあります。本社は子会社の株主という立場であり、利益を求めることは当然ですが、短期利益を追求するために成長を重視するあまり、将来的に有望なビジネスチャンスを見逃す可能性

があります。短期的視野になってしまう場合、企業の長期的、持続的発展に害を与えることもあります。実際に、赤字が3年間続くなら、その事業から撤退というルールを設けている企業は多くなっています。このルールは、それが正しいか間違っているかの問題よりも、現場情報を活かし、目の前の利益と持続的発展のバランスが取れているのかという問題になります。

2）分権による俊敏な組織づくりと全社最適

各カンパニー、または子会社の社長たちは、自社の事業に関するすべての権限と利益責任を持っています。このように、現場に近い人に全権を与えているので、企業全体から見て変化に敏感で、動きの速い組織になっています。また、より自立性の高い人材を育成しやすい組織でもあります。

一方で子会社の経営陣に大きな権限を与えたことにより、子会社はグループの戦略や方針を軽視し、暴走する可能性もあります。いわゆる全社最適が図りにくい側面があります。

(6) マトリクス組織

これまで挙げてきた職能別組織、事業部制組織、持株会社は、多くの企業が実際に採用している組織形態です。

この組織の進化から、不安定かつ複雑に変化している経営環境の中で存続する知恵として、分権化は組織改革の主な流れになっていることがわかります。

また、どの組織形態も集権による全体最適、効率性の追求と、分権による変化への柔軟性、自主性の発揮、人材育成といった組織の課題に、バランスを取りながら応えようとします。しかし、1つの組織でこれらの課題にすべて対応することは難しいことです。

そこで、これまでに挙げた組織のほかに、プロジェクトチーム、マトリ

クス組織、ネットワーク組織などのような組織構造のあり方について、多くの試みが行われています。このような組織構造は、非常に少ない企業、または、組織全体ではなく部分的に採用されている構造ですが、組織を作るための原理として知ることができます。

ここで集権と分権によって追求したい課題をバランスよく解決しようとするマトリクス組織について見てみます。

図表2-24のように、マトリクス組織は、職能別組織と事業部制組織・プロジェクトチームとを組み合わせ、両方の良さを活かそうとする組織です。

マトリクス組織の構造は横と縦で、それぞれは職能とプロジェクト、または、事業に分割して作られています。各事業組織の構成メンバーはそれぞれの職能部門から集められています。そうすることで異なる専門の人々から1つの事業組織、または、プロジェクトを構成し、ビジネスを進めることになります。この特徴はプロジェクトチーム組織と共通しています。

マトリクス組織のメリットは次のようになります。

まず、この組織は職能別組織のように効率性や全体最適のためのトップ

図表2-24 マトリクス組織のイメージ図

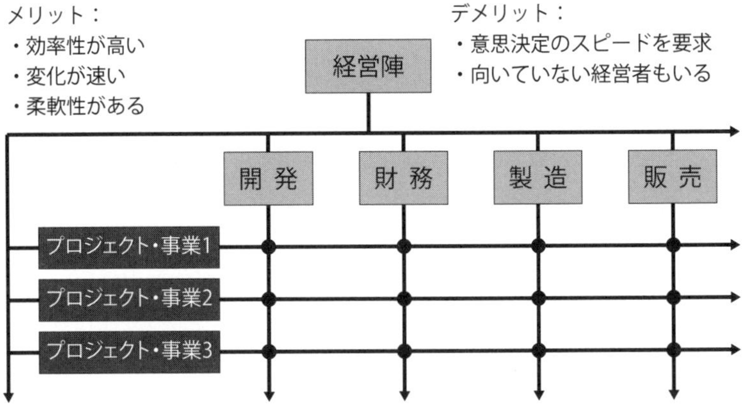

メリット：
・効率性が高い
・変化が速い
・柔軟性がある

デメリット：
・意思決定のスピードを要求
・向いていない経営者もいる

経営陣／開発／財務／製造／販売

プロジェクト・事業1
プロジェクト・事業2
プロジェクト・事業3

の調整機能を保ちながら事業部制組織のようにプロジェクト・事業組織を必要に応じて作り、解散させることで、環境の変化に迅速に適合できる柔軟性を持っています。また、マトリクス組織は、事業部制組織よりも各プロジェクト組織の形成も、解散も、容易に行うことができます。なぜなら、職能別組織と併用していますので、それを行うときに、横の各職能部門から、人を集めたり、戻したりするだけでできるからです。

そういった意味では、外部環境や自社の状況に合わせてプロジェクトや事業組織をタイミングよく立ち上げたり、解散したりすることができるので、非常に柔軟性と適合力の高い組織になります。

さらに、各事業組織の構成メンバーは異なる専門知識や経験を持っているので、財務、開発、生産、販売といったさまざまな視点からプロジェクトを進めることが可能になります。カルロス・ゴーンが日産で進めたクロス・ファンクションは、そういった原理が働いています。

しかし、メリットと表裏一体にデメリットもあります。この組織の柔軟さは、プロジェクトや事業組織の流動性に関係しています。また、いい意味の流動性を保てるかどうかは、トップの迅速な経営判断にかかっています。この点は、この組織を運用する難しさです。すべての経営者がこの組織を駆使できるというわけではないからです。

上述したほかの組織形態ほど、このマトリクス組織は全社の組織構造として採用されていませんが、新製品の開発や新規ビジネスの立ち上げなど、企業の中で部分応用されている企業は近年増えています。

(7) 組織構造（組織形態）の変化と今後の働き方

企業は生き物なので、生存環境が変化している限り組織の進化は続くはずです。図表2-25は、4つのキーワードで近年の組織構造の変化を要約したものです。

図表 2-25　キーワードで見る組織形態の課題と変化

- フラット化：階層を減らすこと
- エンパワーメント：自主的に行動できるようにすること ⟷ 理念や目標を明確にし、権限を与えること
- 小チーム制：小さな組織に分けて、権限を与えること ⟷ 一人ひとりの能力を引き出すこと
- 外部資源の活用：
  ―関連企業の活用（製造）
  ―アウトソーシング＝業務の外部委託（事務系の仕事、情報システムの開発など）
  ―クラウド・ソーシング（技術開発など）
  ―SOHO、フリーランス（在宅勤務などの個人事業者の働くスタイル）

❶ 組織のフラット化

　組織のフラット化は、組織の階層を減らすことを意味します。階層が多くなると、コミュニケーション障害や意思決定に時間がかかるなどといった効率化問題が生じやすくなるからです。

　分社化の流れやネットワーク組織は、こういった問題を解決しようとする試みです。また、インターネットの普及により、組織のフラット化が急速に可能になりました。組織がフラット化すれば、組織メンバーに与えられた権限が大きくなり、責任も重くなって、末端の人まで、マネジメント能力や問題解決能力が要求されます。

❷ エンパワーメント

　フラット化組織と関連した概念として、エンパワーメントも注目されています。エンパワーメントの本来の意味は、組織のメンバーや企業の従業員が自ら考え、知識・技能を習得して、自主的かつ自律的に業務を遂行するのを促すことです。そのために、明確な理念や目標の導きが必要であると同時に、思い切った権限を委譲し、重い責任を与えるのが有効です。し

たがって、エンパワーメントは**権限の委譲**としても説明されます。

❸ 小チーム制

より大きな権限を与え従業員の業務遂行能力を高める方法として、小さな組織に分ける、といった**小チーム制**がよく使われています。分社化の流れの中で、元々3～4の子会社だったものを100以上の小さな社内企業に分割し、1つの企業は6～7人で編成されるような組織改革も見られます。社内企業とはいえ独立採算で、利益の責任も負っています。この改革によって、社長としてシナリオを描きながら仕事をする人が社内に一気に増えます。そうすることで、一人ひとりの能力やモチベーションを引き出すことができますし、市場環境を敏感に感じ取る「センサー」を企業に多く置くことにもなります。

ただし、このような小チーム制で編成した企業には、本社トップの調整機能をうまく働かせる必要があります。この調整機能があってこそ、多くの小規模の社内企業をネットワークで結び、一つひとつの小企業ではできない大きなビジネスも手掛けることができるようになるのです。このような組織を**ネットワーク組織**と呼びます。

❹ 外部資源の活用

外部資源の活用については、以下の4つの流れに要約することができます。

1）関連企業の活用

外部資源の活用は、日本では古くから、**下請け企業や関連企業**との長期的・継続的な取引によって、自前主義による巨大組織の弊害を巧みに避けてきました。この垂直的分業はいま、**国境を越えて進み**、世界規模の**サプライチェーンを構築**するようになってきています。米国の航空機メーカーのボーイング社は、近年、自前生産をやめて、世界各地の40社くらいのパー

トナーと、サプライチェーンを構成しています。

2）アウトソーシング

　1990年代以降、自社のコア・コンピタンスの確立・強化やコスト削減のために**アウトソーシング**（業務の外部委託）が進められました。このような間接部門を中心とした**水平的な分業**も**国境を越えて**行われています。近年、システム開発といったIT関連業務や、経理、総務などの一部業務などは、インドや、中国などの新興国に流れています。これからも、さらにほかの新興国に拡大する可能性があります。

3）クラウド・ソーシング

　今日では、技術の難題からデザインのような仕事まで、自社の専属専門家や部署に頼るだけではなく、ネットを通じて、**社外から募集する**ような形で、**企業や個人、顧客などが国境を越えて企業の技術開発**などに参加できるようになっています。このことは**クラウド・ソーシング**といわれているものです。カナダのある鉱山は、30年間解決できなかった難題をネットで公開したら、19分間で解決できました。P&Gは、社内の研究チームがなかなか解決できなかったフライドポテトに印字する技術も社外募集から答えが見つかりました。家電のハイアール社も、顧客から欲しい商品のアイデアを得て、必要な技術を世界から募集し、利益を分かち合うといった形で新商品を迅速に生み出しています。

4）SOHO、フリーランス

　前項と関連していますが、**SOHOやフリーランス**といわれるような働くスタイルも増えています。それは、つまり、会社の在宅勤務制度であったり、技術を持っている個人が、組織に属さない形で、企業の業務を請け負うスタイルであったりするものです。これを活用することによって、企

業は少ない社員で、多くの仕事を行うことができるようになります。

しかし、グーグルの場合、エンジニアたちは企業に出勤して、互いにどこかで接点を持つことで、クリエイティブな仕事に適していると訴えています。しかも、囲い込みのオフィスづくりこそ効果的だと思っています。

いずれにしても、今後、各個人に求められているのは、何らかの技能や専門性を持つスペシャリストです。同時に、権限と責任を果たせるマネジメント能力も必要になります。日本でも就社というより本当の意味の**就職**が増えます。企業の経営者たちは、個人のキャリアが形成しやすい組織づくりや専門性を持つ人材をうまく活用できるような、新たな組織形態を模索し続けることが要求されます。

以上は、経営組織の構造の決定についてまとめました。

経営組織は、意思決定のパターンに基づいて集権的組織と分権的組織とに分類できます。集権的組織は、意思決定権限の大部分がトップに集中する傾向が強い職別組織です。分権的組織は、意思決定権限が組織全体に分散される傾向が強い、事業部制組織、カンパニー制・持株会社組織です。

一般に、創業期の企業や中小企業では集権的傾向が強く、一人の経営者にすべての決定権や決裁権が集中する、いわゆるワンマン的経営スタイルをとることが多いです。そのほうが中小企業特有の機動性やバイタリティを発揮しやすいからです。

また、企業は、危機に瀕したときにカリスマ性の強い経営者の舵取りが必要になるので、組織の形態にかかわらず、集権型のほうが良いと考えられています。それは、不況になると引退した創業者が復活したり、カリスマ経営者が注目されたりすることの理由になります。

しかし、集権的組織は、組織の大規模化や不安定な環境変化の中で硬直的になりがちです。この場合は、組織全体の環境変化への柔軟な対応力を創り出す分権的な組織が有効です。

100年の間、それぞれの組織の進化で共通した部分は、企業が長生きするために、この集権と分権のバランスに挑んできたというところです。マトリクス組織は、この両方のメリットを同時に活かそうとする組織ですが、経営者にとってハードルの高い組織になっています。したがって、新規事業の開拓や新製品の開発といった部分導入をしている企業は増えています。

　また、組織の構造については、経営組織論ではマクロ組織論といわれ、組織のハードの構築部分に当たります。

　そして、いうまでもないことですが、組織のあり方は、人のやる気と成長とは密接な関係があります。それは、企業文化や動機づけといったミクロ組織論です。次の節では企業文化を見てみましょう。動機づけなどの理論は、第4章のマズローやハーズバーグの理論を参考にすることができます。

第 2 章　永続企業体にするための経営者の仕事（経営機能）

企業文化

　組織の構造という組織のハードの部分に対して、組織文化、企業文化は、組織のソフトの領域に当たります。企業文化の形成から浸透に至るまでの設計師も経営者です。

（1）企業文化の定義と内容

　企業文化（Corporate Culture）とは、企業の人格や体質のようなものです。良い企業文化は、企業のコア・コンピタンスとなり、組織の内部から活力と持続力を生み出しますが、良くない企業文化は、企業の内部から老化し、マイナスの破壊力になりかねません。

　企業文化の内容は、企業の経営理念、コア・バリュー、ミッションなどによって構成されています。企業によっては、それに加えて、行動規範を別に設けるケースもあります。

　多くの優良企業では、その価値観や理念は企業の伝統として現れ、受け継がれています。このような価値観による企業文化は、各個人や、子会社、海外支社の独自性を重視しながらも、国境、地域、人種、民族、宗教などの壁を超えて、共感できるような、一人ひとりの思考や行動に良い方向に導くような内容でなければなりません。

　良い企業の経営者は、何らかの価値観を全員に信仰させ、それに基づく実践力を徹底的に植え付けるように企業文化の形成と定着に努力しています。こういう意味では、経営は哲学なり、宗教なりの主張があるわけです。

　企業文化は企業によって大きく異なりますが、革新的、保守的、強調的、

開放的、閉鎖的、効率的、家族的などのタイプが挙げられます。

　日常的には、組織文化と組織風土は区別しなくてもいいですが、あえてその違いを区別しようとするならば、風土は自然発生的なもので、文化は人為的に創り出すものだと認識されています。すべての企業や組織には、風土があります。その風土は、組織のメンバーの思考習慣と行動様式に影響を与えます。この個人個人の思考習慣と行動様式に影響を与える風土を人為的にマネジメントし、行動に良い影響をもたらすように作られたのが企業文化なのです。

　人為的に作られた望ましい企業文化が社内に浸透し、当たり前の行動規範、行動様式となり、自然発生の風土へと変わっていくことが理想なのです。

　しかし、企業文化は生き物です。生き物には持続の問題が伴います。生き物の持続には経営が必要であり、マネジメントが必要なのです。

(2) 企業文化の役割

　企業文化の役割はいろいろとありますが、ここでは、主に次の4つに絞って見ることにします。

①企業の長期的発展に不可欠なDNAとして、魂として企業の中で機能します。

②対内的には従業員の行動規範になります。

③対外的には企業のイメージ戦略とつながります。

④M&Aで統合された企業を一体化する基礎になります。

　したがって、企業の価値観や経営理念、経営方針などを定め、社内外に浸透するように努力することもマネジメントそのものであり、経営者の重要な仕事の1つなのです。

　次に事例で、この4つの役割を見てみましょう。

❶ 企業の長期的発展に不可欠な DNA として、魂として企業の中で機能する

　日本は、長寿企業の数が世界一を誇っています。ほぼすべての長寿企業では、その秘訣として家訓・社訓、経営理念といった哲学を持ち、それは企業がいざというときに何を守り、何を変えていいかを見極める基準となっています。このような哲学は、新しい決断や新たな出発の原点として長く実践されているので、企業文化として形成され、企業の伝統、DNAになっていきます。

　1907 年創業した旭硝子は、創立者岩崎俊弥の「易きになじまず、難きにつく」という DNA があるので、100 年以上もガラスの分野で、独自の先端技術力を磨くことができました。

　140 年以上の歴史もある柿安は、「おいしいものをお値打ちに提供する」という経営理念を実現するための工夫と挑戦を通じて、時代に合わせて業態を変えても、のれんの価値を守り続けています。

　吉田カバン社では、創立以来の格好の良い「一針入魂」精神を、この騒がしい時代においても動揺せず受け継がれているため、高品質の商品とサービスの提供だけではなく、絶滅しそうな日本の職人文化、匠の文化を守り続けています。

　キユーピーは、1919 年に創業して以来、一心不乱に玉子の可能性を極め、マヨネーズを中心とした食文化を提供し続けました。このことができたのは、創立者が残した「食品に革命なし」というこの業界だからこその基本姿勢や、「楽業偕悦」（志が同じ人と仕事をし、悦びを共にする）、「道義を重んずること、創意工夫に努めること、親を大切にすること」などの理念と心構えをよく理解して、社員を導く後継者たちがいたからだといってもいいでしょう。

❷ 対内的には従業員の行動規範になる

　ハイアールは、中国にある総合電機メーカーです。この企業は、1984年のマイナスからスタートし、いまは優良企業に成長してきました。ハイアールの成長は、CEO張瑞敏が就任後に打ち出した経営理念とそれに基づく実践、つまり企業文化に寄与しているといっても過言ではありません。ハイアールの経営理念は、次のようになります。

- 顧客はいつも正しい。間違っているのはわれわれ。
- 企業家精神とイノベーション精神はわが社の文化の魂。
- 一人ひとりがCEO（人単合一：すべての人はマーケットに目を向け、自ら市場を創造し、利益責任を負う）。

　この会社には有名なエピソードがあります。

　1996年に里芋の産地である四川省の農村部に販売した洗濯機は、多くの故障事件がありました。調べた結果、洗濯機を使って、芋を洗ったからです。一般的には芋を洗ってはいけないという一文を大きく「商品取扱書」に書いたり、現地の人に洗濯機の正しい使い方を丁寧に教えたり、販売方法のマニュアルを充実したりする、といったさまざまな対応方法が考えられます。これらのどのやり方も不正解とはいえません。

　しかし、会社の「顧客はいつも正しい。間違っているのはわれわれ」の経営理念を行動規範とするならば、前に挙げた解決方法はすべて不正解になってしまいます。顧客には芋を洗うニーズがあるのだから、洗うなということができません。経営理念に沿った解決方法としては誰が考えても同じで、芋も洗える洗濯機の開発になります（現地の生活レベルから考えますと、芋洗い専用機の開発という解決方法は現実的ではないから）。そして1998年に芋や果物も洗える洗濯機を市場に1万台投入したところ、すぐに完売したそうです。その後、このような経営理念に導かれ、ハイアールは、エビも洗える洗濯機、蕎麦皮の枕も洗える洗濯機などで市場から評判を得ています。

いまもハイアールは、企業文化の形成と浸透に知恵を絞り続けています。「目指すのは、ある人が『こういう製品を作りたいから協力してくれ』といい出せば、調達担当から販売まで、それをチャンスと思う人材が集うしくみです」とCEOの張は自社の理想的な企業文化を語っています。

このように価値観や経営理念は、日々の仕事や問題解決などを実践するときの行動規範としての役割を果たします。つまり、企業の誰が考えても同じ方向に問題解決するようになるのです。権限を下に委譲しても、現場のパワーは企業の望ましい方向に導きます。

❸ 対外的には企業のイメージ戦略とつながる

ハイアールがまだ無名のときに、業績の良い営業マンがいました。その秘訣はなんと、モノの売り方やセールストークのスキルではなく、いつもハイアールの企業文化を熱く語ることだったそうです。そして、その企業文化に共感し「こんなにいい企業なら扱いましょう」と、バイヤーや購買担当者たちは次々とハイアールと取引をしてくれたそうです。また、海外のマーケットにおいても、ハイアールの人間（彼ら自身は「ハイアール人」といっています）を見て、無名のハイアール製品を扱うようになった大手流通企業もあります。

❹ M&Aで統合された企業を一体化する基礎になる

1980年代から2001年までGEのCEOとして務めたジャック・ウェルチの経営手法の１つは、「No.1、No.2戦略」に基づき、競争に勝てない事業、業界でトップになれない事業を閉鎖・売却し、将来性のある事業を買収するといったM&Aを駆使した大胆な事業の再編成です。先を見通す目と成功率がわずか30％〜40％といわれているM&Aをほぼ全部成功させたことで、ジャック・ウェルチは、世界的な名経営者として知られるようになりました。

ジャック・ウェルチがM&Aを成功させた秘訣は、企業文化を通じての企業統合です。彼は、企業文化を企業全体を統合する基礎として考え、どのような文化を持っている企業にも、買収された後、「価値観の共有化」「企業文化の共有化」ができるように経営努力をしてきました。ジャック・ウェルチの経営努力は、「ビジョンなど、繰り返し伝え、報奨によって強化しなければ、それが書かれた紙ほどの価値もない」という彼の言葉の通り、コミュニケーションによる共有化と制度化です。

　GEでは、企業文化、価値観を共有できることが、仕事の能力やパフォーマンスよりも重要視されています。共通の価値観や企業文化のもとでリーダーの育成に力を入れ、彼らに権限を与えることで企業を成長させました。

　GEバリューの浸透のための手法やトレーニング手法もパッケージ化され、買収企業にも即応できるしくみになっています。「どこの国のどんな企業を買収しても100日でGE化しろ」とジャック・ウェルチがいったそうです。

　ホンダが中国に進出した当初、プジョーの跡地を受け継いだにもかかわらず、「**ホンダではすべて平等。着る物も、食べ物も、トイレも一緒**」という前身の仏系プジョーと真逆の企業文化を植え付け、そのことが多くの現地従業員の心を動かし、士気の高揚に大いに役立ちました。

　GEなどのように、企業文化の統一を重視するやり方と異なる試みも決して不正解とはいえません。

　ザッポスは、1999年にオンライン靴販売サイトとして誕生し、徹底した顧客サービスで話題となり急成長した企業です。2009年にはAmazon社に12億ドルというこれまでの最高額で買収されますが、ザッポスは「単体として異なる文化を維持し、独立した経営を行う」という条件での買収合意でした。

　企業文化は最も真似できない経営資源、またはコア・コンピタンス、競争優位です。

社訓も含め、価値観や経営理念の確立は、多くの企業でなされています。それらを、きちんと一人ひとりに浸透させ、それらに基づく実践が継続できるかは最大の難点です。これができる企業は本当に強いのです。

次に企業文化の浸透を中心に、事例で見ることにします。

(3) 事例で見る企業文化の浸透

企業文化は組織の中に息づき、従業員の日々の行動の中に活かされてこそ意味があります。経営者は、コア・バリュー、経営理念に基づいた実践を組織全員に習慣づけるしくみにアプローチしなければなりません。このようなアプローチは、「コア・バリュー経営」と呼ばれています。

現実として見ると、企業で働く人に「自社の経営理念を知っていますか」と質問すると、「知っている」と回答する人は1割に満たないケースがほとんどです。さらに、「経営理念がどのように普段の仕事に役に立っていますか」と質問すると、多くの場合は「ゼロ」との回答が返ってきます。

企業文化はどのようにして社内に浸透していくかは、経営者にとって大きな課題です。具体的な浸透方法としてさまざまなものがありますが、次のように要約することができます。

❶ 形式からの浸透

経営理念の**社内への浸透**には、社訓や経営理念、行動規範の唱和、表彰・奨励制度、発表大会、さまざまなイベントの開催、といった**儀式**を行うことが多く見られます。パナソニックをはじめ、このような伝統を持っている日本企業は多いです。**対外的な浸透**は、CMを含めた広報のほか、**ロゴ**などの記号をよく用います。しかし、経営者や従業員自らの行動や発信を通じて、顧客などのステークホルダーに伝えることが最も効果的です。

❷ 価値観の共有ができる社員だけ採用

　Amazonに「単体として異なる文化を維持し、独立した経営を行う」という条件で買収されたザッポスの企業文化は、資産として強みと見られました。

　ザッポスの企業文化は、「顧客感動を創造する家族的企業」といえます。その企業文化は、コア・バリューに共感する全員があくことなく実践していくことによって形成されたものです。ザッポスのコア・バリューは、次の10カ条になります。

　1. サービスを通じて、WOW（驚嘆）を届けよう。
　2. 変化を受け入れ、その原動力となろう。
　3. 楽しさと、ちょっと変わったことをクリエイトしよう。
　4. 間違いを恐れず、創造的で、オープン・マインドでいこう。
　5. 成長と学びを追求しよう。
　6. コミュニケーションを通じて、オープンで正直な人間関係を構築しよう。
　7. チーム・家族精神を育てよう。
　8. 限りあるところから、より大きな成果を生み出そう。
　9. 情熱と強い意思を持とう。
　10. 謙虚でいよう。

　ザッポスの経営者たちがどのような企業文化を生み出し、どのように浸透させているかについて、共同創業者のザッポスCEOトニー・シェイの言葉からその秘密を探れます。

　「会社によっては、従業員に金銭的な報酬を与えることは動機づけになると考えます。われわれの考えは違います。金銭的報酬は従業員の満足度の第4位や5位に当たることが多くの研究でわかっています。従業員が最も関心をもっているところは、企業の上下関係の円滑さや職場での友人関係、仕事を通じての自身の成長です。これらは、仕事がもたらす幸福度と

密接な関係をもっているにもかかわらず、多くの企業はこれらに対して無関心です。」

　人間本位、家族的経営型の企業をどのように作ったかについて、トニー・シェイは次のようにいっています。

　「このことは、ザッポスでは、難しいことではありません。なぜなら、われわれは、同じ信仰、同じ価値観の人を募集したからです。それぞれの企業は、自らの共通の価値観があります。それは金銭だったり、チームからの承認だったりします。**われわれは、チームワークや家庭的な雰囲気を選びます**。従業員は、このような共通の価値観をもっている友人関係なので、事が運びやすくなります。正しい人は良い仕事を行うことができます。正しくない人と仕事をすることは苦痛になります。したがって、わが社は、**人が増えることと業績の成長と正比例になっています**。人を3割増やしたら、業績も3割伸びます。正しい人を倍に見つけることができましたら、彼らは倍の業績を作りだしてくれます。大部分の企業は業績の伸びを予測して採用計画を立てますが、われわれのやり方はその逆です。」

❸ しくみ作り

　3Mは、革新的な企業文化を有する企業として知られています。革新的な商品を生み続けるため、3Mでは15%ルールというしくみを作りました。15%ルールとは、勤務時間の15%は自分の好きな研究や夢を追う時間に使っていいというものです。そこからポストイットなどの画期的な商品を生み出しました。

　3Mの啓発を受けたのかはわかりませんが、グーグルにも20%ルールがあります。20%ルールとは、エンジニアが仕事時間の20%を好きなプロジェクトに使うのを認める制度です。ここから「グーグル・ナウ」「グーグル・ニュース」「グーグル・マップ」「細い道でもストリートビューを撮影できる三輪車の開発」などのプロジェクトが誕生したそうです。当然ながら、

これは仕事そのものが好きな集団に自由を与えるという企業文化の中だけで効果的なルールになります。グーグル社は歴史の浅い企業ですが、2014年の時価総額は43兆円で、トヨタ自動車の2倍に相当するほど大きく成長しています。その成長は、さまざまなしくみで構築された企業文化に寄与するところが大きいです。

　岐阜県にある未来工業は、ユニークな企業文化とその好業績で知られています。好業績の秘訣は「常に考える」という単純な言葉への絶え間ない実践にあります。「常に考える」を実践レベルに徹底するため、未来工業では、上司が部下にノルマ目標の明示やタイムカード、ホウ・レン・ソウ、仕事への指示といった監督式管理を行いません。この一見非常識的な経営スタイルや社内ルールは、「自分で考えざるを得ない」環境を作り出すのに非常に有効性を発揮しています。それに加え、従業員の能動性を引き出すため、有償の「提案制度」も設けられました。このような環境の中、従業員たちが考えて仕事する習慣を身につけ、考えた成果は、差別化できる製品の開発や生産工程と業務プロセスの効率化、自分たちの仕事環境の改善などにつながり、好業績を生み出し続けることができました。

　このような企業文化がもたらした貴重な財産とは、自ら問題を発見し解決できる人材、自らビジネスチャンスを発見し、つかむ人材を継続的に社内に育成されていくことです。また、従業員満足度の高さはさらに企業の成長をもたらすという好循環が期待できます。成果主義やエリート主義への過度依存型の経営スタイルよりも、持続性も業績も高いと考えられます。

　このように、企業文化を企業に浸透させるには、しくみや環境づくりが不可欠です。

❹ 経営トップ自らの率先的実践力

　アリババは1999年に創業したネットビジネスの企業です。アリババは、設立した当初から企業の使命や経営理念を明確に従業員に伝え、企業文化

の形成と浸透を重要視してきました。アリババは、自社の DNA を大切に守ろうとしているために独特のガバナンス体系を構築しており、それが原因で香港証券取引所での上場が拒否されたほどです。

- 使命：世に難しいビジネスをなくす（世の中のビジネスが簡単に行えるようなプラットフォームを提供する）
- 経営理念：・顧客第一
　　　　　　・チームワーク
　　　　　　・変化を歓迎
　　　　　　・誠実
　　　　　　・熱情
　　　　　　・より良い仕事を追求する姿勢（敬業）

2003 年に中国で SARS（重症急性呼吸器症候群）が流行し、アリババも従業員の各自宅での隔離観察が求められました。創業者の馬雲（ジャック・マー）は、リーダーとして「各自は、隔離期間中も顧客に気づかれないように、不安を与えないように、平常通りのサービスを行ってください」と指示しました。当時でも中小企業の顧客会員が世界の 200 カ国と地域にわたって数十万もおり、毎日のビジネス情報量が数千万件あったからです。

当時、家庭でインターネット環境のない従業員もいたため、会社負担ですぐに全社員の自宅でインターネットを使えるようにし、社員同士が連絡できるネットワークも直ちに整備しました。このような指示と準備がすぐにできたのは「顧客第一」の経営理念があるからです。

このように、経営トップとしての率先的な実践を通じて、経営理念の実践的な意味も容易に従業員に伝わり、浸透することができます。実際に、従業員の家族も、隔離期間中に、電話の第一声は「こんにちは。アリババです」というようになったそうです。

同年にひそかに準備していた CtoC サイト「淘宝（タオバオ）」も、予定通り立ち上げることができました。

また、2008年世界的な金融危機が勃発しました。世界の中小企業は、すべての不況と同様に、最も弱い立場に立たされていました。アリババの顧客は、まさにこのような世界中の中小企業です。そこでアリババは、2009年に「ゼロ利益」戦略を打ち出しました。「ゼロ利益」戦略とは、不況の中で顧客の中小企業に利益を譲り、その苦しみをともに乗り越えようとする運命共同体的な戦略です。ここでも「顧客第一主義」の理念を貫く姿勢が見られます。

　さらにアリババは、2014年9月19日にニューヨーク証券取引所に上場しました。上場当日にカネを鳴らすメンバーには、創業者の馬雲の姿も、アリババの投資家の姿も、役員の姿も、従業員の姿もありませんでした。鐘を鳴らしたのはアリババグループのお客さんたちでした。経営のトップ自らが訴える「顧客第一」の理念を具現化したもう1つの場面でした。この場面によって、アリババの理念を従業員のみならず、すべてのステークホルダーや世界の人々にアピールすることができました。

　経営理念を体で理解するように、アリババでは、トップダウンの形で工夫しています。1つの例としては「逆立ち」です。従業員の研修の必須項目です。目的はいろいろとありますが、おもに、できなくても地道に努力すれば挑戦する勇気や通常と違う視点で物事を見る習慣の大切さを伝えることです。

❺ 権限の委譲の重要性

　これまで挙げてきたもののほかに、**権限の委譲**などの組織設計とのリンクも重要です。各メンバーのエネルギーと仕事や評価の方向性を明確にしている以上、権限の委譲がなければ活用できる場面がなく、コア・バリューにしても、経営理念にしても、すべては飾り物として企業の中で風化してしまうのです。

　多くの事例からわかるように、価値観を共有するが従業員の創造力をマニュアルで縛らないのは、優良企業の特徴のようです。

国際経営に必要な基本的な考え方と能力

　この部分も、経営者の立場に立ち、グローバル化を展開するための経営ノウハウを考えていきます。前述したように、経営者が、いまの経営環境で企業を存続・発展させる上で最も無視できない変化は、グローバル化とIT化です。今日のようなグローバル化の時代まで進んできた背景はいろいろと複雑ですが、簡単にいいますと、経営者が企業をより競争力の高い、強い企業にしようとするというニーズからきています。ライバルに負けてはいけない動機、コスト優位・規模優位・技術優位の追求、迅速な戦略の転換、ブランドの入手、シェアの拡大、資本の調達といった経済的動機もあれば、貧困の撲滅といった社会的動機もあります。いずれにしても、この波は確実にきています。この波に乗ろうとする企業も大勢います。乗せられている企業も多いです。

　グローバル化の波を避けて独自の領域で国内・地域市場だけに集中しようとする企業もありますが、ある一定規模の企業の場合、むしろ、その道を選ぶほうが少数派で、その生存環境を保つのももはや難しいです。お蕎麦屋といっても、輸入蕎麦を使っていますと、国際的な気象や、為替の影響などを受けることになるからです。しかし、これも、企業の経営者が選べる1つの生き方なのです。

　大多数の企業は、この波に乗ろうとしても、乗せられたとしても、グローバル化の中で、生存し、発展できる能力を備えなければなりません。

(1) グローバル化と国際経営の概念

❶ グローバル化の意味と国際経営の必要性

　国際経営に必要な能力と基本的な考え方を理解する前に、グローバル化と国際経営の意味を明確にします。グローバル化についてはさまざまな定義がありますが、ここでインテル社元社長アンディ・グローブの理解を紹介します。この考えを本書のグローバル化についての定義とします。

　「グローバリゼーションというのは、ビジネスにとって、もはや各国間の国境が存在しないことを意味する。資本も仕事も（皆さんの仕事も、皆さんの競争相手の仕事も）この地球上のどこでも移動することができ、そこで仕事を行えるということなのである」（『インテルの秘密』早川書房）。すなわち、今の地球上では、モノ、ヒト、カネ、情報がかなり自由に移動できる環境になっています。このようになった地球上で、最大限に経営資源を生かせるような経営戦略を練ったり、ビジネスを展開したりするということが、グローバル化ということなのです。

　当然、この環境においては国内経営の延長線ではなく、新たに国際舞台に上れるような考え方や能力を備える必要があります。ここでいうような**国際舞台で企業を存続させる考え方や能力、あるいはノウハウ・知恵を国際経営**といいます。

(2) 多国籍企業とその企業に必要な能力とは

❶ 日米欧の多国籍企業の3つの経営スタイル

　いろいろな国で経営を行う企業を多国籍企業といいます。国際経営が未成熟な学問ということもあって、多国籍企業に関する定義は多数存在しています。それを概観しますと、定義の多くは、企業の国際経営の展開に直接的な関係がほとんど見られません。したがって、ここではそういった類

の定義を省略して、国内経営と国際経営の違いを明確に確認できる、ビジネス展開に役立つ多国籍企業の経営スタイルに関する説を紹介し、多国籍企業そのものに対する理解と、経営の基本的な考え方を理解できるようにします。

バートレットとゴシャールは、欧州、米国、日本の多国籍企業を研究し、1989年に『地球市場時代の企業戦略：トランスナショナル・マネジメントの構築』(Managing Across Borders)を発表し、名著になりました。

同書において、多国籍企業の3つの地域の経営戦略および実現するための組織の特徴をまとめ、4つの経営スタイルを提示しています。

まずは欧州、米国、日本企業の3つの経営スタイルを見てみます。

下記の図表2-26で示したのは3つの経営スタイルです。

＜タイプ1＞マルチナショナル企業（戦略・組織）

　欧州企業の多くは国別に適合する能力が高く、現地支社の経営者に権

図表2-26　多国籍企業論における3つの経営スタイル

国別	経営戦略のタイプ	組織形態（特徴）
欧州	マルチナショナル Multinational （国別に適応する能力が高い）	分権型組織 （現地の経営者に権限を与える）
米国	インターナショナル International （技術移転が得意）	調整型組織 （現地マネジャーの権限は欧州と日本の中間）
日本	グローバル Global （世界規模で規模の経済性を追求する能力が高い）	中央集権型組織 （現地支社の経営者に権限が少なく、本社に集中している）

出所：クリストファーA.バートレット＆スマントラ・ゴシャール著『地球市場時代の企業戦略：トランスナショナル・マネジメントの構築』日本経済新聞社（1990）吉原英樹監訳より作成

限を与える分権型組織をとっています。このタイプはマルチナショナル企業（戦略・組織）といいます。

＜タイプ２＞インターナショナル企業（戦略・組織）

　米国企業の多くは、自社が開発した技術や経営ノウハウなどを世界各地に技術移転するという形でビジネスを展開しています。すなわち、知的財産で利益を得ることに長けています。その組織形態も、現地マネジャーに本社が持つ知的財産やビジネスから現地に移転できるものを選べる権限と具体的に現地で展開する権限を与えています。このタイプは、インターナショナル企業（戦略・組織）と呼ばれています。この経営スタイルの由来は、自社の競争優位を追求することからきています。米国のこのような海外進出スタイルはバーノンによって、すでにまとめられています。これはバーノン・モデルとして広く知られています。

＜タイプ３＞グローバル企業（戦略・組織）

　日本企業の多くは、安くて高品質の標準化した製品を世界に販売することで、徹底した規模の経済性を追求する能力があります。このタイプを、グローバル企業（戦略・組織）と呼びます。

❷ それぞれの経営スタイルの強みと弱み

　図表 2-27 は、以上の３つの経営スタイルのそれぞれの強み、弱みの比較を表しています。マルチナショナル企業も、インターナショナル企業も、グローバル企業も、それぞれ強みと弱みがあります。

　マルチナショナル企業は、国ごとに適合する能力が高い傾向にあります。しかし、技術移転や規模の統合力が相対的に弱いです。インターナショナル企業は、技術や経営ノウハウ、営業マニュアル、ライセンス経営といった技術移転・知的財産の活用に長けています。しかし、国別適合力と規模の統合力が弱いです。グローバル企業は、標準化した製品を安く作って大量に販売することで、規模の経済性と経済の効率性を最大限に享受できま

図表 2-27　3つの経営スタイルの強みと弱み

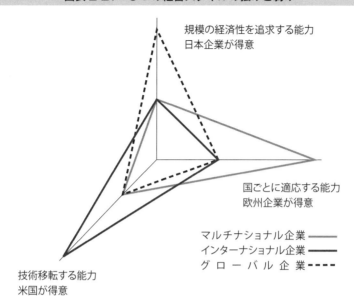

出所：クリストファー A.バートレット & スマントラ・ゴシャール著『地球市場時代の企業戦略：トランスナショナル・マネジメントの構築』日本経済新聞社（1990）より作成

す。しかし、知的財産の活用や国別の適合力が不足しています。

1980年代の日本企業の海外進出においては、機械産業や自動車産業、家電が強かったのです。なぜならば、このような産業は、市場にきめ細かく適合する必要性が少ないので、標準化によるグローバル戦略の展開や集権的組織に適合しています。逆に欧州企業は、家電分野において必要以上に現地化したために、日本勢に後塵を拝していました。しかし、日常用品の分野では、現地のライフスタイルや生活習慣に合わせることが重要なので、グローバル戦略には合わず、日本企業はこの分野では弱かったのです。

したがって、産業・商品、進出市場が違いますと、求められる経営スタイルもそれに合わせて変える必要があります。

P&Gは日用品産業で、しかも、米国企業と欧州企業の合併でできた会社ですから、両方の伝統を持っている特性が見られます。自社の技術を世界各支社に応用する能力も高いですし、国別に適合する能力も高いです。たとえば、P&G社は、日本市場に適合するために、冷水でも汚れを落とす優れた洗剤（日本の洗濯習慣に対応）を開発しました。日本で開発されたその洗剤は性能の良さを認められ、各国の市場にも生産・販売されました。中国では、香りが長く残るシャンプー（毎日シャンプーしない顧客対応）や漢方入りシャンプー（意外に健康志向が強い中国市場に対応）でヒットになりました。

❸ 真の多国籍企業に求められる経営の能力 ── トランスナショナル企業〔タイプ4〕

　図表2-28は、タイプ4としてのトランスナショナル企業（戦略・組織）を表しています。トランスナショナル企業とは、以上の3つの経営能力を同時に備えて、産業の特徴、市場の状況、自社の能力などに応じて発揮できる企業（戦略・組織）です。このような企業こそ、真の多国籍企業といえます。

　国際経営と国内経営との根本的な違いは、国際舞台と国内舞台という土俵の違いです。グローバル化における自社の戦略を決定することは、規模の経済性を追求する能力、国別に適合する能力、知的財産を活用する能力を備え、自社が存続する「土俵」に最も適した能力を発揮させる選択だといっても良いでしょう。

図表 2-28　トランスナショナル企業（戦略・組織）のイメージ

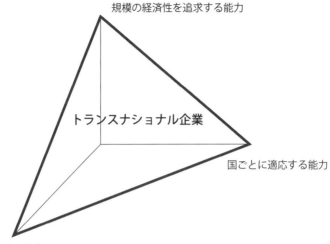

出所：クリストファー A. バートレット & スマントラ・ゴシャール著『地球市場時代の企業戦略：トランスナショナル・マネジメントの構築』日本経済新聞社（1990）より作成

（3）日本企業のグローバル展開の流れ

　日本の企業のグローバル展開の動機は、1945年以降の復興期において、「輸出立国」という国の政策のもとで国際貿易を中心に展開されたことでした。いまの中国などの新興国や途上国のように、安いビジネス・コストを強みに米国を中心とした先進国に輸出をしました。

　1970年代には日本の経済力が強くなり、貿易黒字が拡大してきました。日本企業は、ほかの先進国との貿易摩擦を回避するために、生産拠点を輸出先国（先進国）へ移転し始めました。吉原英樹はその時期の進出を「仕方なし進出」と呼んでいます。その後も、日本の家電や機械、自動車がその品質の良さで世界中に売られ、欧米などの貿易保護主義を伴い、貿易摩

擦はさらに激化しました。

　1985年のG5で、先進国同士は人為的に円高を定着させる合意をしました。これが有名な「プラザ合意」です。この合意によって、円高が進み、輸出企業を主として、本格的な生産拠点の海外移転が始まったのです。生産拠点は先進国だけではなく、当時、コストパフォーマンスの良い韓国、東南アジアにも進出しました。

　プラザ合意以降、日本にとって、良いことと悪いことが同時に起きました。良いこととして、企業は円高で上昇したコストを削減する地道な努力を行い、高い生産技術力を持つ「モノづくり大国」という不動の地位を手に入れました。悪いこととして、輸出で苦しくなった分を埋め合わせるために「内需拡大」が政府の政策によって進められ、不動産ブームと経済バブルを引き起こしました。そしてそのバブルはやがて崩壊し、その後日本経済は長い低迷期を経験しています。これが「失われた20年」です。

　1990年代の後半から現在に至り、日本企業の中国などの新興国への進出は加速しています。2008年までは、生産拠点を「世界の工場」といわれる中国などに置き、先進国のマーケットに輸出するという戦略とっていました。2008年の世界金融危機後、多くの日系企業は、ボリュームゾーンといわれている新興国の中間層市場を一層狙うような戦略転換をしています。

(4) 日系企業の消費市場参入の課題

❶ 日系企業の進出目的の変化

　日系企業のグローバル展開には、主に3つの目的（タイプ）に要約できます（図表2-29を参照）。

　1つは、コスト削減するための生産拠点の海外移転です。この場合、日本的生産方式は海外移転の形で展開されてきたので、多くの経験を得るこ

図表 2-29　日系企業の海外進出の目的（タイプ）と強みと課題

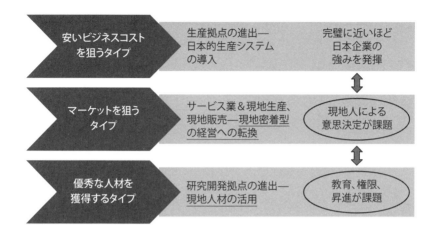

とができました。同時にそれほど差別化しなくてもよい商品・サービスの展開にも、多くの日系企業は成功しています。海外からの評判も良いです。バートレット＆ゴシャールがいう「グローバル戦略」の意味で、日系企業は完璧に近いほど強みを発揮することができます。

　一方、国内で、産業空洞化の問題もしばしば指摘されています。国際分業の視点で見た場合、生産拠点の海外移転は、低付加価値の事業を海外に移転し、それと同時に国内で新たな高付加価値事業を立ち上げるように戦略転換しなければならないのです。もし、生産拠点の海外移転によって国内に**ドーナツ現象**（空洞化）が長引くようなことがあったら、この移転戦略は真のグローバル化戦略ではなく、単なる国内から海外に逃げ込むことになってしまいます。

　2つ目は、新興国などのマーケットにも参入し始めたことです。生産拠点の移転も、マーケットの参入も先進国から新興国、途上国まで拡大しています。生産拠点よりも、マーケット、とくに新興国や途上国のマーケットへの参入は、歴史が浅いため課題も多いです。

3つ目は、海外の優秀な人材を獲得しようとする日本企業が増え始めていることです。マーケットの参入と関連して進む開発の現地化とともに、優秀な人材を獲得するための海外進出は、これからもっと進むことになります。この分野の新興国への海外進出は欧米企業のほうが先行しています。

❷ 戦略転換における課題

進出する目的が違うと、経営の在り方も異なります。新興国のマーケットと現地人材の獲得を狙う日本企業の海外進出は、日本企業にとって始まったばかりで課題が多いです。以下に、2つの課題を取り上げてみました。

＜課題1＞ 人材の現地化による「現地密着型戦略」への転換

前述したように、日本企業は、日本的生産方式の海外移転や標準化した製品の世界販売といった「グローバル戦略」が得意です。しかし、ブラジル、ロシア、インド、中国などの新興国へのマーケット参入に新たな課題も見られます。その課題解決のためのポイントは、現地市場や消費者をよく理解できる「現地密着型の戦略」への転換です。ここでいう「現地密着型戦略」とは、日本のしくみといった強みを維持しながら、現地適合力を高めることに重点を置く戦略という意味です。現地適合能力を高めるために、「人材の現地化」、「意思決定の現地化・現場化」が課題です。すなわち、「マルチナショナル戦略」または「ローカル戦略」を展開する能力が求められます。

＜課題2＞ 教育や分権、昇進の改善による現地人材の獲得・育成・活用

「人材の現地化」や「意思決定の現地化・現場化」をするには、現地の優秀な人材を獲得することが大切です。しかし、調査によると、日系企業は欧米企業と比べ、権限や待遇、昇進のチャンス、企業文化において、優秀な人材にとって十分な魅力を作り出せるかが課題になっているようです。

この2つの課題を解決するためのキーワードが、「グローバル人材の獲

得・育成・活用」です。日本企業において、人材の獲得・育成・活用、あるいは、優秀な人材にとって魅力的な組織づくりが重要です。そのための処方箋または答えは、「自社適合」と「現地適合」という国際経営の基本的な考え方から見つけることができます。

(5) 日系企業の消費市場参入への処方箋―人材の獲得・育成・活用

❶ 全社戦略・方針を明確にする

人材戦略は、全社戦略や方針に基づいて作られるものです。全社戦略や方針は、国際経営を行う場合、さらに重要になります。

図表2-30で示したように、まず、トップ経営陣として明確にしなければならないのは、自社のノウハウの発揮をより重視する「グローバル戦略」を取るか、それとも、現地市場に密着できる「マルチナショナル戦略」＝「ローカル戦略」を取るかです。これを海外の経営管理者に任せるというより、企業の方針や戦略として決定することは重要です。

図表 2-30　自社戦略と「自社適合」「現地適合」との関係

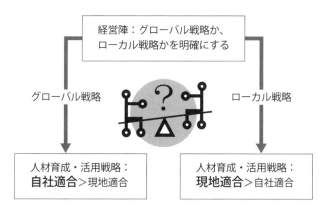

次に、それに基づいて人事や各事業部門による人材育成・活用戦略が決められます。すなわち、全社戦略から現地オペレーションまで、どの部分を自社に適合すべきか、どの部分を現地に適合すべきかを明確に定める必要があります。

1）自社適合とは

　自社適合には2つのレベルがあります。1つは、本社の価値観、経営理念、企業文化、経営戦略を「基軸」とするレベルです。直接投資を行う場合、この「基軸」を徹底的に世界の支社と共有する必要があります。

　もう1つは、オペレーション・レベルです。それは、本社が持つビジネス・モデルや、製品の規格・デザイン、経営のノウハウ・方法・マニュアルなどを中心に適用するということです。

　2つのレベルとも自社適合を重視する場合、「自社適合＞現地適合」の形となり、前述の「グローバル戦略」と「インターナショナル戦略」の概念と共通しています。

　自社適合戦略を選択した企業は、権限を本社に集中することで、本社の考えやビジネスのやり方をいかに海外支社と海外市場に浸透させるかがポイントになります。

2）現地適合とは

　現地適合というのは、現地のニーズに合わせて、現地人の知恵によって、ビジネス・モデルや製品の規格・デザイン、経営のノウハウ・方法・マニュアルを変えていくということです。現地のニーズには、現地の国の制度や法律、経済状態、現地人の生活習慣や文化、好みなどが含まれます。完全所有の直接投資を行う場合、オペレーション・レベルの現地適合になります。すなわち、本社の価値観、経営理念、経営戦略といった「基軸」の現地適合は考えられません。このような場合は、「現地適合＞自社適合」の

形となり、前述の「マルチナショナル戦略」=「ローカル戦略」の概念に相当します。

　自社適合も現地適合も絶対的ではないのです。凧上げにたとえますと、飛ばすための糸は自社適合、糸につながれて飛んでいる凧は現地適合といえます。

　一般的に、現地を生産拠点としてだけ活用しているような企業のほとんどは、自社適合の経営を行っています。マーケットや人材を狙う進出の場合、現地適合をより重視しています。相対的に見た場合、日本企業の多くは自社適合が得意で、欧米企業の多くは現地適合が得意です。

　しかし、どのような戦略をとるにしても、経営理念、価値観といった自社の「基軸」は、全社に浸透するような自社適合をしなければなりません。

　ファーストリティリング社（ユニクロ）もセブン-イレブンもマーケットを狙う企業ですが、自社適合をより重視しています。しかし、人事評価などにおいて、現地の経営管理者に権限を与え、現地化している部分も見られます。

　一方、資生堂やダイキンなどは、本社の理念を共有しながら現地適合をより重視している企業です。人事だけではなく、商品の開発や販売方法など、多くの権限を現地支社に与えています。

❷ グローバル人材育成・活用戦略における自社適合と現地適合のバランス

1）異文化への認識

　上述した2つの課題を解決するには、全社戦略を明確にすると同時に、グローバル人材の育成と活用も重要です。グローバル人材の育成・活用戦略を策定するには、はじめに異文化の特徴を認識する必要があります。国によって、それぞれ文化の特徴は異なりますが、多くの調査データからは、日本の文化や日本の企業文化と比較した場合、次のように要約することが

できます。

1. 集団主義・協調性　vs　個人主義
2. 組織への忠誠心　vs　個人の成長
3. 集団の知恵を重視　vs　個人能力を重視
4. ルール・プロセス重視　vs　結果重視
5. きめ細やか　vs　アバウト
6. 暗黙知　vs　形式知

　左側は日本文化の特徴を、右側は多くの国で見られる日本との相違点を表しています。それに基づき、自社最適と現地最適の内容やバランスが決められます。

2）自社最適と現地最適のバランス

　図表2-31を参考に、必要最小限の自社最適と現地最適の内容とバランスを考えます。具体的には、以下が最低限に必要だと考えられます。

図表2-31　人材育成・活用に関する自社最適と現地最適の内容

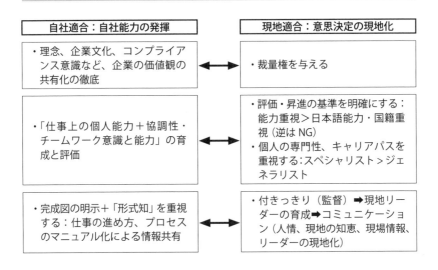

- 企業の「基軸」になる価値観の共有化と権限委譲とのバランス
- 協調性やチームワーク能力の育成・評価の明確化と、個人能力評価・個人キャリアパスとのバランス
- 形式知による本社ノウハウの共有化と、現地リーダー育成によるノウハウの現地化とのバランス

　企業によっては、自社適合の内容として、さらによいしくみ、ビジネスのモデルなどもあるかもしれません。いずれにしても、決められた自社適合の内容を、研修などの形で本社、海外支社、日本人、非日本人といったすべての部門と社員に共有化させる必要があります。この共有化によって以下の3つの役割を果たすことができます。

＜役割1＞従業員の共通の価値観および行動規範にすることができます。
＜役割2＞企業自身の経営および企業戦略、製品・サービスの基準を各国と地域でぶれないように展開することができます。
＜役割3＞不祥事の発生を最小限に抑えることができます。

　グローバルでビジネスを展開するために本社に適合する必要があるものの、「現地適合」の内容を検討することも同様に重要です。企業によって「現地適合」の内容は異なりますが、少なくとも「意思決定の現地化」「意思決定の現場化」に役立つものでなければなりません。そのために、現地人材の能動性を引き出すノウハウが必要です。そのカギは、以下の3点が挙げられます。

- 権限を十分に与えること
- 採用や待遇、機会の格差をできるだけなくすこと
- キャリアなど、成長・昇進の可能性を制度的に保障すること

　以上のように、日系企業は、生産コストパフォーマンス狙いの戦略ならば、自社適合型の経営スタイルで自社の強みを発揮することができました。消費市場を狙う戦略転換に伴い、「現地密着型」の経営スタイルに転換しなければならない課題もあります。この戦略転換ができる前提は、グロー

バル人材の獲得・育成・活用です。そのために、全社レベルで、「自社適合」と「現地適合」の部分はそれぞれどれなのかを明確にし、徹底することが最も重要です。

　日本企業は、元々、従業員の知恵を引き出すような経営に長けています。これを国際舞台でもうまく展開できると、非常に大きなパワーになります。すでにこのような取り組みをしている日系企業もあります。

　ここまでは「国際経営に必要な基本的な考え方と能力」の部分で、国際経営と国内経営の違いを中心に見てきました。地球を１つの市場としてみなしたときに、４つの経営スタイルのノウハウをヒントとして提示しました。また、日系企業の「意思決定の現地化」およびそれに関連する「人材獲得・育成・活用」についての課題とその処方箋も提示しています。

第3章
永続企業体にするための管理の仕事（管理機能）

前章では、トップ・マネジメントの経営者が考えなければならない経営戦略と、経営組織、国際経営について学びました。本章では、経営資源であるヒト、モノ、カネのマネジメントという順にしたがって、
　・ヒトのマネジメント―人的資源管理
　・モノのマネジメント―マーケティング
　　　　　　　　　　　　製品の研究開発
　　　　　　　　　　　　生産管理
　　　　　　　　　　　　小売の販売管理
　・カネのマネジメント―財務管理
についての知恵・ノウハウおよびその動きを学びます。

人的資源管理

　第1章でも説明しましたが、経営管理・マネジメントとは、企業を元気に持続成長させるために工夫することです。それは、企業を元気に存続・成長させるために、**トップ・マネジメントの経営者**は企業の経営戦略と組織の在り方といった**経営的な意思決定活動や調整活動**を行い、その上、**各機能部門**は、経営資源のヒト（人間）、モノ（物財、サービス）、カネ（資金）、情報・技術をうまく調達・活用するといった**管理的活動**を行うことです。このような管理的活動は、どこの企業にも見られる人的資源（人事）、マーケティング、研究開発、生産、営業、販売、経理・財務、総務、企画などの機能部門によって行われます。

　世の中の多くの人は民間企業で働きます。そして、私たちは、必ず、どこかの機能部門の管理的活動に参加する形から、社会人生活をスタートし、成長していきます。

　いずれの機能部門の管理的活動は、すべて企業の経営方針や経営戦略とリンクしています。各機能部門の働きは、人間の手足や内臓、細胞のようなもので、すべて心と頭に支配されているのと似ています。

　各部門で働くことで、組織に貢献しながら、自らも成長したいとほとんどの人は望んでいます。

　そのためには、経営者は、経営理念や経営戦略を全社に**浸透する**工夫をするように、また、従業員自身が創意工夫できる**権限を与える**ようにする必要があります。

　各個人は、企業の経営理念、企業文化、経営戦略を**理解し共感**できるように、また、これを前提に、自らの役割に対する**創意工夫**ができるように

することも重要です。

このことからわかるように、マネジメントは、決して経営者、管理者だけの仕事ではありません。すべての人間が組織において、マネジメント活動を行う必要があるということです。

情報のマネジメントは、各部門の管理活動の中で機能していますので、本書では、情報マネジメントの内容を以上の管理活動の中で行われているという視点から理解できますので、「情報管理」の節を省略することにします。

(1) 人的資源管理の役割と内容

米国では 1930 年代に労使関係という名称で労務管理が生まれましたが、それが人事管理と労使関係の別々の領域として展開していました。日本では、ブルーカラー社員を管理するのが**労務管理**で、ホワイトカラー社員だけを対象とするのが**人事管理**と呼ばれていました。

1970 年代後半になると、米国や英国ではヒトという経営資源を「**人的資源**」と呼び、人事管理・労務管理についても「**人的資源管理**」（HRM：human resource management）と呼ぶようになりました。1980 年代の半ばに、企業が持続的に成長できる源泉は企業の内部に蓄積した経営資源によるものだという認識が提示され、人的資源と人的資源管理の考えがさらに浸透するようになりました。

1990 年代に入り、日本にも、この概念が浸透するようになってきています。実際に、「人事部」を「HR 部」「人材部」「人財部」などの名称に変更する企業も多くあります。

1980 年代に一橋大学の伊丹敬之先生の『人本主義企業：変わる経営変わらぬ原理』（日経ビジネス人文庫）という著書の中に、米国流の「資本主義企業」に対して、日本的経営の特徴に見られる「人本主義企業」を提示し

ています。株主への過度な重視に偏ったいま、再度吟味すべき考えです。また、法政大学の坂本光司先生の『日本でいちばん大切にしたい会社』(朝日新聞出版)は、「人本主義企業」の人間の幸福度と好業績との正比例的な関係を実証しています。「人本主義」には、21世紀における人的資源管理の答えが隠されています。

人的資源はほかの経営資源と違い、さまざまな欲求や感情を持っています。その欲求や感情は変動的で、それらを組織に反映させるときに、組織に有利または不利に作用します。人的資源を組織に良い働きをさせるだけではなく、その可能性と潜在力を最大限に引き出し、組織の成長に活かすように、人的資源管理といった新しい経営ノウハウが模索されています。

人的資源管理は、従来の人事管理との違いは、一言でいうと、人的資源はコストとしてではなく、**資本**、**財産**として見るべきだという視点です。

したがって、人的資源管理とは、人間の思考力・創造力・主体性・能動性を引き出し、組織に高い生産性と活力を持たせると同時に、個人が仕事を通じて成長できるために工夫することです。その内容は、そのためのノウハウおよび施策になります。

人的資源管理の内容には、3つのアプローチがあります(図表3-1を参照)。

アプローチ1 経営戦略・法律への理解と浸透、組織構造・企業文化への理解と提案です。

これらは、人事制度を構築する**前提と土壌**です。対外的に法律への理解と順守はもちろんのこと、社内の経営戦略に対する理解と浸透、組織構造の改革と企業文化の醸成がとても重要です。人的資源管理は、人的資源部門を中心にしながら、経営戦略と組織構造と企業文化とも密接に関係している全社的な重要なマネジメント活動です。この意味では、**戦略的人的資源管理**ともいわれています。

経営理念・価値観と経営戦略は、企業という生き物の倫理道徳や存在意義、進むべき方向を規定するものですので、全社員の行動をその方向に導

図表 3-1　人的資源管理（HRM）部門の仕事内容

アプローチ1：経営戦略などへの理解と浸透、組織構造・企業文化への理解と提案
アプローチ2：組織の競争力と従業員の仕事そのものに対する意欲の向上
アプローチ3：以上を具現化させるための人事制度の構築と運用

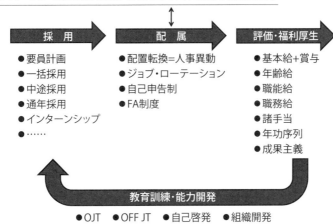

くようにするのは、人的資源管理の役割です。

また、組織構造と企業文化は、「人のやる気」や「組織力」と密接な関係がありますので、人的資源部門を中心に、それらへの理解だけではなく、組織改革と企業文化の醸成に知恵やノウハウを提案することも重要です。この意味では、人的資源部門は、決して、単なる「事務部門」ではありません。

近年、多くの企業は組織改革を行っています。それによって、活気が生まれる組織もあれば、そうでない場合もあります。人的資源をうまくマネジメントするための工夫にはゴールも正解もありません。

経営戦略と組織構造と企業文化に関するアプローチについては、第2章で学習しました。

アプローチ2　組織の競争力と従業員の仕事そのものに対する意欲の向上です。

これは、人事制度を構築する**目的**であり、従業員の仕事そのものに対す

る意欲を引き出すことを通じて、組織の競争力を高めるといったような内容です。この部分のアプローチは、第4章の行動科学に関連する自己実現、動機づけ、リーダーシップ、内発的動機づけ・外発的動機づけなどに関する理論を参考に学ぶことができます。

アプローチ3 アプローチ1と2の前提と目的を具現化できる人事制度を構築・運用することです。

これは、人的資源部門の基本的な役割です。この人事制度には、採用、配置・転換、評価、報酬、福利厚生、能力開発などを含みます。すなわち、事業活動に必要な人材を獲得すること、適材適所に人材を配置すること、各人の仕事ぶりを評価すること、その評価に応じて報酬・地位などの処遇を行うこと、そして、福利厚生や人材育成・能力開発などの体系を確立することが人的資源部門の大事な仕事です。

第1と第2のアプローチについての基本的な考え方に、国や企業によって大きな認識上の違いはありません。第3のアプローチについては、国によって、大きく異なります。日本の企業においても、日本的な特色が見られます。以下では、第3の人事制度的なアプローチを中心に見ることにします。

(2) 人材の獲得―採用

企業は事業活動を遂行するために、経営戦略と経営計画に基づき、中長期の「人員計画」を策定し、「採用」を通じて、人材を外部から獲得します。

採用は、通常、人員計画の策定、募集、選考という3つのステップで行います。「人員計画」のポイントは、採用したい人材の質と量を決定することです。人材の質とは、資質、能力、経験といった側面を指します。

近年、採用の形態は多様化してきています。

❶ 一括採用

　日本では、毎年春に新卒者を採用する「**一括採用**」または「**定時採用**」が一般的です。一括採用は、経済の高度成長期において、人手を確保するために、有効な採用方法といえます。一括採用された新卒者は、社内の教育・研修制度を通じて育成され、さまざまな部門で仕事を経験し、内部昇進の機会を得て、円満退職を迎えます。このようなしくみが多くの日本企業において出来上がっています。

　一括採用制度によって、個人は、終身雇用・長期雇用によって、安定して１つの企業で働きながら成長できますので、仲間意識や企業への忠誠心も育みます。企業は、人手や人材の確保ができると同時に、自社に必要な人材を、時間をかけて育成することができます。したがって、終身雇用を維持している企業は、社内の教育システムを充実させているので、採用で重視しているのは、人間性と成長の潜在能力であり、即戦力を求めません。

　しかし、一括採用は経営環境の変化と終身雇用の崩れによって、いくつかの問題も見られます。

　１つは、経済社会から見た場合、人材の流動性が低いため、外資を含む新規参入企業は人材の確保が難しいです。

　２つ目は、経済が減速すると、人件費の負担が重くなります。

　３つ目は、一括採用と終身雇用の下で、専門性を重視する「就職」というよりも、企業を重要視する「就社」が主流になっているため、従業員は社内キャリアの形成をしていますが、社会に通用するキャリア形成の欠如が問題です。すなわち、企業はスペシャリストよりも、ジェネラリストを多く育成しています。

　４つ目は、業績悪化時にリストラを行うと、このキャリア形成不足によって再就職難に陥るリスクがあります。

　日本のバブル経済の崩壊後に、多くの企業と個人はこのジレンマに悩まされています。そのために、近年、多くの企業は、「一括採用」のほか、

中途採用や、職種別採用、通年採用なども行われるようになりました。

❷ 中途採用・職種別採用・通年採用

　少子高齢化の進展によって、中長期的に見て、労働人口が減少していきます。特に、若年層の労働力不足が懸念されています。一方で、経済のグローバル化やITの進展などの影響で、経営環境の変化が激しく複雑になっています。このような経営環境の中で企業が存続するためには、スピード経営が要求されます。スピード経営に対応できるのが即戦力のある人材です。そこで、専門性を狙う「中途採用」「職種別採用」「通年採用」などの形で人材を獲得する企業が増えてきています。

　「中途採用」とは、実務経験や即戦力のある者を対象にした採用制度です。人材市場の流動性が高まったいま、即戦力の高い人材を以前より容易に採用することができるようになりました。一方、中途採用社員の多い職場では、コミュニケーションの障害や、新人の育成問題も出ています。また、それを解決するために、フリーアドレス制（個人の席を固定しない）、イベントを開催するといった、さまざまな試みも始まっています。

　「職種別採用」とは、応募の段階で財務、商品企画、マーケティング、システム開発などの職種や専門性を選びエントリーできる制度です。この制度は、専門性を活かす目的もありますが、人材需給ニーズのミスマッチによる内定辞退を防ぐ工夫でもあります。また、個人にとってキャリアの形成・専門性の向上がしやすい制度でもあります。外国企業や外資系企業は、このような職種別採用が主流です。しかも、人事だけではなく、各専門部署のリーダーが自ら採用基準を設けて採用するケースが多いです。

　「通年採用」とは、文字通り、年間を通して必要な人材を採用する制度です。この制度により、即戦力のある人材のほかに、卒業時期の異なる海外に留学した日本人や、外国人が確保しやすくなります。

❸ 紹介予定派遣制度、インターンシップ制度

人材需給のミスマッチや、若年層の早期離職問題に悩む企業が多くなっている中、「紹介予定派遣制度」や「インターンシップ制度」は政策によって推し進められている制度です。

「紹介予定派遣制度」とは、まずは派遣社員として一定期間働いた後、企業と本人の双方が合意すれば、正社員として採用される制度です。「インターンシップ制度」とは、学生が在学中に研修生として企業で働き、自らの専攻や将来のキャリアに関連した就業体験を積む制度です。

(3) 雇用形態の多様化

❶ 正規社員

正規社員とは、企業が直接、常用形態で、フルタイムで雇用する従業員を指します。正規社員に対する雇用は、社員の区分があります。技能職のブルーカラーと、事務・技術職のホワイトカラーの区分がその代表です。ホワイトカラーに対する雇用は、社会と企業と個人のニーズ変化に応じて、「コース別雇用管理」＝「複線型雇用管理」が一般的になってきています。「コース別雇用管理」とは、従業員に、要求される能力や職務、勤務地などによって複数のキャリアパス・コースを設定し、それぞれのコース別に賃金、昇進などの労働条件を持つ雇用形態です。このような雇用形態は、**雇用の複線化**ともいい、大企業でよく見られます。

コース別雇用管理には、「総合職」や「一般職」「通常勤務地制社員」「限定勤務地制社員」「短時間正社員」などのコースがあります。

「総合職」とは、企画立案などの基幹業務を担い、管理職、役員まで昇進する可能性を持つコースです。

「一般職」とは、主に、定型反復業務に従事し、「総合職」を補佐する仕事のコースです。

「通常勤務地制（全国社員）」とは、国内外の転勤を前提とする雇用形態です。「限定勤務地制（エリア社員）」とは、一定区域内で勤務する雇用形態です。「短時間正社員」とは、フルタイムの正社員と比べて、その所定労働時間（所定労働日数）が短い正社員です。そのほかにも、「限定正社員」なども検討されています。

❷ 非正規従業員

近年、環境変化に対応するために、企業は雇用に弾力性を持たせる必要があります。したがって、多くの企業で非正規従業員を活用する機会が増えています。非正規従業員とは、正規従業員以外の従業員のことを指します。具体的には、パートタイマー、アルバイト、契約社員、嘱託社員、派遣労働者、請負労働者などが含まれます。さらに家内労働者や、在宅ワーカーのような業務のアウトソーシングもあります。

(4) 適材適所―人材配置

人材配置には、「初任配置」と「人事異動」または「配置転換」があります。「初任配置」とは、採用された新入社員を、職務や部署に配属することです。日本では、一昔、「なんでもやります」というのは、「面接」時の殺し文句でしたが、いまは、逆にそういう考えを持っている学生が歓迎されなくなりました。キャリア教育を行う大学が増えている中、明確なキャリアプランを持って、ある専門分野の能力を高めようと考えて「就職」する新卒学生が期待されていますが、現実的には、依然として「就社」する志望者は少なくありません。したがって、「初任配置」は、企業主導で行う場合が多いです。一部の企業は、初任配置の先を自らの意思で選択できるような試みをしています。

「人事異動」または「配置転換」とは、従業員の役職、配属、勤務地など

が変更になることです。人事評価の結果を受けた従業員の処遇という理解もできます。

　人事異動は企業内での異動と企業外への異動に分けられます。前者には昇進・昇格、降格、配置転換などがありますが、後者でよく見られるのは出向、転籍などです。

　人事異動の必要性は、組織と従業員個人の両方から見ることができます。組織からは、部門間の協調性の向上、特定部署の欠員補充、業務と能力の再調整といったニーズによります。従業員からは、個人の能力の開発と活用、キャリア形成などの効果があります。

　人事異動も日本的な特色が見られます。日本の企業は、組織全体の協調性を重視しています。多くの企業は、一人の社員が多くの部署を経験し、理解できるようなジョブローテーションを行っています。日本的なジョブローテーションは、同じ部署の中の人事異動よりも、人事からマーケティングへ、生産から営業へと、業務の専門性・一貫性のない部署・業務への人事異動が一般的に行われています。この知恵や制度によって、部門間の壁を低くし、組織の協調性を保とうとしています。この人事制度は、終身雇用が続くことを条件に、企業だけではなく、個人から見ても、社内キャリアを蓄積していくというメリットがあります。

　しかし、終身雇用の条件が崩れた場合、前項でいうように、社会に通用するキャリアの形成や再就職難などの問題が出てきます。現実には、終身雇用が崩れていますが、従来型の人事異動制度がそのまま実施されているという不釣り合いが見られます。これは、人的資源管理の新たな課題として認識すべきです。

　この課題への取り組みとして、初任配置にしても、人事異動にしても、企業主導のみのやり方から、従業員や人的資源の意志が反映するような方法も試されています。よく利用されている方法としては、図表3-2で示したように、自己申告制度、社内公募制度、FA制度があります。

図表 3-2　モチベーションを高めるための配置システム

	自己申告制度	社内公募制度	FA 制度
内容	本人の異動希望を人事部門に申告する	部署・部門からの公募に対して、社員が応募する求人型の異動・配置システム	部署・部門に対して、社員が自ら売り込む求職型の異動・配置システム
主導	人事部門 ＋ 従業員の意志	各部署・部門のニーズ ＋ 従業員の意志	従業員の意志

　自己申告制度は、本人の異動希望を自部署・部門の上司を経由せず人事部門に申告するしくみです。

　社内公募制度は、部署・部門からの公募に対して、社員が応募するしくみです。このしくみは、会社のニーズと希望者をマッチングさせるという意味で、**求人型の異動・配置システム**と呼ばれています。

　FA 制度は、部署・部門に対して、社員が自ら売り込む**求職型の異動・配置システム**です。自己申告制度と社内公募制度は、企業主導に従業員個人の意志を加えたもので、FA 制度は専門家個人主導によるものです。しかし、日本では、従来の人事制度でスペシャリストを多く生み出せなかったので、FA 制度はあるものの、活用が難しいという現状があります。

(5) 人材の評価と福利厚生

❶ 評価基準の３つのポイント

　企業は定期的に各従業員の仕事ぶりを評価します。このことを**人事評価・人事考課**といいます。評価の結果が昇進・昇格、昇給、賞与などの処遇や能力開発を行うベースになっていますので、評価の合理性、公平性、透明性が求められます。

　人的資源部門は、常に時代の変化と自社の価値観、戦略に合うように、

評価のしくみの開発に努めなければなりません。すなわち、アプローチ1の自社の理念と戦略に基づき、人事評価の基準、方法などを設計しなければならないということです。

人事評価の基準には、自社が求める人材像を反映しなければなりません。同時に、評価基準の明示を通じて、企業が求める人材像を従業員一人ひとりに伝える役割も担っています。チャレンジする人材像を求めるなら、失敗を恐れず課題に挑戦する人間を評価するように仕向ける必要があります。仕事で常に工夫することを求めるなら、提案の量と質の評価で従業員の行動を導きます。そのほかに、チームワーク、部下育成など、企業が望ましいと思う方向を把握し、評価基準で明確に反映できるように人事評価のしくみを作ることが重要です。

日本企業の評価基準には、次の3つのポイントが重要視されています。
- 能力評価
- 情意評価
- 業績・成果評価

「能力評価」では、業務を遂行するため能力、つまり、理解力、判断力、企画力、説明力、指導力、技術・知識などを評価します。この評価を通じて、仕事の能力を高める個人の意欲を引き出す役割もあります。

「情意評価」では、仕事に対する取り組みの姿勢や態度を評価します。これを通じて、組織における人間として、積極性、協調性、自律性、粘り強さ、責任感を育成する重要さを伝える役割を果たしています。

「業績・成果評価」では、仕事の質・量や達成度などを評価します。この評価を通じて、結果志向を植え付ける役割を果たします。業績評価において、「目標による管理」を通じて行う企業が多く見られます。

多くの日本企業は、個人能力の向上、人間としての素質、仕事の成果を同時に評価しています。このような評価基準からは、次のような日本型人事の特徴が見られます。

- 企業の持続成長という長期的な視野
- 結果重視だけではなくプロセスも重視
- 異なる職種評価の難しさの回避

　長期的発展と短期利益、個人能力の成長と組織業績の向上とのバランスといった視点から見た場合、日本企業の評価基準は、合理的です。

　同時に、評価の結果が人事異動、昇進・昇格、昇給、賞与査定、能力開発などに公正に反映されるように、人的資源部門は工夫しなければなりません。

❷ 昇進・昇格

　昇進とは、課長から部長への異動のように、現在のポストより上位に任用されることを意味します。

　昇格とは、企業内の資格制度において、現在の資格から上位の資格に格付けされることを意味します。

　日本の企業では、企業内の資格制度を設ける企業はありますが、優秀な専門家タイプの人材に対しては、金銭的、社会的地位という意味で管理職と同等な待遇を得られる昇進ルートが不足しています。彼らに対しても、管理職のルートで昇進させるケースがよく見られます。同時に、外国人従業員に対して、別の人事制度を適用するケースもよく見られます。グローバル規模で優秀な人材を獲得する時代において、また、円安などで高賃金の魅力を失いつつある日本企業にとって、このようなことは、人的資源管理の新たな課題として取り組む必要があります。一部の企業はもうすでにその改善に動き出しています。

❸ 報酬

　報酬は、**給与**と**賞与**（ボーナス）によって構成されています。

　給与には、毎月支給する**基本給**と**諸手当**が含まれます。**給与**は、生活基

盤を保障するものであると同時に、企業が従業員に対する評価の指標でもあります。**賞与**は、企業の業績と個人の貢献に応じて支払うもので、個人の能力に応じて配分する額に差がつけられます。

基本給には、主に、属人給、職能給、職務給などの種類があります。それぞれの決定要素は次のようになります。

属人給は、年齢、学歴、勤続年数などの属人的要素で決定されます。**職能給**は、仕事の経験、職務遂行能力で決定されます。通常、職務遂行能力などは等級に分類されます。**職務給**は、地位、職務による仕事の難易度、責任の重さで決定されます。

いま多くの企業は、職務給の導入を試みていますが、戦後に職務分類と変更の複雑さから職務給の導入に失敗した教訓があります。この職能給と職務給は**仕事給**と総称されます。

多くの企業の基本給は、**属人給**と**仕事給**とを組み合わせて決定されますので、このように決定された基本給は、**総合給**といいます。

また、担当職務の役割責任度や業績の評価に基づいて、1年単位で企業と賃金契約を結ぶ**年俸制**を導入する企業も増えています。

企業は、人事の方針によって、基本給の決め方も違います。日本企業の場合、近年、年功主義人事と成果主義人事、能力主義人事の間で揺れ動き、模索しています。

年功主義人事とは、伝統的な日本的雇用慣行の1つで、年功序列の考え方をベースに、従業員の処遇を行う人事制度です。年功序列とは、各従業員の年齢や勤続年数などに応じて、昇進・昇格、昇給が行われるものです。つまり、年齢とともに、地位も賃金も高くなっていくしくみです。

年功主義人事は、新卒を一括採用し定年まで雇用するという終身雇用の慣行と、賃金を生計費として年齢とともに多く必要になってくる現実と、勤続年数が増えるほど従業員の技術・能力が蓄積・向上し、企業の業績への貢献が大きいとする考え方に基づいています。

したがって、長い間、日本企業では、「定期昇給」と「ベースアップ」を実行しています。「定期昇給」は、勤続することで身についた知識や経験に対しての昇給です。「ベースアップ」は主に経済環境の変化に対応して一律一定的に企業全体の賃金水準を引き上げるものです。

しかし、いま多くの企業は、定期昇給を廃止して、**能力主義人事、成果主義人事**へのシフトが進んでいます。考えられる理由としては、IT業界のように、企業が従業員に求める技術・能力も変化しているので、必ずしも勤続年数と業績への貢献度が連動するとはいえなくなってきたことがあります。また、少子高齢化などの影響で全従業員に占める中高年齢者の割合が高まっている企業も少なくありません。このため、中高年の従業員への高賃金の支払いは企業に大きな負担になってきたのです。

能力主義人事とは、各従業員の能力の程度に基づいて処遇を行う人事制度です。能力主義人事の中で、比較的早くから取り入れられてきたのが職能資格制度と、それに連動した「職能給」です。従業員の経験や業務能力を重視する場合、能力主義に基づく職能給は、属人給とほとんど同様に年功給的な特性を持っています。

成果主義人事は、各従業員の業務上の成果または業績に基づいて処遇を行う人事制度です。能力主義人事は、業務活動の中で顕在化している能力のみならず潜在的な能力も含めて評価しますが、成果主義人事は、顕在化した業務上の成果のみを評価します。

成果主義で評価し、報酬を決めるときに、最も大事でしかも難しいのは公正性と透明性です。それらを失うことで、従業員の働き意欲の低下を招くことがあります。

1990年代から、日本企業は優秀な人材の確保とコスト削減目的で、成果主義人事を導入し始めています。この間、成功している企業もありますが、成果主義の導入を間違えて、短期的な視野で業績を追求するといった問題も見られます。また、不祥事を招く場合もあります。

むしろ終身雇用や年功序列という日本型人事を維持している企業の業績が安定していることから、近年、この日本型人事に戻る企業も出ています。年功主義人事と能力主義人事、成果主義人事との間の揺れがまだ続きそうです。

第4章に述べますが、第2のアプローチに関連する人のやる気を引き出す説として、**マズローの欲求5段階説**や、**X理論Y理論**、**動機付け理論**、**内発的動機づけ**などがあります。それらに基づいて考えた場合、能力主義や成果主義は、優秀な人材を誘致するのに有効な評価方法ですが、使い方を間違えば、人間の「自己実現」という高次元の欲求から低次元の欲求に、「内発的動機づけ」から「外的動機づけ」に誘導するマイナスの働きも考えられます。つまり、成果主義は、人間の仕事そのものに対する意欲を無視する評価システムになりかねません。

(6) 教育訓練・能力開発

教育訓練や能力開発の目的は、企業と個人の継続成長にあります。具体的には、企業の経営理念、方針、戦略の浸透と、職務能力の向上と、キャリア形成という3つの領域に分けることができます。

教育訓練・能力開発の方法としては、主に **OJT** と **OFF-JT**、**自己啓発**と**組織開発**になります。

次に、OJT、OFF-JT、自己啓発、組織開発のポイントについて見てみます。

OJT（On the Job Training）とは、仕事をしながら業務を覚え、能力を高める教育方法です。OJTのメリットは、教育を受ける側の社員も教育を担当する側の社員も成長できることと、時間とコストがそれほどかからないことです。

OJTを効果的な人材育成の方法として実行するためには、2つのポイントがあります。

1つは、トレーナーや先輩の業務能力とリーダーシップ能力・人を育成する能力が異なると、結果も違いますので、ある程度のプログラム化が重要です。

　もう1つは、OJTの成果を保障するために、それを制度化することが大切です。たとえば、新人の育成の成果を評価基準に取り入れることなどです。成果主義の導入によって、各自が自分の業務で忙しくなり、職場における技術・ノウハウの伝承が難しくなったと悩んでいる経営者も多くいるようです。そのために、退職した専門性の高い元社員を再雇用して、新人の育成に充てたり、思い切って成果主義を廃止したりする方法で対応している企業もあります。

　OFF-JT(Off the Job Training)とは、職場・仕事を離れてワークショップなどの形で教育・研修を行う方法です。OFF-JTは階層別、専門別、課題別に異なるテーマで行う場合が多いです。厚生労働省「能力開発基本調査」(平成25年)によると、実施内容は、次のようなものが多いようです。

- 新規採用者など初任層を対象とする研修
- マネジメント能力の向上
- 新たに中堅社員となった者を対象とする研修
- ビジネスマナーなどのビジネス基礎知識
- 技能の学習

　自己啓発は文字通り、個人の自主的な意志で行うことです。資格を取得したり、通信教育の講座を受けたり、公開講座を受講したりする形で行うことが最も一般的な方法です。自己啓発に対して、時間と費用上の支援や奨励制度を通じて支援する企業もあります。

　厚生労働省の「能力開発基本調査」を見ると、企業は、労働者一人当たりにかかる費用は、OFF-JTでは、1.3～1.5万円くらいで、自己啓発支援では4千円前後になっています。

　組織開発とは、異なるバックグランドを持つ人間の能力を束ねて、強い

組織力を作り出すための工夫または働きかけです。グローバル化時代において、人材の多様化すなわち人材のダイバーシティ化が進んでいます。したがって、現代の企業組織において、競争能力を高めるためには、**組織開発**が一層重要になります。

米国のGEなどの組織力の強い企業を考察すると、組織開発のポイントは、5つに要約することができます。

ポイント1は、経営陣には長期的な視野があることです。組織開発をするには、多額の投資が必要だからです。

ポイント2は、全社の価値観、理念、戦略の共有という方向づけです。それによって、個人のエネルギーを同じ方向に向けさせ、望ましい企業文化を醸成することができるからです。

ポイント3は、リーダーの育成です。特にグローバル展開の企業の場合、世界各国に組織のキーパーソンを置く必要があるからです。

ポイント4は、組織の目標と個人のキャリアプランとバランスの取れる長期的な教育プログラムの構築です。組織の競争力は、各個人が持続的に仕事を通じて成長できる環境から生まれるからです。

ポイント5は、社内の各部署間、階層間のディスカッションを重視することです。これによって、全体最適の観点から新しいビジネスを生み出す土台が作りやすいからです

以上でわかるように、教育訓練を通じて、個人能力の開発、組織能力の開発は、長期的に見た場合、企業の持続成長能力・生命力につながります。

冒頭で述べたように、人的資源は、ほかの経営資源と違って、感情や欲求を持っていますので、不安定という側面と、無限な潜在力という側面と同時に持つ資源です。

近年、人的資源管理の現状から、いくつかの問題も見えます。

賃金を下げたり、正社員を減らしたり、労働時間を増やしたり、リスト

ラを繰り返したりするような短期志向の現状が見られます。また、企業によって、会計上の問題もありますが、派遣社員たちは、人的資源部ではなく、資材部の管轄下に置かれています。これによって、やる気が低下している声も聞きます。

景気の良い1980年代から1990年代にかけて、日本の大手企業は、社員教育や能力開発に非常に力を入れてきましたが、その後、コスト削減の一環として、教育や研修を減らし、自己啓発に任せる企業も少なくありません。

近年、日本のうつ病患者が年間100万人以上いるといわれ、増加傾向にあります。それによる損失は、年間2兆7千万円あるそうです。日本政府は、この現状に対応するために、2015年12月から従業員のストレスチェックを企業に義務づけるようになっています。企業自身も、すでに、産業医との面談制度を設けるなど、真剣に取り組み始めています。

OECD加盟国の**労働生産性**の調査も、日本の順位がバブル崩壊後に低下していることを示しています。

生産性とは、次で示したように、産出量と投入量の比率で求められます。

$$生産性 = 産出 \div 投入量$$

労働生産性は、以下の通りです。

$$労働生産性 = 生産量（付加価値）\div 従業員数$$

労働生産性を高める方法として、教育による人的資本の質を向上させることが挙げられます。

上記の一連のことを、人的資源管理の課題として受け止める必要があります。何事もそうであるように、課題があれば、進化も期待できます。そういう意味では、人的資源管理部門は、単なる「事務系の仕事」ではないということです。

人的資源管理の真の目的は、賃金を下げたり、正社員を減らしたり、労

働時間を増やしたりすることよりも、また監督型の管理システムをいかに構築するかを考えるよりも、人間の潜在力を引き出すことを通じて組織力を高めるような人事制度づくりを工夫することです。

また、人的資源管理は、一部門にとどまる仕事ではなく、全社的なマネジメント活動でなければなりません。

前章で取り上げた未来工業の創立者は、次のような言葉を述べたことがあります。

「馬に人参」という言葉があります。馬や牛の場合、人参を見せて、走らせて、走ったから成功報酬として人参をあげるという励まし方を使います。人間は馬や牛と違って、「与えられているから走る」にしなければなりません。

そして、彼は自分で作った会社でその考え方を40年間実践し、独自の人的資源をマネジメントするノウハウを蓄積し、高い従業員満足度と企業の高い業績を得ることができました。

「ヒトのマネジメント」のまとめ

人的資源管理において、ヒトのマネジメントについて考えてきました。以上の内容を次に要約することができます。

- ポイント１：個人の能力やエネルギー、モチベーションを良い組織づくりに貢献させるように、企業の価値観、経営戦略を全社に浸透し、組織構造の改革と企業文化の醸成を促すことは、人的資源管理の前提として重要な役割です。
- ポイント２：ヒトのマネジメントを担う人的資源管理または人的資源部門は、**個人の仕事そのものに対する意欲・モチベーションを向上させる**ことを通じて、**組織の持続的成長を実現することを目標**にしなければなりません。
- ポイント３：個人の仕事そのものに対する意欲・モチベーションを向上させることができるように、**人事制度や人事システムを構築・運用**しなければなりません。
- ポイント４：知識創造が企業のコア・コンピタンスになる時代において、人的資源を活かす知恵・ノウハウの進化は始まったばかりで、工夫する余地はまだまだ多いですが、提案制度といったボトムから個人知を吸い上げて組織知に蓄積していくといった知恵・ノウハウは、日本的経営にすでにあることを認識する必要があります。

次項からは、ヒトのマネジメントに引き続き、モノのマネジメントのノウハウを学習します。

第3章 永続企業体にするための管理の仕事（管理機能）

戦略としての マーケティング

　モノのマネジメントの目的は、顧客が満足し、感動できるように、良い製品またはサービスを生み出し、彼らに届けることです。このような目的から見た場合、モノのマネジメントは、**マーケティング、研究開発、購買管理、生産管理、販売管理、物流管理**などと関連しています。

　マーケティングは、ほとんどの企業では、一部門として設置され活動されていますが、実際は、マーケティングが及ぼす範囲が広く、**経営戦略、企業文化、研究開発、生産、営業、販売**など、すべての企業活動の中に溶け込んでいる形で機能しています。

　いまは、商品やサービスが豊富な時代に入っています。モノやサービスを提供する能力と比べ、それらを吸収し、消化する市場の消費パワーが不足しています。このような現象は、先進国だけではなく、新興国でも急速にそのようになってきています。

　企業は常に顧客を創り出すように経営の努力が必要です。この意味では、商品やサービスを売れるような状態にするためのマーケティング活動は、一部門の仕事というよりも、全社的に取り組む必要があります。経営学では、マーケティングは、競争戦略・事業戦略として位置付ける考えもあります。

　したがって、本書のモノのマネジメントの部分では、マーケティングを販売や営業と区別するために、一部門の仕事としてではなく、戦略レベルに位置付けています。まず、**戦略としてのマーケティング**を学習した上で、**研究開発、生産管理、営業管理・販売管理**をそれぞれマーケティングの一環として理解し、モノのマネジメントの本質を理解していきましょう。

(1) マーケティングの定義

　アメリカ・マーケティング協会（AMA）の定義によると、「マーケティングとは、顧客やクライアント、パートナー、そして、社会全体にとって価値のある提供物を創造し、伝達し、提供し、そして交換するための活動、一連の制度、そしてプロセス」をいいます（2013）。

　マーケティングの世界的な権威であるコトラーは、次のように定義しています。マーケティングは、「個人と組織の目的を満たすような交換を生み出すために、アイデアや財やサービスの考案から、価格設定、プロモーション、そして流通に至るまでを計画し実行するプロセス」です。

　この2つの定義が強調しているのは、マーケティングはプロセスだ、ということです。すなわち、マーケティングは営業活動や販売活動とは一線を画す概念なのです。

　この概念をより鮮明に説明してくれたのは、ドラッカーの有名な言葉です。「マーケティングの究極の目的は、セーリングを不要にすること」「ひとりでに売れてしまうようにすること」です。すなわち、販売や営業をなくしても、顧客が自ら商品にアクセスしに行くという状態を作ることが、マーケティングなのです。

　したがって、「マーケティングとは、継続的に売れるしくみを作ること」と新たに定義することができます。この「継続的に売れる」ということは、最も重要です。単なる「売れるしくみを作る」では、うまく人を洗脳するようなしくみで、普通の布団を高価に売るといった悪徳商法もそれに当てはまります。「継続的に売れる」ことは、顧客にとって価値のある商品・サービスを提供するのが大前提でなければいけないということです。

(2) マーケティング戦略のプロセスと内容

図表3-3は、マーケティング戦略のプロセス、または、マーケティングの主な内容をまとめたものです。

図表 3-3 マーケティング戦略のプロセスと内容

マーケティングの内容として、それぞれマーケティング・リサーチ（市場調査）、STPマーケティング、マーケティング・ミックスといった概念は、よく使われています。

次から、順に見ていきましょう。

❶ マーケティング・リサーチ

1）リサーチの目的─ニーズ・ウォンツの発見

マーケティングは、一般的にマーケティング・リサーチ活動からスタートします。コトラーも「調査をせずに市場参入を試みるのは、目が見えないのに市場に参入しようとするものだ」と語っています。市場調査は確かに大切ですが、データだけではなく、洞察力も、センスもとても重要です。

アップル社の創業者だったスティーブ・ジョブズは、2000年にアップル社に復帰後に、立て続けにiMac、iPot、iPhone、iPadといったヒット商品を世に送り出しました。多くの人から、どのように市場調査をしたの

かと質問されて、彼はいつも、われわれは、市場調査はしません。われわれが作りたい商品は、顧客をリードするものだ、と答えるそうです。

マーケティング・リサーチの目的は、市場環境分析と市場機会の発見です。この市場機会は、具体的に、市場のニーズとウォンツを意味します（図表3-4を参照）。

図表3-4　ニーズとウォンツの違い

ニーズとは、顧客自身が言葉で表現できる欲求という意味です。もっと軽くして欲しいとか、甘さを控えたほうがおいしいとかで、顧客が訴えた欲求になります。

ウォンツとは、顧客自身がまだ気づいていない潜在的な欲求のことです。ウォークマンを開発する前に、ソニーは市場調査をしたそうです。結果は意外で、お客さんが欲しいというニーズが見られなかったのですが、ソニー創業者の一人の井深大らの判断で開発したところ、世界規模のヒット商品になりました。

ニーズは、予想内の欲求なので、それが満たされた顧客は、満足します。ウォンツは、予想外の欲求です。その欲求に出会い、満たされた顧客は、感動を覚えます。感動する人間は、それを友人と共有したり、誰かに発信したりしますので、自然な形で口コミ効果が得られます。よく観察すればわかりますが、多くのヒット商品は、ウォンツから生まれたものです。ソ

ニーのウォークマン、任天堂の DS や Wii、TOTO のウォシュレット、アップル社の iPot、iPhone、iPad、テスラモーターズの電気自動車などは、好例です。

　また、企業の戦略という意味でも、ウォンツの発見はとても重要です。ニーズは、言葉で表現できる欲求なので、競争相手もすぐに気が付き、顧客に対応しやすいわけです。そのため、商品を作り出した時点から、競争が激しく、商品の寿命が短くなり、収益をもたらす期間は相対的に短くなります。つまり、競争の激しいいまの時代において、ニーズに応えるだけの企業は、レッド・オーシャン（競争の激しい市場）に自ら飛び込んでいるような状態です。

　それに対して、ウォンツは顧客のさらなる深いニーズなので、持続的にそれを掘り下げていくことにより市場を獲得できるだけでなく、他社に先駆けて、ブランド力と自社のコア・コンピタンスを獲得できます。企業は、この強みによって、競争者のいない・少ないブルー・オーシャンで、追随者が現れるまで、しばらく高い利益を得ることもできます。

　マーケティング・リサーチには、定性分析と定量分析があります。多くの場合、両方の分析を通じて市場機会を見ています。

　マーケティング・リサーチの手法、フレームワークとして、経営戦略の部分で紹介した PEST、3C、5 フォース、SWOT も使えます。

❷ STP マーケティング

1）市場の細分化

　STP の S（segmentation）は、セグメンテーションといい、市場の細分化を意味します。市場の細分化とは、企業は、自社のターゲット市場を決めるために、市場・顧客に対して、一定の基準・特徴によって、分類することです。この一定の基準・特徴には、

- 人口統計から見て、人口別、世帯別、年齢別、男女別、所得別、職業

別などがあります。
- 地理から見て、地域別、国別に分類することができます。
- 社会的行動から見て、ライフスタイル、性格、趣味、価値観などに分けることができます。

たとえば、企業は、少子高齢化の社会に適応するために、高齢者のマーケットにどのような特徴があるかにフォーカスすることで、高齢者の本当の欲求が見えてきます。また、商店街に店を出そうとします。そのエリアにどのような人々が住んでいるか、生活パターンはどのようなものなのか、所得層はどのように構成されているかなどを知ることで、品揃え、利益の見込みなどを決定することができます。

2）標的市場の選択

STPのT（targeting）は、ターゲティングといい、標的市場の選択を意味します。標的市場の選択は、市場の細分化を分析した上で、自社の競争優位が得られるような顧客・市場を決めていくということです。

標的市場を決める切り口として、大規模性を追求するために、すべての顧客を狙う非差別化マーケティング、一部分の客層を狙う差別化マーケティング、特殊な顧客を狙う集中化マーケティングが挙げられます。前述（第2章（6））したポーターの競争戦略を参考にすることができます。すなわち、コストリーダーシップ戦略、差別化戦略、集中化戦略というコンセプトです。

ターゲットを誰にするかを決めるときに、「80：20の法則」を用いることができます。

この法則は、全体の8割に影響を与えたのが、一部分（2割）の事柄だけ、という意味です。これは、正確的なデータではなく、経験則として使われ、現実には、顧客分析や、売上分析、コスト原因分析、在庫分析などに応用されています。

図表3-5の左側は、顧客を決める場合の80：20の法則の応用例です。図表でわかるように、売上・利益の8割は全顧客の2割が生み出しています。これによって売上・利益を伸ばすには、顧客全員を対象とした製品・サービスの提供よりも、その2割の顧客をターゲットに絞ったほうが効率的だ、ということです。多くの企業は、この法則に従って標的市場を決定しています。

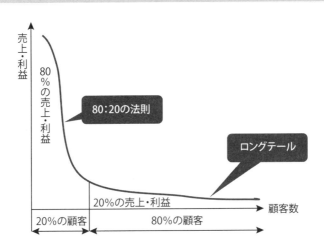

図表3-5　80：20の法則とロングテール

しかし、真逆の考えもあります。それは、ロングテール（the long tail）理論です。ロングテール理論とは、インターネットを利用して、ものを販売するときに、対象となる顧客の総数を増やすこと、または販売機会の少ない商品でもアイテム数を幅広く取り揃えることで、総体としての売上を大きくすることができる、という考え方です。その理由として、ネット販売の場合、ターゲットを拡大しても、商品のアイテムを増やしても、実店舗と比べ、それほどコストがかからないからです。

中国最大級のネット販売サイトのアリババのセグメンテーション戦略は、むしろ、中小企業や、個人店舗を中心とするこのロングテールの顧客に絞

るところからスタートし、成長を成し遂げたのです。

3) 製品・サービスのポジショニング

STPのP (positioning) は、ポジショニングといいます。ポジショニングは、自社の製品やサービスは、ターゲット市場においての位置づけ、または、顧客に対するベネフィット (benefit：利益・便益) を決定することです。そのためには、顧客のニーズを満たしながら、機能やコスト面での独自性が得られるかがポイントとなります。

ポジショニングを決めるのには、コトラーの競争地位別戦略を用いることができます。この理論は、競争戦略の策定にもよく使われています。

競争地位別戦略の基本的な考え方は、量的経営資源と質的経営資源から企業を4つに類型化し、業界内で企業が取るべき**ポジショニング戦略**を提示したものです (図表3-6参照)。

量的経営資源には、総資産、従業員数、店舗数、生産能力が含まれます。

図表3-6 コトラーの競争地位別戦略

	量的経営資源	
	大	小
質的経営資源 大	リーダー Leader 業界最大シェア	ニッチャー Nicher 大手が参入していない市場、または、特殊市場
質的経営資源 小	チャレンジャー Challenger シェアの拡大などでリーダーに挑戦する存在	フォロワー Follower リーダーの追随者・模倣者

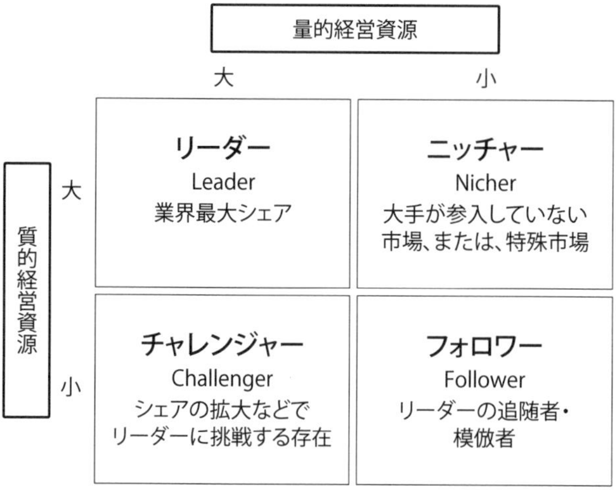

質的経営資源には、従業員の能力、ブランド力、情報化レベル、知名度、経営者のマネジメント力などがあります。

経営資源の量と質がともに大きい場合、**リーダー戦略**といって、業界シェア最大のポジションを取っています。リーダー的存在の企業に追随し、模倣するポジションをとる**フォロワー**企業は必ず現れます。そして、リーダーの挑戦者、**チャレンジャー**になる可能性も出てきます。

ニッチャー戦略は、大手企業が参入していない分野に自社の資源を投入して、隙間市場にポジションを取ります。このポジションにも、模倣者が出やすいです。

いままで世にない新しいビジネス・モデルや、新しい製品がどんどん出てくる時代なので、これもリーダーというポジションにあると認識することができます。

たとえば、ヤフーは、インターネットが普及し始めた頃から、コンテンツの提供と検索サービスを無料に提供しながらも利益を得られるビジネス・モデルを世に生み出しました。その後、マイクロソフトや、グーグルといった多くの追随者・模倣者が出てきました。そして、グーグルは、チャレンジャーとなり、両者のビジネス・モデルは違いがあるものの、ついに、ヤフーの業績を超えるようなリーダー的存在になりました。

ポジショニング戦略を決めるために、その分析方法として、ポジショニング・マップがよく使われます。

図表3-7は、ポジショニング・マップのイメージを事例で示したものです。

ポジショニング・マップは、分析に使う要因を2つ抽出し、2つの軸を設けます。そして、それぞれ軸で表す要因をさらに対極するように分類すると、4つのベクトル（方向）が形成されます。図表3-7で示したように、機能と価格という2つの要因を抽出し、それぞれ、機能性と嗜好性、価格が高い・低いで見た場合、自社製品の位置づけをビジュアル的に見ることができます。縦軸と横軸になる要因は、分析の目的などに合わせて自由に

図表 3-7　ポジショニング・マップの例

目的の事例	ファッション系ブランドの特徴	各ブランドのシェア	味の分析	店の人気度
縦軸	年齢	シェア（高⇔低）	年齢（男女）	年齢（男女）
横軸	自分演出度	機能⇔価格	濃い⇔うすい	価格⇔サービス

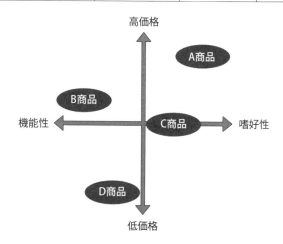

設定することができます。図表 3-7 の上の表にいくつかの具体的な例を挙げています。

　このポジショニング・マップ分析は、自社が取るべきマーケットや競合他社との違いを明確にすることができます。この段階の分析は、マーケティング施策や製品のブランディングにおいて、非常に重要です。

❸ マーケティング・ミックス—4P

　R⇒STP⇒MM…のプロセス MM（Marketing mix）は、マーケティング・ミックスといいます。マーケティング・ミックスは、マーケティング戦略の策定段階です。マーケティング・ミックスは、4P ともいわれ、Product（製品）、Price（価格）、Place（流通）、Promotion（プロモーション）の 4

つの戦略を組み合わせて最大の効果を目指していくことを意味します。

　4Pは、個別的に考えるのではなく、その組み合わせによる効果が重要ですが、企業にとっては、マーケティングのポイントが異なる場合があります。

　ダイソンや、テスラモーターズは、Productに重点を置き、良い商品を作り、顧客を感動させ、口コミ効果が得られたことで、売れる状態を作っています。

　4Pは、エドモンド・ジェローム・マッカーシーが1960年に提唱して以来、マーケティング理論だけではなく、実践現場でも広く使われる概念になっています。

1）**製品戦略（Product）**

　製品は、**コアの部分**とほかの**付随的な部分**によって構成されます。

　コアの部分は、顧客にとっての**便宜性・ベネフィット**という機能の面です。**付随的部分**は、パッケージ、ネーミング、ブランド、品質保証、アフターサービスのことです。

　国際競争の中で、技術力やブランド力の強みで、多くのマーケットに容易にアクセスすることができることはいうまでもありません。

　一方で、技術力とブランド力にあぐらをかいて、アフターサービスの怠慢によって、マーケットを失ってしまう企業の例もあります。

　また、製品そのものの知名度が低い段階から、かゆい所に手が届くような安心できるアフターサービスでシェアを拡大し、徐々に技術力を高めていく後発企業の戦略もよく見られます。

　つまり、製品やサービスの利用価値だけではなく、その他の付随部分の競争力にも注目することがいまの時代において、とくに重要になっています。この時代のマーケティングにとって、**モノ消費、コト消費、感動消費**のバランスが重要です。

2) 価格戦略 (Price)

　価格は、企業の利益に直接影響します。価格の設定は多くの要素に作用されますが、主に、3つに要約することができます。
　1つは、自社の製造コストと利益目標です。
　2つ目は、顧客にとっての価値（カスタマー・バリュー）の大きさです。
　3つ目は、市場においての競争優位性です。
　最初のポイントは、企業の収益能力は、自社のマネジメント力によって決まりますので、その能力を高められるかです。2つ目のポイントは、顧客心理を理解しながら、自社商品・サービスの価値を顧客にしっかり伝えるプロモーションができるかです。3つ目のポイントは、顧客にその価値を理解してもらったときに、価格競争を超えての競争優位を作り出すことができるかです。
　価格を競争優位として位置づけている企業は、規模の経済性を含めたコスト削減のノウハウやビジネス・モデルを持つことが何よりも重要になります。
　新製品を導入するときの価格戦略は、一般的に、**上澄み吸収価格**と**市場浸透価格**が挙げられます。
　上澄み吸収価格（スキミングプライス）とは、新製品の導入期から高い価格に設定し、富裕層や流行に敏感な層から市場を拡大し、製品の普及とともに、徐々に価格を下げることを意味します。この価格戦略は、開発費用の早期回収が主な目的です。液晶テレビ、スマホ、電気自動車の導入期に見られる価格設定です。先発企業は、ほとんどこのような価格戦略をとります。
　市場浸透価格（ペネトレイティングプライス）とは、製品の投入段階から低い価格に設定し、市場のシェアを早く拡大することを意味します。一般的に、フォロワーや、後発企業は、当該製品の成長期から参入し、市場浸透価格戦略をとります。

消費者心理に基づく価格戦略は、**威光価格、端数価格、習慣価格**などがあります。

威光価格（名声価格） とは、製品やサービスの品質の高さやステータスの高さを消費者に感じさせることができる価格です。すなわち、高いほど、信頼できる、高いから、ステータスがある、といった消費者の心理効果を狙う価格戦略です。化粧品や健康食品、貴金属関連、ブランド品などによく使われます。

端数価格 とは、割安感を出すために、端数の価格にする設定方法です。980円とか、3980円といった感じの価格です。

習慣価格 とは、一定の価格が長期間にわたって維持されてきたため、消費者が習慣的に慣れ親しんでいる価格です。この習慣価格が形成されている商品の価格に対して、上昇すれば需要は減少します。お茶やおにぎり、パンなどは、このジャンルの製品になります。

3）流通チャネル戦略（Place）
　流通チャネル戦略とは、商品をメーカーから消費者に届けるまでの流通経路を構築することです。

　流通チャネルには、**直接流通チャネル** と **間接流通チャネル** があります。

　直接流通チャネル ではメーカーが消費者に直接販売します。自社のネットショップを通じての販売や、訪問販売、カタログ販売がよく見られるケースです。

　間接流通チャネル では、メーカーから卸売と小売を経由し、最終的に消費者に商品を販売します。この場合、流通業者が介在します。多くの消費者に効率よく商品が届けられるために最も多く利用されているチャネルです。

4）販売促進戦略（Promotion）

　販売促進には、広告やチラシ、ダイレクトメール、イベント、パブリシティ、口コミなど多くあります。

　パブリシティは、マスコミなどの第三者の公的メディアがニュースとして報道してくれることで、無料で宣伝効果を得るプロモーション手段です。パブリシティ効果は、社会貢献活動や、ユニークなイベント、スポーツチームの活躍によって、戦略的にメディアの注目を引く場合もあれば、偶然注目される場合もあります。メディアの報道がきっかけで、口コミ効果をもたらすこともよく見られます。

　口コミは、消費者同士の双方向のプロモーション手段です。マスコミの報道で話題になった場合、商品やサービスに感動した場合、商品の開発に携わった場合には、このような効果が得られやすいです。中国の小米科技が、短期間に急速に成長（設立して４年間でスマホ市場で世界５位に）できたのは、ファンによる開発の参加がもたらした口コミ効果が大きく寄与しています。

　パブリシティも口コミも、低コストかつ効果絶大のプロモーション方法として、多くの企業に注目されています。マイクロソフトが、windows95の世界同時発売という空前のイベントによって、この両方の効果を極めたケースといえます。

　アップルやテスラモーターズは、それぞれ携帯と電気自動車を再定義したことで、顧客を興奮・感動させ、この両方のプロモーション効果を得ることができました。

　しかし、マイナス効果というリスクを考えた場合、下手に仕掛けを作るよりも、自社の製品・サービスやイノベーションに注力したほうが、良い効果が得られるかもしれません。

(3) 7Pと4C

❶ プロフェッショナルサービス・マーケティング―7P

　前記のマーケティング・ミックスの4Pに、さらに3つのPが加えられた7Pは、プロフェッショナルサービス・マーケティングと呼ばれ、コトラーが提案したものです。

　7Pは、サービス業とともに、製品の付随機能としてのサービスに関するサービス・マーケティング・ミックスです。追加された3つのPは、人、**プロセス、物的証拠**の管理や改善です。

- 人＝要員（Personnel）

　　自社は、顧客にサービスを提供するためのビジネス環境において、協力企業までを含めたすべての要員に管理責任を果たさなければならないことを意味します。

- プロセス＝業務プロセス（Process）

　　顧客にサービスを提供する業務のプロセスの改善に工夫する必要があることを意味します。たとえば、ネット通販の場合、その振込方法や商品の受け取り方など、より安全に、より便利に改善していくことで、多くの顧客を獲得するといったことです。

- 物的証拠（Physical Evidence）

　　安全・安心を保障するために、追跡可能な証拠のことを意味します。いまは、企業も、顧客も、QRコードなどで、商品の生産・加工から、物流、販売までの情報を調べたり、追跡したりすることができます。

　7Pの組み合わせを通じて、サービス業はもちろんのこと、製造業もサービスを強化することで、企業は、自社の優位性を築くことができると考えられています。このことは、**製造業のサービス化**とも呼ばれています。

❷ 顧客志向の4C

ロバート・ローターボーンは1993年に、企業側の立場から売り込むプロダクトアウトの4Pではなく、消費者側を重視するマーケットインの4Cを唱えました。

図表3-8は、4Pと4Cの考えの比較になります。

図表3-8　4Pと4Cの比較

ジェローム・マッカーシーが1960年に提唱

ロバート・ローターボーン（Robert F. Lauterborn）によって、1993年に提唱

4P（売り手視点）	→	4C（顧客視点）
●製品（Product）	→	●顧客価値（Customer Value）
●価格（Price）	→	●顧客にとっての経費（Cost）
●流通（Place）	→	●顧客利便性（Convenience）
●販促（Promotion）	→	●顧客とのコミュニケーション（Communication）

4Cの理論で強調したいことは、次のように要約できます。

- Customer Value：生産者が作りたい商品ではなく、消費者のニーズ・ウォンツの発見こそが真の商品開発の源です。
- Cost：価格は企業の生産コスト、販売コストだけではなく、消費者にとっての経費として、また、社会的コストも考えるべきです。
- Convenience：企業にとっての便利性よりも、顧客の求めやすさが大切です。
- Communication：広告などを通じて顧客に売り込むのではなく、自社商品・サービスの価値を伝え、納得させることが重要です。

この4Cは、企業と企業、企業と消費者、母国と外国、人間と自然とが共に生きる共生マーケティングの1つのフレームワークとして、利益よりも、信頼を優先すべきだと強調する考え方です。

(4) AIDMA モデルと AISAS モデル

効果的なプロモーション戦略を計画・実行するためには、消費者行動を知る必要があります。ここで、消費者行動を知るためのフレームワークとして、AIDMA モデルまたは、AIDMA の法則が有名です。下記の図表は、AIDMA モデルと消費者行動の各段階に応じたプロモーションのポイントを表しています。

図表 3-9　AIDMA モデルと消費者行動段階に応じたプロモーションのポイント

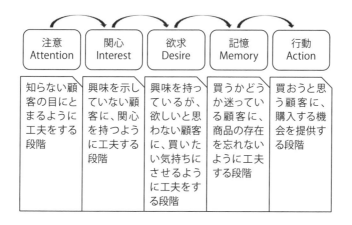

AIDMA の法則は、顧客が製品を認識してから、それを買おうと思って、実際に買うまでのプロセスを踏まえ、どのように顧客へアプローチをするか、または、どのように顧客とコミュニケーションを取るかを考えるためのヒントを提供してくれます。

- 注意（Attention）：商品の情報を知らない顧客の目にとまるように工夫をする段階
- 関心（Interest）：興味を示していない顧客に、関心を持つように工夫する段階

- 欲求（Desire）：興味を持っているが、欲しいと思わない顧客に、買いたい気持ちにさせるように工夫をする段階
- 記憶（Memory）：買うかどうか迷っている顧客に、商品の存在を忘れないように工夫する段階
- 行動（Action）：買おうと思う顧客に、購入する機会を提供する段階

企業はそれぞれの段階に応じた戦略を立てることができれば、顧客の購買行動を導くことができるようになります。多くの顧客にとっては、いま、3Dプリンターに対して、注意する段階なのかもしれません。この商品を普及させるために、自社の製品に関心を持つように、企業がやれることは、まだまだ多いのです。

また、ネットでの購買行動のプロセス・モデルとして、電通により、AIDMAをベースに、AISAS（エーサス、アイサス）というモデルが提唱されました。

- Attention（注意）
- Interest（関心）
- Search（検索）：関心を持つようになった顧客は、すぐに検索しますので、企業は、検索段階でのプロモーションを模索する必要があります。
- Action（購入）
- Share（共有）：顧客は、商品の評価などの情報をネット上で共有し合う行動をとりますので、企業は、その情報をマネジメントし、次の販売拡大につなぐように工夫することが重要です。

AIDMAモデルは、最後の「行動」段階の後に、「反省」「感想」の段階を設けていないので、1回限りの衝動買いを誘導するような施策になってしまう可能性もあります。AISASモデルは、ネット通販の特徴を吸い上げただけではなく、購入後の「反省」「感想」にも注目し、購買行動を持続可能なことにする効用もあります。

(5) マーケティングの動向

マーケティングは、いまは、企業の経営能力そのものになっていて、手法も発想もバラエティになってきています。そのため、One to One マーケティングとコ・クリエーションなどが注目されています。

❶ One to One マーケティング

One to One マーケティングとは、顧客や消費者一人ひとりの価値観や嗜好、ニーズ・ウォンツ、購買履歴、ライフスタイルの特徴などを記録し、個々のニーズに合わせて、それぞれ個別に商品・サービスを提案するマーケティング手法のことです。

標準化による大量生産が可能になる前の時代に、美容室やオーダーメードのテーラーがかつて行ったようなマーケティングのスタイルを思い浮かべると、わかりやすいでしょう。ただ、昔と違って、いまは、**顧客関係管理（CRM）**のシステムや、ビッグデータによって、より多くの顧客のデータが収集でき、分析手法も、顧客へのアプローチ方法もかなり進化しています。

One to One マーケティングは、広く大衆向けの**マス・マーケティング**の発想と違い、新規顧客の開拓よりも、既存顧客のロイヤルティーを高めるための手法です。**マス・マーケティング**は、規模と効率を重視するビジネス・モデルが用いられています。

マス・マーケティングの代表例は、総合スーパーやチェーンビジネスに見られますが、今後は、このようなマーケティング形態を取っている企業も、規模の経済性を追求しながら、より地域密着型、消費者密着型のマーケティングスタイルに注目しなければなりません。

❷ コ・クリエーション（Co-Creation）

コ・クリエーションとは、企業と**顧客との価値共創**をいい、顧客は、企

業の製品・サービス開発に参加できることを意味します。ソーシャル・メディアの台頭によって、顧客が、企業の商品開発段階や、キャッチコピーの考案に、ブレーン・ストーミングなどの形で、企業活動に参加することができるようになってきています。

コ・クリエーションは、さまざまな形があると考えられますが、この言葉が出る前に、アサヒビールのロング商品のスーパードライは、5000人の顧客の提案、意見を聞いて作られたことが有名です。

また、極端ですが、顧客が要望を出して、カネも先に出してもらって、ほかも欲しい人が一定の人数に達したら商品化するといったような取り組みをしているユニークなベンチャー企業もあります。

常連客を集め、新メニューを試食してもらい、率直な意見を聞くような試みもあります。

コ・クリエーションは、商品開発のスタイルだけではなく、販売促進、とくに口コミ効果や、ファンづくりに効果的です。

しかし、ソーシャル・メディアを使った場合、リスク管理をしっかり行う必要もあります。

以上で、モノが売れない時代においてのマーケティング力は、企業の経営能力そのものになってきています。とくに重要なのは、

- 顧客のウォンツ＝真のカスタマー・バリューを発見できる洞察能力と技術力
- 製品やサービス、ビジネス・モデルを再定義できるイノベーション能力
- 顧客や社会に、自社製品・サービスの価値を伝えるコミュニケーション能力

に要約することができるでしょう。

次からは、引き続き、製品の開発、生産管理、営業管理・販売管理といったモノのマネジメントについて、学習していきます。また、戦略としてのマーケティングは、これらの部署・部門において具体的に機能していることに注目していただきたいと思います。

3 製品の開発管理

(1) 研究開発の役割

　市場の多様化と成熟化が進んでいる中、企業は、絶えず新しい製品やサービスを開発しなければなりません。研究開発（R&D：Research & Development）部門は、この役割を果たします。

　研究開発には、基礎研究、新製品開発（サービスも含む）があります。

❶ 基礎研究

　基礎研究は、未来技術を研究対象とします。企業の中長期的な視点に立ったシーズ（種）志向型の研究です。ここでいうシーズというのは、将来の製品開発や利益に直接結びつく技術や発見ではないかもしれませんが、この技術や発見は企業の将来が成長できる「種」として蓄積し、この蓄積によって画期的な製品が誕生する可能性もあるということです。

　また、その研究成果が特許などの知的財産として、他社にライセンスを供与することで、収益をもたらすケースもあります。近年、大手企業は、自社に眠っている技術をニーズのある中小企業に供与する動きが出てきています。このコネクトビジネス、知的財産活用のビジネスも、企業の新たな収益源になりつつあります。

❷ 新製品開発

　新製品開発の目的は、顧客が、商品（サービス）を購入することで得られる利益・便益というベネフィットを具現化していくことです。

第3章　永続企業体にするための管理の仕事（管理機能）

ここでいう「製品」には、有形の製品だけではなく、無形のサービスも事業も含みます。ただし、多くの企業では、新規事業の立ち上げは、企画部門の仕事になりますので、第2章の経営戦略の内容と密接な関係があります。

また、「新製品」とは、技術か用途が全く新しい**新規製品**と、**既存製品の改良・改善**を意味します。

新規製品開発には、消費者のニーズに対応する製品開発と、ウォンツ（潜在的欲求）の発見によって消費者をリードする発想があります（ニーズとウォンツの違いについては、マーケティングの部分を参照してください）。

既存製品の改良・改善は、顧客の不満解消、製品の機能、デザイン、形状の変更などを意味します。新製品を市場に投入してからも、競合他社の製品に追い上げられないために、マーケットの新たな変化やコスト削減の要請などに対応して、継続的な改良や改善を行う必要があります。

消費者のニーズ・ウォンツを発見することから、製品の企画、試作品づくり、市場への投入までの一連のプロセスは製品開発の仕事です。

(2) 新製品とイノベーション

技術の進化が激しい産業において、新商品は連続的イノベーションと破壊的イノベーションを繰り返すことで作り出されます。連続的イノベーションは製品の改良改善となりますが、破壊的イノベーションは、非連続的イノベーションともいい、消費者のライフスタイルを変えるほど、劇的な技術の革新とコンセプトの再定義を意味します。馬車から自動車へ、固定電話から携帯電話そしてスマホへ、大型コンピューターからパーソナルコンピューターへといった変化からは、破壊的イノベーションが社会を推進するパワーであることが容易に理解できます。

いま、ゆき詰まっている家電において、技術の進化とともに、コンセプ

トの再定義を迎える時期なのかもしれません。家電の王様といわれるテレビは、技術の進化によって、どんどん大きく、薄く、鮮明にというように進化して、技術がブラウン管から液晶へシフトしたときに、大きな需要を作り出しました。しかし、さらに薄く、さらに鮮明にというように有機ELテレビや4Kテレビに移しても、思ったほど市場が伸びません。テレビ自体がスマホやタブレットにとって代わって市場を失っているように見えます。いまは、テレビのコンセプト自体を再定義する時期がやってきたのかもしれません。

また、イノベーションは人的資源に依存しています。いまの時代において、素晴らしい商品やサービスは、研究開発部門の少数の技術者または天才だけではなく、自由闊達で、失敗を許す企業文化と人的資源の活かし方と密接な関係があり、企業文化の土壌を保ち、一人ひとりの知恵を大切にする企業づくりともかかわっています。

イノベーションの概念は新製品やサービスの開発より広い意味を持っていますが、それについては第4章を参照してください。ここでは、製品開発に絞って見ていきます。

(3) 新製品開発の2つのアプローチ

新製品の開発のプロセスについて、ステージゲート法やコンカレント・エンジニアリング（CE：Concurrent Engineering 同時並行技術）といった専門な研究がありますが、ここでは、図表3-10で示したように、マーケット・イン、プロダクト・アウト、ニーズ・ウォンツ、シーズといったキーワードを通じて、経営学的な視点で見ることにします。

新製品は、マーケット・インとプロダクト・アウトという2つのアプローチから開発されています。

図表3-10　新製品開発のプロセス

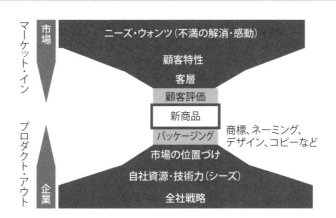

　マーケット・イン（market in）とは、マーケットを優先させるといった顧客の視点から商品を企画・開発していくアプローチです。つまり、「ニーズ・ウォンツ志向」の開発方針です。ただし、顧客の声や要望という意味でのニーズだけに応える開発は、画期的な新商品が生み出しにくく、ウォンツにも注目すべきです。自動車という画期的な商品が誕生したときに、「もし顧客に、彼らの望むものを聞いていたら、彼らは『もっと速い馬が欲しい』と答えていただろう」（ヘンリー・フォード）。実際にも、「多くの場合、人は形にして見せてもらうまで自分は何が欲しいのかわからないもの」（スティーブ・ジョブズ）です。

　ニーズ・ウォンツを把握した上で、顧客特性や自社がターゲットにしようとする顧客層を明確にする必要があります。製品によっては、市場に投入する前に、モニターに試用してもらい、新製品についての顧客評価またはモニタリングすることもあります。

　一方、プロダクト・アウト（Product out）とは、企業という作り手の持っている資源・技術力を優先して新製品の開発を行うアプローチです。つまり、「シーズ志向」の開発方針です。このアプローチのポイントは、

- 自社の経営戦略、シーズとの整合性を前提にすること
- 自社製品を明確に市場に位置づけるといったポジショニングを決めること
- パッケージングを行うこと、です。

パッケージングとは、広く製品の外装・包装のデザイン、商標、ネーミングの決定といった一連の活動のことを意味します。ブランドの確立や顧客とのコミュニケーション、物流の効率性にとって重要な活動になります。

モノ不足の市場環境においては、プロダクト・アウトが主流でしたが、その反動で、2000年前後にマーケット・インだけ強調される風潮もありました。

いまは、「ニーズ・ウォンツ志向」と「シーズ志向」の両方を重視するアプローチが一般的です（図表3-10）。なぜならば、マーケットのニーズ・ウォンツに、自社の経営戦略、ドメイン、シーズなどで対応することは、競争優位を築きやすいからです。

また、M&Aの形で自社が持っていないシーズを手に入れる経営手法も多くあります。グーグルは、多くの技術を買収する形で、自動運転自動車やロボット市場に参入してきています。日本の優良企業の多くは、年月をかけて、自社の技術力を蓄積し、その技術力を活かす形で多くのマーケットにアクセスするようなスタイルを取っています。浜松ホトニクスなどはその代表例です。

また、社会にニーズがあれば、自社にシーズがなくても、一から開発していく方針を持っている企業もあるように、企業によって、開発のアプローチや方針が必ずしも同じではありません。

（4）新製品開発のプロセス

新製品開発にあたり、「アイデア創出→スクリーニング→商品企画→製

品開発→テストマーケテイング→市場投入」といった各段階にわけて進められています（図表3-11を参照）。

図表3-11　新製品開発のプロセスと商品企画書のイメージ

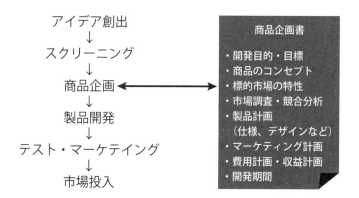

❶ アイデア創出

　新製品のアイデアは、外部の市場のニーズと内部の強みのシーズから得られます。アイデアのチャネルとして、顧客、関連企業、競合他社、展示会、海外市場、企業のトップ経営陣、研究開発部の技術者、営業部門、各部門の従業員など、社内外、国内外に多く存在しています。企業の情報マネジメント力にかかっています。

　アイデア創出のヒントとして、「不満解消」「独自性」「価値提案」「顧客体験」などが挙げられます。そのほかに、リメイクや、リネームの場合も少なくありません。

　アイデア創出の方法として、新規製品や新規事業を開発する場合に、ブレーン・ストーミングがよく使われています。

❷ スクリーニング

　スクリーニングは、アイデアの選出作業です。新製品のアイデアのスク

リーニングには、一般的には次のような基準が用いられています。
- 経営目標や戦略との適合性
- 売上の規模と成長性
- 利益率
- 技術的可能性
- 製品化の可能性
- 販売の可能性

しかし、KING JIM のように、役員 10 人中 1 人が賛成すれば商品化が可能というユニークな基準を設けている企業もあります。

スクリーニングされたアイデアは、新製品コンセプトの確立や商品企画または新商品計画に反映されます。

❸ 商品企画の作成

商品企画または新製品開発計画は、新製品開発プロジェクトの提案です。商品企画は経営トップにプロジェクトを認定してもらうために作られるものです。商品企画書には、一般的に、開発目的・目標、製品のコンセプト、標的市場の特性、市場調査・競合分析、**製品計画**（仕様、機能、デザインなど）、マーケティング計画（4P 政策など）、費用計画・収益計画（開発費、売上高、製造コスト、利益率など）、開発期間などの内容が検討されます（図表 3-11 の右側の「商品企画書」を参照）。

❹ 製品開発

製品開発段階に、**製品計画**の実施を行います。この段階において、多額でリスクの高い研究開発費を投入し、新製品の原型（Prototype）の開発、試作、試験生産、試作品に対する顧客評価、量産可能性の検討、商品名・価格・包装などの決定と実施を具体的に進めるようになります。

❺ テスト・マーケティング

テスト・マーケティングは、新製品を特定の地域または客層で試験的に販売し、その反応を**製品計画**や**マーケティング計画**にフィードバックする活動です。

❻ 市場投入

市場投入は、生産設備への投資計画、物流計画、販売促進、広告計画、販売員訓練計画などを練って、生産と販売に本格的に移行する段階です。

(5) 流通業におけるPB商品の開発

　有形新製品開発は製造業だけの仕事ではありません。流通業企業も、新商品の開発・導入を行っています。小売業のように、消費者に極めて近いので、ニーズ・ウォンツに合う製品の開発を効果的に行うことが可能です。

　小売チェーンなどが自ら企画した自社ブランド商品は、PB（プライベートブランド）商品といいます。

　PB商品の製造の方法については、国内外のメーカーに委託生産する場合が多いです。

　イオンの「トップバリュ」、セブン＆アイの「セブンプレミアム」、SEIYUの「みなさまのお墨付き」などのPB商品はよく目に触れます。その割合も増加傾向にあります。

　PB商品に対して、NB商品といういい方もあります。NB（ナショナルブランド）商品とは、メーカー自身が生産したメーカーブランド商品のことをいいます。伊藤園のお～いお茶、カゴメの野菜ジュース、アサヒビールといった類いはそれに相当します。

　流通業者がPB商品を開発する狙いは、

- 独自性で新たな需要を作り出すこと

- 顧客の声を反映し商品の支持を高めること
- バイヤーパワーを高め、利益率を確保すること

などが考えられます。バイヤーパワーとは、メーカーとの仕入れ交渉力です。

一方、PB商品の増加によって、製造メーカーの利益率が低下して、苦しくなるケースもよく見られます。PB商品の健康的な発展は、WIN・WINの形で進められるかにかかっています。

PB商品には次のようなタイプが見られます。
- NB商品よりも高機能、高付加価値、高価格をコンセプトとする商品
- NB商品と同じ機能の商品を価格や品質の面で改善した商品

(6) 研究開発管理の動き

企業は、有機的な組織体です。各部署や職能は互いに影響し合っています。研究開発も例外ではありません。研究開発を効率よく進めるためには、社内の研究開発部門の技術者だけに任せるという従来のやり方を変えようとする動きがあります。

傾向として見られるのは、社内と社外の資源を、研究開発に取り込む動きです。

❶ 社内資源の有効利用

以上の説明でわかるように、新製品の開発にかかわるのは、ビジョン、戦略、企業文化、人事制度、マーケティング、生産、営業、販売などと密接な関係があります。近年、多くの企業は、企業内の多くの部門と連動するプロジェクトチーム制組織やマトリクス組織を研究開発に取り入れています。その良さは、新製品を開発するプロセスにおいて、技術者、デザイナーだけではなく、生産、財務、営業、マーケティングの専門家が参加し、商品技術、原価管理、スケジュール管理、生産技術、顧客・マーケットと

いった複数の視点から、商品を開発することができるところにあります。

プロジェクトチームの場合でも、すべてのプロジェクトの情報を公開することで、プロジェクト間のアイデア、技術などの共有度を高め、全社最適を図ります。また、少数ですが、逆のやり方もあります。競争意識を高めるために、各開発チーム間において、その開発テーマ、内容をある程度温められるまで秘密にする企業もあります。

それぞれの機能の立場も、より平等になってきています。たとえば、研究開発を管理するという視点から見て、従来、原価管理をより重要視していたため、生産部門の立場を優先させることが多かったのですが、いまは、商品の独自性を競い合っている時代に対応するため、開発部門の案をより尊重するような動きが見られます。

研究開発部門を持たずに、技術者を営業や販売の最前線に立たせて、営業部隊が直接に研究開発に携わる企業もあります。

アイデアを生み出しやすくするために、3Mやグーグルのように、15%ルールや20%ルールを設けて、自由に発想してもらう企業もあれば、企業のビジョンと戦略の整合性を重視する「一点集中型」の企業もあります。

全員が商品開発をして、定期的に新商品やアイデアの発表と診断のためのミーティングを開催する企業もあります。

❷ 社外資源の取り込み

研究開発に必要な資源を外部から取り込む動きも見られます。例として、クラウド・ソーシングとクラウド・ファンディングが挙げられます。

クラウド・ソーシングとは、外部の不特定多数の人から、サービス、アイデア、またはコンテンツ、問題解決の方法などを募ること、または業務委託を行うことです。これを、日本では、面倒な業務の委託として利用する企業が多いのですが、外国では、技術的な難題を解決するためのツールとして利用する企業が少なくありません（第2章の「経営組織」の後半を

参照)。

　最も直接的な外部資源は顧客です。**顧客の考えや提案を商品開発に取り入れる**という意味合いで、**生産消費者（Prosumer）**という言葉もよく使われています。この言葉は、生産者（Producer）と消費者（consumer）とを組み合わせた造語で、未来学者アルビン・トフラーが1980年に発表した著書『第三の波』（中公文庫）の中で示した概念です。消費者が製品開発などの企業活動に参画してもらうという意味合いで、マーケティング用語としても使われています。

　インターネット時代において、このことを容易に行うことができるようになっています。商品を一番理解している消費者の考えを本格的に引き出し、商品の開発などの企業活動に取り込むようなマネジメント（工夫）はまだ始まったばかりなのかもしれません。

　クラウド・ファンディング（Crowdfunding）は、カネという資源の外部調達にかかわる概念ですが、**新規製品や新規事業のアイデアに共感し、それを支援したい不特定多数の人から資金を集める方法**です。クラウド・ファンディングは、ソーシャル・ファンディングともいいます。1人当たりの出資額が少なく、出資者が多いのが特徴です。

　たとえば、あるアイデアがあります。商品化するために、欲しい人を募ります。その人たちから出資してもらい、研究開発と生産を行うといったやり方です。

　投資者はリターン・見返りを求める場合もあれば、求めない場合もあり、種類や目的がさまざまです。近年、ベンチャー企業や、ソーシャル・ビジネス（第4章を参照）、文化事業などに幅広く利用されるようになっています。同時に詐欺などの問題も多発しています。日本では、2014年に金融商品取引法が改正され、1人当たり50万円を上限に、総額1億円未満の資本調達が可能になっています。

研究開発について、その役割、新商品を生み出すアプローチとプロセス、流通業の商品開発および、研究開発管理に関する企業の動きについて見てきました。

　研究開発管理のポイントは、不確実性によるリスク管理、ビジネス・チャンスの創造、開発期間の短縮、開発コストの削減などです。

　また、製品の開発にあたり、製品の機能やデザインなどの外在的な形は、すべて「顧客価値」「顧客体験」を含めた、顧客にとってのベネフィットを実現したものでなければなりません。したがって、製品開発を成功させるために最も重要なのは、顧客やマーケットを深く理解することです。顧客とマーケットを深く理解することは、マーケティングの基本的な考え方でもあります。

4 生産管理

(1) 生産管理の3要素と生産管理の内容

　企業は原材料や部品を製品の形にする生産活動は欠かせません。生産部門がその生産管理の役割を担っています。

　日本の企業は、生産技術とともに、生産管理のレベルが大変高いです。

　第4章で紹介する経営管理の理論についての多くは外国から導入されたものです。しかし、生産管理分野では、日本の存在感が高く、世界の製造メーカーはトヨタ生産方式から5S（整理・整頓・清掃・清潔・躾）までの日本的生産システムとノウハウを学んでいます。日本的生産管理は、ある意味では世界標準になっています。

　生産管理は現場で経験していないと、わかりにくいところもありますが、その基本的な原理は、おいしい料理を作ることと共通するところが多いので、料理づくりに置き換えて考えれば、理解しやすくなります。

❶ 生産管理の3要素—QCD

　生産管理を顧客満足（CS）の一環として理解する場合、次のように定義することができます。

　生産管理とは、必要な品質の製品を必要な時期に必要な量だけ安く生産することです。

　生産管理のポイントや着眼点をPQCDSMEという管理指標で表しています。PQCDSMEは、以下を指します。

　P（Productivity）：生産性

Q（Quality）：品質
C（Cost）：原価、コストダウン
D（Delivery）：納期および数量
S（Safety）：安全
M（Morale）：士気・働きがい、活気のある職場
E（Environment、Ecology）：環境保護

　上記の生産管理の指標の中に、「QCD」は顧客を優先とする指標で、特に重要視され、**生産管理3要素**とも呼ばれています。

　いまは、この **QCD** は製造業の生産管理だけではなく、多くの仕事の管理要素となっています。事務的な仕事でもプログラムの開発でも、品質、コスト、納期が大事です。

❷ 生産管理の内容

　以上の生産管理の3要素 QCD を最適化するために、また、4M（Man・Machine・Material・Method）を生産工程に最適に分配するために、

- 「品質管理」（Q）
- 「原価管理」（C）
- 「工程管理」または「納期管理」（D）

といった管理活動を行います。この「品質管理」「原価管理」「工程管理」は、生産管理の主な内容を構成しています。そのほかには、作業管理、設備管理、資材管理などがあります。原価管理は管理会計の主な内容にもなっています。

　次からは、**品質管理、原価管理、工程管理、トヨタ生産方式**の順で、生産管理のポイントとノウハウを見ていきます。

(2) 品質管理

　Made in Japan は、世界では高品質、信頼、安心の代名詞になっています。

日本の企業は戦後、米国の**統計的品質管理（SQC）**を吸収しながら、独自の**全社的品質管理・全員参加型品質管理（TQC）**を形成しました。

その後、米国企業は日本のTQCを徹底的に研究し、TQMという「総合的品質管理」を生み出しました。

いま、日本の企業は、そのTQMを導入しています。

TQM（Total Quality Management）とは、TQCで唱えられた、組織全体で統一した品質管理目標への取り組みを経営戦略に適用したものです。TQMは日本的なボトムアップの進め方をトップダウンのしくみに換えたものとして理解できます。

ここでは、いままで、日本企業が蓄積した品質管理のノウハウと手法を中心に紹介します。

❶ 品質（Quality）とは

品質には、**設計品質**と**製造品質**があります。

設計品質とは、顧客・使用者のニーズに応じて、事前に標準として企画・設計された品質で、「ねらいの品質」ともいいます。

製造品質とは、設計品質に対して実際に作り出した製品・サービスの品質で、「できばえの品質」「適合の品質」ともいいます。

より良い品質ではなく、品質の基準は、顧客が歓迎される品質でなければなりません。品質低下と品質過剰のないように品質をコントロールする必要があります。品質を基準に基づきコントロールすることを、**品質管理**といいます。

❷ 品質管理とは

品質管理は、QC（Quality Control）と呼ばれることが多く、その活動には2つの基本的な考え方があります。

1つは、品質のつくり込みによる品質管理です。もう1つは、検査によ

る品質管理です。

　品質のつくり込みとは、「品質は検査で保証するものよりも作り出すべきだ」という発想としくみです。この発想としくみは、日本企業の品質管理領域に対する最大の貢献とえるでしょう。

　品質のつくり込みのしくみのポイントは、以下になります。

- 各工程・各業務が、次の工程・次の業務のことを「顧客」と認識すること
- 基準の品質から外れたモノは次の「顧客」に送らないように品質保証をすること
- 各工程・各業務では、自ら不良品を作り出さないように品質改善の工夫を継続すること

ここでいう、各工程・各業務とは、生産工程はもちろんのこと、開発・設計や、購買、物流などの業務も製品品質と密接に関係しています。また、品質保証と品質改善は、現場主義が特徴で、技術者や管理者に任せるのではなく、作業・業務に直接・間接に携わる全員が行います。全員参加のベースになっているのが、QCサークルと提案制度です。

　QCサークルは生産現場において品質の改善や不具合対策を進める集団のことです。提案制度は、個人やQCサークル単位で、現場の問題を発見し、解決する提案ができる制度です。QCサークルも提案制度も「失われた20年」とともに、現場から失われてきていますが、現場情報を活かすには、また、現場作業員を含めた従業員の参加意識を上げるには、効果的な方法といえます。近年、提案制度を導入・復活する企業も出てきています。

　これが日本のTQCと呼ばれる全社的・全員参画型品質管理の本質です。

　このことは、おいしい料理を追求することと同じ原理です。そのために、レシピを考える、食材や調味料を作る・選ぶ・調達する、料理を作る・運ぶといった全プロセスにおいて、かかわるすべての人が「品質保証」と「品質改善」を継続的にしなければできないからです。

品質改善とは、製品自体の品質だけでなく生産プロセスの品質の改善、さらに、業務プロセスの改善を意味します。改善は「**問題発見**」と「**問題解決**」の繰り返しで、PDCAサイクルで進めるのが一般的です。改善活動は、ある意味で、管理的活動そのものです。「**カイゼン**」は日本的経営の強みの１つになっています。

問題発見と問題解決を行うときに重要視するのは事実やデータです。そのために日本では、「現場」「現物」「現実」という「三現主義」は基本となっています。

この考えに基づき、日本の企業は、多くの品質管理・品質改善の方法を吸収・開発しました。そのうち、**QC7つ道具**と**新QC7つ道具**が有名です。そして、「**6σ**」（シックスシグマ）といった統計的品質管理の方法もあります。

6σ（シックスシグマ）とは、経営活動の中で起こるミスやエラー、欠陥品の発生確率を100万分の3.4のレベルにすることを目標に推進する統計的品質管理の手法です。その応用範囲は、製品の製造工程にとどまらず、営業、企画など生産以外の部門にも、製造業だけではなく、サービス業にも広がっています。

図表3-12　各問題解決のフレームワーク・手法の使い方

目的	問題解決のフレームワーク・手法	
テーマ選定	●マトリックス図	●パレート図
現状把握と原因分析	●パレート図 ●ヒストグラム ●層別 ●管理図	●チェックシート ●特性要因図 ●連関図
要因を取り除く対策案の列挙	●系統図	●親和図
対策案の決定	●特性要因図	●マトリックス図
実施計画の策定	●管理図 ●チェックシート	●パレート図 ●ヒストグラム

出所：「JIS Q 9024：2003」より作成

第3章　永続企業体にするための管理の仕事（管理機能）

QC7つ道具と新QC7つ道具は、他の業務や領域でもよく使われています。参考までに、各「道具」を問題解決のフレームワーク・手法として、目的別に図表3-12にまとめています。

次に、そのうち、よく使う手法を問題解決のフレームワークとして学びます。

(3) 問題発見と問題解決のフレームワーク

❶ 特性要因図（フィッシュボーン）

図表3-13で示したように、特性要因図とは、特性（結果）と、それに影響を及ぼすと思われる要因（原因）との関連を図解したものです。問題の原因究明や、課題の明確化に使われています。出来上がった図解が魚の骨のようなので「フィッシュボーン」とも呼ばれています。

図表3-13　特性要因図

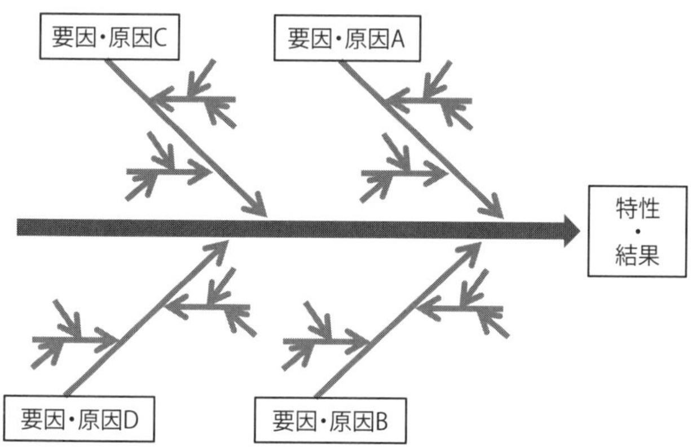

❷ 系統図

系統図とは、「目的（目標、結果）」などのゴールを設定し、それに到達するための「手段（方法、対策、方策）」を体系的に探っていくための図解

法です。

「系統図」は、「連関図」や「特性要因図」「マトリックス図」などとリンクして使う場合があります。

「連関図」「特性要因図」などで問題に対する阻害要因を把握した後、系統図を使って、それらの要因・問題を取り除くための対策や方法を、1次手段、2次手段、3次手段……のように、探ることができます。

また、「系統図」で、具体的な方策を、3次、4次まで展開すると、かなりの数の方策が出てきます。どの方策が重要なのかを探る方法として、「マトリックス図」を使い、重点対策を決めることができます。

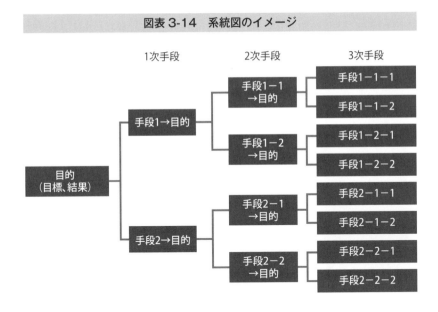

図表3-14　系統図のイメージ

❸ 親和図（グルーピング）

「親和図」は、「KJ法」とも呼ばれ、多くのアイデアや意見といった諸要素を相互の親和性によって図解した方法です。

親和図は、以下の場合によく使われています。

- 考えられる多くのアイデアや問題、可能性の中から対策やコアの問題、可能性を絞り出そうとするとき
- 未来・将来や、未知・未経験といった混沌とした状態から問題や課題、方法を探ろうとするとき

親和図は、ブレーン・ストーミングを行った後のグルーピングの作業方法でもあります。親和図の進め方として、あるテーマに基づき、関連する諸要素を言葉でカードに記入し、類似した言葉のカードをグループに分けて整理する形で行われます（図表3-15）。

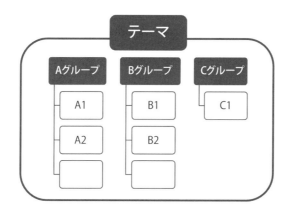

図表 3-15　親和図のイメージ

以上の問題解決の諸手法は、品質管理だけではなく、多くのビジネス場面で、幅広く活用できます。

(4) 原価管理

原価管理は製造活動において、各担当者にとっても重要な管理活動になっています。製品の製造にかかる費用を管理し、コストの削減を図ることは、

製品の競争力を高め、利益を確保するのに大きな影響を及ぼすからです。

原価管理は、製造業だけではなく、サービス業においても重要です。原価管理は、予算管理と並べて、**管理会計**の主要領域でもあります。本書では管理会計に触れませんので、**原価管理を生産管理**の一部分として紹介します。

❶ 原価（Cost）とは

ここでいう原価は、製造原価のことです。製造原価とは、製品1個当たりにかかった費用、コストのことです。

図表3-16で示したのは、製造原価の構成です。製造原価には、材料費、労務費、経費が含まれています。この3種類の費用にそれぞれ直接費と間接費があります。一杯のラーメンには、肉や野菜などの材料費のほかに、作る人の給料、キッチンの設備代、光熱費、家賃などがかかります。原価を明確にすることは、価格の設定、利益率の計算、経営管理上の問題の発見に必要不可欠です。

図表3-16　製造原価の構成

材料費	直接材料費	材料費、部品費など
	間接材料費	補助材料費（燃料）、消耗品費など
労務費	直接労務費	直接工の直接作業賃金
	間接労務費	直接工の間接作業賃金、間接工賃金など
経　費	直 接 経 費	外注加工費など
	間 接 経 費	減価償却費、光熱費など

❷ 損益分岐点と原価管理

「売上－原価＝利益」でわかるように、利益を高める方法として、売上を伸ばすか、原価を引き下げるか、その両方の経営努力が考えられます。生産管理部門の重要な仕事は、原価の引き下げにあります。

この原価（費用、コスト）、販売量（生産量）、利益の関係を理解し、原価を削減するために、**損益分岐点**を理解する必要があります。

損益分岐点とは、売上高と費用が同額で、利益がゼロの状態を意味します。損益分岐点分析は、CVP分析（Cost：費用　Volume：販売量＝生産量　Profit：利益）とも呼ばれています。損益分岐点分析の目的は、損益分岐点上の販売量や生産量、売上高を算出することです。財務指標としてよく使われているのは損益分岐点売上高です。

損益分岐点の概念は、次の図表3-17で示した通りです。

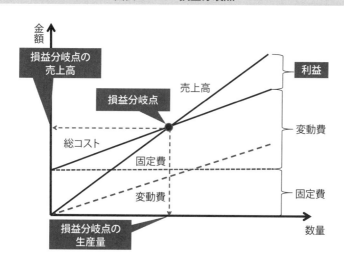

図表3-17　損益分岐点

損益分岐点を理解するために、原価・コストを変動費と固定費に分類することが重要です。変動費は、材料費、部品費など、生産量や販売量に応じて変化している費用のことです。固定費は、減価償却費（設備などの費用）、家賃、光熱費、人件費など、生産量や販売量の変動に影響されない費用のことです。

損益分岐点がわかると、生産部門や販売部門の生産目標、販売目標およ

び原価管理の目標が設定しやすくなります。

　原価管理とは、材料費、労務費、経費のそれぞれについて標準とすべき**標準原価**または**目標原価**を設定して、**実際原価**の発生額を計算・記録し、両者を比較して、その**原価差異**の原因を分析し、分析結果などを経営管理者に報告し、原価改善・低減を図る活動をいいます。
　この標準原価と実際原価との原価差異を分析することで、あるべきコストで生産できるように管理する活動を、「**標準原価管理**」といいます。

(5) 工程管理

❶ 納期（Delivery）と工程管理の内容

　納期とは、製品を顧客に、仕掛品を次工程に引き渡す時期または期限のことです。納期は予定通りとなることが良い状態です。納期が遅延すると顧客あるいは下流工程に迷惑をかけます。早すぎると在庫や仕掛品が滞留することになります。したがって、生産管理の定義に「できるだけ早くつくる」という表現は正確ではないので、注意が必要です。
　「4M」という資源を効果的に活かすためには、しっかりとした計画を立て、これに沿った生産が実行されるようなフォローをしていくことが必要になります。このための管理を「**工程管理**」と呼びます。
　工程管理は、大きく**生産計画**と**生産統制**に分けられます。

❷ 生産計画

　生産計画は、材料の調達や、作業者の確保、設備能力の整備などをしながら作業日程を決めていくことです。
　生産計画には、日程計画、手順計画、工数計画、材料設計、設備計画、人員計画があります。

❸ 生産統制

生産計画を立て納期通りに進むようにするのが**生産統制**です。

生産統制には、図表3-18で示したように、重要な仕事が3つあります。

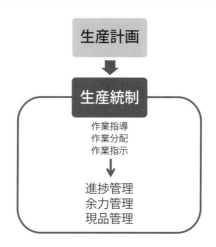

図表3-18　生産統制の内容

進捗管理とは、現場の作業がきちんと進んでいるかを把握し、日々の仕事の進み具合を調整することです。

余力管理とは、設備や作業者ごとに負荷状態と能力を把握し、調節する活動です。

現品管理とは、材料、仕掛品、半製品、製品の所在（運搬・移動や停滞・保留の状態）と数量を把握し、次の工程に速やかに進めることです。

❹ 生産形態とセル生産方式

1) 見込生産と受注生産

工程管理に直接影響を与える要素は生産形態です。

生産形態は、見込生産、受注生産という2種類に分けることができます。

見込生産（MTS：Make to Stock）とは、製品需要を予測して生産する形態です。一般的に、見込生産の場合、ある程度大きな量を見込んで生産しますので、**少品種大量生産**を可能にする**連続生産**が採用されます。この場合の経営課題は、マーケティング能力、リードタイムの短縮が挙げられます。

　見込生産は、自社が製品開発から販売まで手掛けますので、マーケティング能力も要求されます。

　また、リードタイムの短縮も重要です。リードタイムとは、作業を始めるまでの期間を意味します。見込生産の場合、材料から製品までの在庫量が多いので、在庫管理によるリードタイムの短縮が重要です。見込み生産の英語表現からも、その特徴が見られます。

　受注生産（MTO：Make to Order）とは、注文を受けてから生産する形態です。受注生産にはさらに細かい分類がありますが、ここでは省略します。受注生産では、1回当たり生産する量が少ないのが特徴で、多品種少量生産、多品種小ロット生産ともいいます。生産量によって、**個別生産**または、**ロット生産**が採用されます。

　受注生産の主な課題は、生産する品種を切り替える場合の段取り替えの時間短縮、段取り替えにかかるコストの削減です。

　段取り替えとは、生産ラインの切り替え作業です。

2）セル生産方式

　需要が安定している時代において、多くの企業は、ベルトコンベア生産方式で少品種多量の連続生産を行っていましたが、市場の多様化と成熟化で、製品のライフサイクルが短くなったために、多品種少量生産の必要が出てきました。多品種少量生産がもたらす生産管理の新たな課題は、上述したように、生産ラインを切り替える**段取り替え**時間の短縮とコストの削減です。その課題の解決方法として生まれたのが**セル生産方式**です。

セル（細胞）生産方式とは、従来のベルトコンベア方式で細かく割り当てられた作業をある程度1つの作業台（セル）に集約し、複数の移動可能な作業台（セル）の組み合わせによって作られている生産ラインのことです。

この生産方式は生産品目を切り替える必要が出た場合、作業内容を調整し、作業台を入れ替えるだけで、新しい生産ラインが迅速に作られるところがメリットです。

セル生産方式を導入することで、生産体制をフレキシブルにすることができますが、期待されている作業者の能力とモチベーションの向上は、セル生産方式を導入する現場を見ても、いまのところ見られていません。

(6) トヨタ生産方式

❶ トヨタ生産方式とは

トヨタ生産方式（TPS：Toyota Production System）は、トヨタ自動車が開発した生産管理の基本原理と手法です。それには、半世紀を超える生産管理の知恵やノウハウが詰まっています。いまは、それが生産活動以外の管理活動にも幅広く応用されています。

トヨタ生産方式のキーワードは、7つのムダ、5つのWHY、ジャスト・イン・タイム、かんばん方式、平準化、自働化、見える化、などが挙げられます。

❷ 7つのムダと5つのWHY

トヨタ生産方式の主要目的は、継続的な改善とムダの排除によるコストダウンです。トヨタ自動車では、ムダを発見し、真の原因を客観的に把握するためにルールが作られています。どこに目を付ければよいかの原則といってもいいです。そのルールや原則として、「7つのムダ」や「5つのWHY」がよく知られています。

7つのムダの排除を年月をかけて、継続的に進めてきました。7つのムダとは、**作りすぎのムダ、手待ちのムダ、運搬のムダ、加工そのもののムダ、在庫のムダ、動作のムダ、不良を作るムダ**になっています。
　5つのWHYは、問題の真の原因や客観性を追求するといった場面において、5回「なぜ」を自問自答することを意味します。**特性要因図**でも述べましたが、1次元の原因、2次元の原因といったように、5次元まで追求すると、多くの場合、真の原因や事実にたどりつくことができます。

❸ JIT（Just In Time）と自働化

　JITと自働化はトヨタ生産方式の2つの柱とされ、ムダを排除する基本的な考え方です。
　JITは、「必要なものを、必要なときに、必要なだけ作る」という考え方です。
　JITの基本は、後工程は「顧客」と置き換え、後工程が前工程に必要なものを取りに行き、前工程は後工程から注文したものだけを作るという発想です。これを生産統制のルールとして実施することで、「作りすぎ」などのムダ（在庫、運搬）を徹底的に排除することができます。この運用を円滑に行うために考え出された情報伝達手段が**「かんばん方式」**です。
　このJITとかんばん方式による管理方式をIT化と全サプライヤー化したものが、いわゆる**サプライヤー・チェーン・マネジメント（SCM）**です。
　自働化（「ニンベン」のつく自動化）とは、誰でも異常を感じたときに機械を停止させることができることです。
　ここでいう自働化は単に、設備が自動的に動く機能を持っているという意味ではありません。異常が発生したときに、"自働化"された機械を、すべての作業者がすぐに停止させることができます。そのため、「不良を作るムダ」を事前に防ぎ、労働生産性の向上にもつながります。
　トヨタ生産方式には奥深い考えがあります。その真髄については、第5

章でも触れます。

(7) その他の改善方法

トヨタ生産方式のほかに、生産性を高める、改善活動を継続する方法もあります。ここで、幅広く実用できるルールや手法を取り上げてみましょう。

❶ ECRS の原則

ECRS は、改善の4原則ともいわれています。それぞれは、排除（Eliminate）、統合（Combine）、交換（Rearrange）、簡素化（Simplify）の4つの考え方に構成されています。

1）排除（Eliminate）

「排除」は、改善の第一歩として考えています。何のためにその業務・作業を行っているのかを改めて見直し、その業務・作業をなくす可能性を検討します。生産管理の分野では、継続改善した結果、必要でない作業の排除を極めてきました。しかし、ホワイトカラーの業務プロセスには、意外に顧客満足と関係のない社内向けの仕事が多く見られます。したがって、まず、仕事の目的を見直すことは非常に重要なのかもしれません。IT 化によって、排除すべき業務や作業が新たに出てくることがあります。

2）統合（Combine）

「統合」は、まとめてできないか、同時にできないかというように、業務を一緒にすることによって時間を短縮する可能性を検討することです。

たとえば、1か所ずつ溶接していたのを、4か所を同時に行うことで、時間を4分の1に短縮できるといった具合です。

3）交換・順序変え（Rearrange）

「交換・順序変え」は、業務や作業の順序や持ち分を変更したり、入れ替えたりすることによって、効率を向上させる可能性を検討することです。

このようなことは日常でもよく出会います。

4）簡素化（Simplify）

「簡素化」は、作業を単純化したり、もっと簡単な作業にしたりすることによって、業務や作業にかかる時間と労力を節約する可能性を検討することです。

生産現場では、難しい作業や時間のかかる作業に対して、治具を開発することによって解決できたりします。

この ECRS を進めるために、生産工学（IE：Industrial Engineering）がよく利用され、改善活動の基礎となります。

IE とは生産の効率性を向上させるために、人間工学の知識や経験を活用して最適化を図る取り組みです。その中心となる活動は「作業研究」です。作業研究には、工程分析、動作分析、時間研究、稼働分析が含まれます。

❷ 5S

5S とは、**整理、整頓、清掃、清潔、躾（しつけ）**のローマ字の頭文字の表記です。日本企業が編み出した管理ノウハウですが、各国の日系企業以外の生産現場にも取り入れられています。言葉は簡単ですが、長く実践すると、または、それを実践していない職場と比べると、それの奥の深さがわかります。

5S それぞれは、次のようなことを意味します。

- 整理：必要なものと不要なものに分けて、不要なものを捨てること
- 整頓：必要なものをすぐ使えるように、決められた場所に置き、いつも取り出せる状態にしておくこと

- 清掃：必要なものを掃除してきれいな状態にすること
- 清潔：整理・整頓・清掃の状態を維持すること
- 躾：整理・整頓・清掃・清潔を行うことや、職場で定められたルールを守ることを習慣にすること

5Sを徹底することで、生産活動、品質管理、ムダの排除を効率的に行うことができます。また、職場環境が美化され、従業員のモラルが高まる効果もあります。生産現場だけではなく、すべての活動に導入できるノウハウになっています。

❸ 制約理論（TOC：Theory Of Constraints）

制約理論は、小説『ザ・ゴール』（ダイヤモンド社）の著者エリヤフ・ゴールドラットが提唱した組織経営のための理論ですが、システムおよび全体最適の視点に立って、業務改善や作業改善による生産性や収益性の向上の原理として注目されています。

制約理論とは、企業というシステムの目標達成レベルを制約条件（ボトルネック）によって決定づけられることです。その制約には、次のようなものがあります。

- 外部においての顧客の需要という**市場の制約**
- 内部においての**資源能力・生産能力**の制約
- 企業内で除外できない**方針制約・組織制約**

このような制約条件がボトルネックならば、それらを解消すれば、企業の目標達成レベルを引き上げることができます。たとえば、自動車にある1つの部品だけの使用寿命が短くても、自動車全体の使用寿命がこの1つの部品によって決まってしまいます。この自動車の使用寿命を引き上げるためには、制約になっているこの部品の寿命を引き上げることに注力すべきだという考えです。組織の全体も、部門活動も同じ原理です。

この原理を活用すれば、企業全体や生産現場で、部門別、工程別、個人

別といった単位でそれぞれ個別の改善が行われ、経営資源がムダに費やされていることを避け、より効率的な改善活動を行うことができます。この全体最適の考え方は制約理論に注目を集めた理由です。

制約条件を解消するステップとして、5つあります（図表3-19を参照）。

第1のステップは、制約条件になるムダや問題を見つけ出すことです。

第2のステップは、見つけ出した制約条件をフルに活用することです。

第3のステップは、ほかの全プロセスをその制約に従わせることです。

第4のステップは、見つけ出した制約条件の能力を向上させるように、徹底的に改善活動などを行うことです。

第5のステップは、ステップ1から4までの繰り返しを継続的にできることです。

たとえば、製品のライフサイクルが短いという市場制約があるとします。

図表3-19　制約理論のイメージ

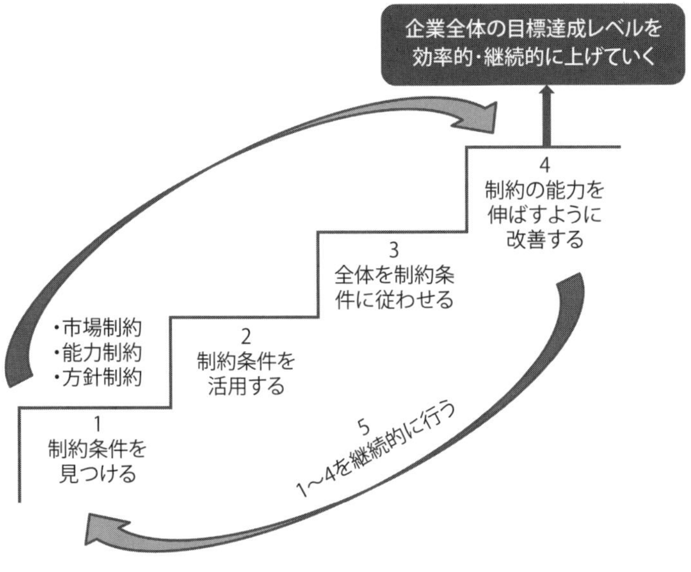

企業全体の目標達成レベルを効率的・継続的に上げていく

1 制約条件を見つける
・市場制約
・能力制約
・方針制約

2 制約条件を活用する

3 全体を制約条件に従わせる

4 制約の能力を伸ばすように改善する

5 1～4を継続的に行う

そうすると、時間という制約条件をフルに活用するために、生産活動全体のスピードアップ、規模拡大するための市場の開拓などで、製品のライフサイクルを伸ばすような努力を行うといった考え方です。

この制約理論は、もともと日本的生産システムの強みに、全社最適の視点を強調したものと理解することもできます。

生産管理の部分では、QCDに沿って、生産管理の主な内容とする品質管理、原価管理、工程管理を学習しました。そして、トヨタ生産方式を通して、日本的生産システムの特徴と強みも学びました。日本的生産システムの特徴の1つとしての問題解決や改善に注目し、そのノウハウと手法も紹介しました。生産管理の基本的な考え方や方法は、幅広く応用することができるマネジメントの知恵です。

# 小売の販売管理

　営業管理や販売管理は、企業がヒト、モノ、カネ、情報といった資源や、開発、製造、物流、広告宣伝といった活動に投入した資金を、製品またはサービスを市場に提供することを通じて、回収できるような機能を果たすマネジメント活動です。

　この営業管理や販売管理は、情報マネジメントやマーケティングを具体的に実践していく活動の1つでもあります。このような活動の役割は、製造業だけではなく、流通業およびほかのサービス業と共通しています。

　ここでは、マーケティングの一環として営業管理と販売管理の仕事を見る必要があります。

　営業管理、販売管理は、顧客満足（CS）または顧客感動満足（CIS：Customer Impressive Satisfaction）を前提に、**顧客開拓と顧客維持ができるように工夫することです。**ここで小売の販売管理を中心に考察します。

　小売における販売管理の目的は、「リピーターを増やすこと」「客単価を上げること」「客数を増やすこと」の3つがあります。

　このような目的を達成するために行うべき工夫は、「商品計画＝商品の品揃え」「販売促進」「店舗・立地管理」「価格設定」の4Pがポイントです。これらを小売のマーケティング・ミックスと呼ぶことがあります。小売のマーケティング・ミックスは、必ずしも統一した概念ではありませんが、4Pに沿って展開している場合が多く見られます。

　この部分では、**マーチャンダイジング**の概念と4Pのうちの**商品計画、販売促進**の2つを中心に紹介します。

❶ マーチャンダイジング

マーチャンダイジング（merchandising）は、小売業界においてよく使う言葉です。

マーチャンダイジングとは、「インストア・ディスプレイを展開するメーカーの販促活動、および、小売業における商品（アイテム）と商品ラインの明確化」です。

マーチャンダイジングの定義は時代とともに変遷していますし、必ずしも統一されていません。ここで、AMA（米国マーケティング協会）の定義によれば、店内のディスプレイ関連の**販売促進**と商品のアイテムと商品ラインを明確にする**商品計画**の2つがマーチャンダイジングのポイントになっています。マーチャンダイジングは単純に後者の「商品計画」＝「商品ミックス」として認識する場合もあります。

次から、上記の定義が提示した**商品計画（Product）**と**販売促進（Promotion）**に沿って、小売の販売管理について見ていきます。

❷ 商品計画＝商品の品揃え

商品計画や商品の品揃えは、**商品ミックス**とも呼ばれ、「商品ライン」と「商品アイテム」の組み合わせを意味します。図表3-20は商品ミックスの4つのタイプを表すものです。

商品ラインは、商品の種類の幅を意味し、「狭い」と「広い」に分けて考えることができます。

商品アイテムは、商品ごとの品目数という**深さ**を意味し、ブランド、デザイン、サイズ、色、素材、味などで識別される最小単位の商品区分になっています。それを「浅い」と「深い」に分類することができます。

商品ラインと商品アイテムは、顧客ニーズ、購入状況、顧客層、店のコンセプトによって決められます。

商品ラインと商品アイテムは、さらに4タイプに組み合わせることがで

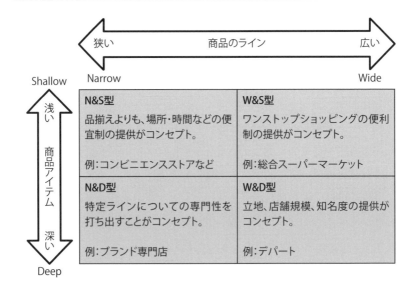

図表 3-20　商品ミックスの4つのタイプ

きます。

　N&S 型は、商品ラインは狭く、アイテムは浅いという品揃えの少ないタイプの店です。このような店は、コンビニエンスストアのように、豊富な品揃え重視よりも、顧客に便利性を提供しています。

　W&S 型は、商品ラインが広いものの、アイテムは浅いタイプの店です。このような店は、総合スーパーマーケットのように、きめ細かいニーズへの対応をある程度犠牲にしても、大衆が日常に購買するニーズに豊富な商品ラインで対応しています。

　N&D 型は、商品ラインは狭く、アイテムは深いというきめ細かくサイズや色などの品揃えで顧客に対応するタイプの店です。このような店は、アパレル専門店、靴専門店、家電量販店のようにジャンルごとに集中することで、豊富な商品アイテムで顧客の異なるニーズにきめ細かく対応しています。

　W&D 型は、商品ラインも広い、アイテムも多いタイプの店になります。

このような店は、ショッピングセンターやデパートのように、品揃えが豊富なので、長く店や商業施設内にとどまり、さまざまな消費ニーズに応えています。

もちろん、ここでいう商品は、飲食や娯楽などのサービスも含まれています。

インターネットを利用した店舗またはO2O（online to offline）、オムニチャネル（ネットと実店舗などのあらゆるチャネルの活用）は、新たな流通革命を引き起こしています。ネット通販の場合、在庫コストが大幅に抑えられますので、商品ライン、商品アイテム、エリア、国境という限界と境界線も越え、さまざまな顧客の手元に商品がより便利により迅速に届けられるようになってきています。O2Oやオムニチャネルは、顧客の衝動買いへの誘導ではなく、顧客体験を重視した真の需要の喚起が期待されます。今後もそれらの動きに注目し続ける必要があります。

❸ 販売促進

小売業では、業種、業態の違いにより、店内で、セルフサービス、対面販売、セルフセレクションなどの販売形態も異なっています。通常、それぞれの形態に適した販売促進の手法が決められます。

販売促進の手法は、小売店頭で消費者の購買意欲と購買金額が高められるように工夫されています。

ISMという概念が非計画顧客をとくに意識した販売促進の手法としています。非計画顧客とは、来店時に買おうと思っていない顧客のことです。

FSPという概念がよく利用している顧客へのケアを重視する販売促進の手法としています。

まず、ISMを見てみます。

ISM（In Store Merchandising）とは、インストア・マーチャンダイジングといい、店頭における商品の陳列と品揃えの構成を科学的、統計的に

検討し、収益の最大化を図る商品および商品構成を実現するための活動です。研究によれば、来店客のうち、8割は非計画顧客になっているそうです。

　店頭で商品の見せ方と消費者へのアピール方法を工夫することで、これらの非計画顧客に、できるだけ多く商品を目に触れ、**購買行動を起こして**もらおうというのがISMの狙いです。ここでいう**購買行動**とは、誘導された衝動買いレベルではなく、顧客の真の購買意欲による持続可能な行動でなければなりません。

　ISMはISP（In Store Promotion：インストア・プロモーション）とSPM（Space Management：スペース・マネジメント）から構成されています。

　ISPとは、**店内**における**販売促進活動**のことです。各店舗の売場は、店内の陳列方法や演出技術によって、来店客の購買行動を喚起するように、商品POP、チラシ広告、売場装飾、陳列、店頭イベント、サンプリング、クーポン、特売、チラシ、ノベルティ、デモンストレーションといった全体的な販売促進活動を展開していく必要があります。

　SPMは、店内全体のレイアウトや区分を行うフロア・マネジメントと、各棚やコーナーのレイアウトを行うシェルフ・マネジメントに分けることができます。前者は、店舗内のコーナー割り・棚割りなど、後者は、陳列棚・コーナー内における商品陳列などへの工夫です。

　ISMは非計画顧客を主に意識した販売促進の手法としていますが、全体の客数の増加と客単価の向上にも効果的です。

　次に、FSPについて見てみます。

　FSP（Frequent Shoppers Program）は小売だけではなく、幅広く利用されている販売促進またはマーケティング手法です。**FSPは頻繁に利用してくれる買物客のための特別なプログラム**と訳され、フリークエント・ショッパーズ・プログラムと呼んでいます。狙いは、顧客のロイヤルティを高め、購買回数の増大を図るためです。

FSP は、ポイントカードといった会員カード・顧客カードを発行して顧客一人ひとりの購買データを分析しながら、会員顧客を購入年月日、利用頻度、購入金額によって選別し、セグメント別にクーポン、景品、キャッシュバック、特別割引販売といった特典プログラムを提供する形で進められています。これによって、個々の顧客に最も適したサービスを提供し、優良固定客を効率的に維持・拡大することが期待されています。

小売業は、すべての人の身の回りにあります。顧客満足・感動、客単価、来店回数を向上させるといった視点で、消費者の目から、身の回りの店を観察することが何よりの近道です。図表3-21 は、簡単なチェックリストになっています。それぞれの店でなされている工夫または、さらに可能な工夫を考察してみましょう。

図表 3-21　小売店舗の簡易チェックリスト

チェック内容	メモ
商品ミックスタイプ	
店舗立地	
店舗の導入部分	
・ファサード（正面から見た外観）	
・サイン（看板）	
・フロントスペース（空間）	
売場のプロモーション（ISP）	
売場レイアウト（SPM）	
棚のレイアウト（SPM）	
顧客体験（満足、感動など）	

「モノのマネジメント」のまとめ

　以上は、マーケティング、研究開発、生産管理、小売の販売管理という切り口を通して、モノのマネジメントの知恵・ノウハウ、課題、動向を見てきました。モノのマネジメントについて、次のポイントに要約しておきます。

- ポイント1：顧客を満足させること、感動させることを前提にしなければなりません。
- ポイント2：マーケティングを基本的な考えにしていますので、部署ごとの活動ではなく、情報を共有し、組織全体の連携を図ることが大変重要なことです。
- ポイント3：研究開発、生産、小売の販売というように、機能別、業態別でその知恵・ノウハウと手法を学習してきましたが、そのうち多くのノウハウや手法は幅広くさまざまな場面に応用することができます。

　次節からは、本章の最後として、カネのマネジメントについて学習します。

第３章　永続企業体にするための管理の仕事（管理機能）

財務会計と財務管理

（1）経理と財務の違い

　企業の血液に相当するカネをマネジメントする機能を果たすのは、経理部門と財務部門です。大手企業や外資系企業の場合、経理と財務を別々の部門として設置されるケースが多いです。財務の業務を経理部門の中で行う企業もあります。

　図表 3-22 は経理と財務の違いを表しています。

図表 3-22　経理と財務の違い

- 経理（アカウンティング：会計）
  - 財務会計　外部への情報提供
  - 管理会計　内部への情報提供
  - 税務会計　税額の計算
  - ← 過去及び現在時点の企業の経営状況の把握

- 財務（ファイナンス）
  - 資金調達
  - 資金運用
  - ← 企業の将来のあり方を想定して資金計画の実施

207

❶ 経理・会計

　経理は、会計（Accounting）とも呼ばれ、企業活動にすでに発生したカネの流れの記録と計算、管理、および情報の整理と提供、報告などを行う業務です。経理・会計には、**財務会計と管理会計と税務会計**が含まれます。

　経理・会計の出発点は、**簿記**などを通じて、カネの動きを正確に記録することです。この作業は経理部門の基礎的な仕事となります。このように記録されたデータは、**会計情報**ともいいます。財務会計や管理会計、税務会計は、それぞれの目的が違うものの、共通した**会計情報**に基づいて行われます。

1）財務会計

　財務会計は、株主や債権者などの**外部利害関係者**に対して、**財務諸表**などを用いて、企業の**経営成績**や**財務状況**などの情報を定期的に提供するために、信頼性の高い報告書を作成する役割を持っています。

　財務諸表は主として、**貸借対照表、損益計算表、キャッシュフロー計算書**によって構成されます。企業グループ全体を1つの組織とみなした場合の財務諸表は、**連結財務諸表**といいます。

　この財務諸表を作成する一連の手続きが「**決算**」です。財務会計は、企業の過去と現在に重点を置く活動です。

2）管理会計

　管理会計は、**企業内部**の経営者、管理者が**意思決定**と**業績管理**を行うために用いる**会計情報**を提供する役割を果たします。管理会計は、経営管理を数値化することが可能になります。また、財務会計のように、法律に基づく会計ではなく、基本的に自社の必要性に応じて行われています。

　管理会計は、主に**予算管理、原価管理**から構成されています。

　「**予算管理**」は、売上や費用などの金額目標を事業年度が始まる前に、

あらかじめ設定しておき、経営者、管理者は、その目標に対する実績比較で金額面から企業全体の諸活動を測定・分析・管理することができるようにすることです。

原価管理は、生産管理の部分でも説明したように、「標準原価計算」と「実際原価計算」「損益分岐点分析」を通じて、原価のコントロールと原価低減にかかわる一連の活動のことです。

企業の資金は、現金の受け取りと支払いを繰り返しているという意味で循環しています。管理会計をうまく行うことで、この資金の循環が途切れないように管理すれば、資金のショートや不渡りの発生、倒産に追い込まれることを避けることができます。したがって、管理会計は、企業の現在と将来に重点を置く活動でなければなりません。

3）税務会計

企業が社会的責任の1つとして納税の義務があります。税務会計は、そのための法人税や事業税を算出する役割を果たします。

❷ 財務

財務は、ファイナンス（Finance）とも呼ばれ、資金の調達と資金の運用といった企業の**将来**にかかわる機能を持っています。このような機能をマネジメントすることが**財務管理**です。財務管理の目的は、**企業価値（財務指標）**を高めることです。

財務活動の進め方は、計画と統制です。すなわち、資金の調達計画、運用計画とそれに対するコントロールです。

このような資金調達・運用にかかわる役割を担っているのは、大きい企業の場合、財務部門です。この部門の財務活動は、企業の将来の継続的成長のために、企業戦略と事業戦略を支える財務基盤を作っているという意味では、しばしば財務戦略ともいわれています。

1）資金の調達

　企業が外部から資金を調達する方法は、大きく「**直接金融**」「**間接金融**」に区分されます。

　直接金融とは、株式、社債という形で資本市場を通して投資家から直接的に調達するものです。ここでいう投資家は、個人の場合もあれば、企業、機関投資家の場合もあります。

　株式の発行は、借入金のような返済の必要性がないため、事業活動を遂行するコストとリスクの低い資金調達方法といえます。しかし、株式発行で資金を調達する場合、企業を成長させるような経営で、株主の期待に応えることが重要です。そうでなければ、株価下落を招き、企業価値を引き下げることになります。また、利益が得られた場合、一般的に利益を投資家に還元するように、配当金の支払いが生じます。

　社債は、株式会社が必要な資金を大量に集めるために、一定単位に細

図表 3-23　企業の成長ステージによる資金調達の方法

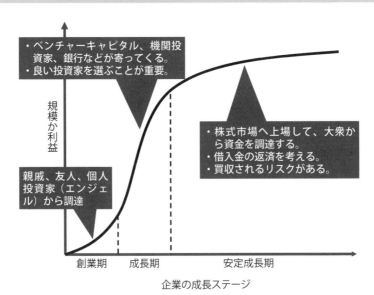

分された債券を発行して一般大衆に売り出すものです。社債は負債ですので、満期時には社債券面に表示された社債金額を償還しなければなりません。また、約定された一定の利子の支払いが発生します。

間接金融とは、借入金という形で金融機関を介して間接的に資金を調達するものです。金融機関への返済期間の長さを基準にして、長期借入金と短期借入金に分類されます。

資金調達の方法は、企業の成長段階に応じて変化するものです。その変化には絶対的なルールはありませんが、図表3-23はその成長ステージの資本調達方法の変化のイメージを表しています。

創業期企業やベンチャー企業の場合、リスクの低い直接金融を重視します。

企業が成長期に入ると、多くの投資家や銀行から積極的に投資・融資の商談を持ち込んできます。創業期も成長期も同様ですが、自社の理念とビジョンを共有できる良い投資家を選別することが大変重要です。直接金融による融資は、場合によっては諸刃の剣です。

安定的に成長するために、上場を目指す企業も現れます。また、安定成長を目指すために、財務状態（バランスシート）を改善する必要があります。

2）資金の運用

資金運用は、調達した資金を、成果を出すように資産に投資することです。

ここでいう資産とは、主に「設備資産」と「金融資産」に分けることができます。設備資産への投資は、将来の持続成長のために、企業の本業への投資です。金融資産などへの投資は、運用益を得るために、株式などへの投資です。戦略的投資の一環として考える場合もあれば、単なる財テクの場合もあります。

一般的には本業のための設備資産への投資が重視されますが、バブル経済の時代には、財テクへの投資に傾ける企業が多かったです。

3)企業価値の向上

　財務活動の目的は、適切な資金調達、資金運用による**企業価値**の向上です。

　企業価値について、立場によっては、いろいろな見方がありますが、財務で使う**企業価値**は、債権者と投資家の立場に立って見た価値です。つまり、証券市場が評価する企業の**時価総額**を意味します。それは、現時点の「企業の値段」になります。

　時価総額の着眼点は、企業の**将来価値**です。設備投資や金融投資などによって将来もっと多く利益をもたらすと債権者や投資家が期待できれば、株価の上昇をもたらし、**企業価値**を一層向上させることになります。

　次に財務諸表の種類と財務諸表の読み取り方を中心に見ていきます。

(2) 財務諸表

　財務諸表の作成は、財務会計の主要目的です。金融商品取引法に基づき、企業は、株主などのステークホルダーに財務情報を公表することを義務付けられています。

　財務諸表を読めるようになることは、経営者、株主にとって重要なことだけではなく、個人の仕事や投資にも役に立ちます。

　財務諸表は全部で5つありますが、代表的なものとして、貸借対照表、損益計算書、キャッシュフロー計算書があります。この部分ではこの3つの財務諸表を中心に見ていきます。

❶ 貸借対照表

　貸借対照表 (B/S:Balance Sheet) は、企業の一定時点における資産、負債、純資産の状態を表したものです。

　貸借対照表は、図表3-24で示したように、大きく左と右に分かれてい

ます。左側（借方）は、「資産の部」といい、資金の運用状況を金額で示しています。右側（貸方）は、「負債の部」と「純資産の部」といい、資金の調達状況を金額で示しています。左側と右側が釣り合っている関係になっていますので、以下の式になります。

総資産＝負債＋純資産

資産の部では、資産を大きく流動資産と固定資産と繰延資産に分けています。

流動資産は、短期間に現金化、費用化ができる資産を指します。期間は通常１年以内ですが、業態によっては、１年以上の場合もあります。現金、預金、受取手形、売掛金（取引で発生した未収金）、製品、材料などが含まれます。

固定資産は長期にわたって固定されている資金を指します。工場、店舗、生産設備、特許に投下した資金が含まれます。

図表 3-24　貸借対照表のイメージ図

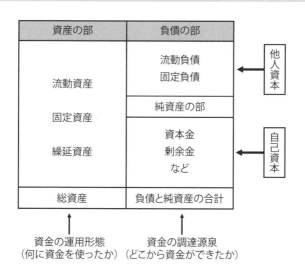

繰延資産とは、支出額を全額当期の費用と見なさず、その効果が時期以降にも繰り延べることができる資産として、数期に分けて費用とするものです。

負債は、調達した資金のうち、将来返済しなければならないもので、「他人資本」とも呼ばれます。流動負債は支払期限が１年以内のもので、１年以上ものは、固定負債になります。

純資産は、株主資本を中心に構成されています。その合計金額は、「自己資本」とも呼ばれます。

❷ 損益計算書

損益計算書（PL：Profit & Loss Statement）は、企業のある一定期間（事業年度など）の収益と費用の状態および企業の経営成績を表すものです。

図表 3-25　損益計算書のイメージ図

経常損益の部		売上高
	−	売上原価（材料費、部品費、労務費など）
	＝	売上総利益（＝粗利益。本業の業績）
	−	販売費および一般管理費（宣伝や、人件費、事務費など）
	＝	営業利益（本業の業績）
	＋	営業外収益（受取利息、配当金など）
	−	営業外費用（支払い利息など）
	＝	経常利益（経営活動の成績）
特別損益の部	＋	特別利益（非経常的利益：固定資産、事業、有価証券などの売却益）
	−	特別損失（非経常的損失：売却損、災害など）
	＝	税引き前当期純利益
	−	法人税、住民税および事業税など
	＝	当期純利益

第3章　永続企業体にするための管理の仕事（管理機能）

言い換えると、損益計算書は、図表3-25で示したように、

収益－費用 ＝ 利益（損失）

という基本的な考え方で作成した一覧表です。

　一覧表にある利益は、「売上総利益」「営業利益」「経常利益」「税引き前当期純利益」「当期純利益」という5つの段階に分けています。異なる段階の利益を示すことで、どのような活動によって利益が生じたのかを把握することができます。

　各利益の計算方法は、次のようになります。

売上高－売上原価 ＝ 売上総利益

　売上高は、商品やサービスを提供するといった企業の営業活動（本業活動）から発生する収入です。**売上原価**は、その売上高を得るために発生した原価です。**売上総利益**は、粗利益といわれ、企業の基本的な収益力を示すものです。

売上総利益－販売費及び一般管理費 ＝ 営業利益

　販売費及び一般管理費は、会社の販売活動や管理活動にかかった費用です。販売や営業にかかわる従業員の人件費、広告宣伝費、管理業務にかかわる人件費、消耗品費などがあります。**営業利益**は売上総利益とともに、企業の本業活動から生じた利益を意味します。**売上総利益**は会社の製品・商品力を、**営業利益**は会社の営業力を反映します。

営業利益＋営業外収益－営業外費用 ＝ 経常利益

　営業外収益は、本来の営業活動以外から発生した収益です。それには受取利息・受取配当金・雑収入等があります。**営業外費用**は、本業活動以外に要した費用です。それには、支払利息・雑支出等があります。経常利益

は営業力に財務力を加味した総合力を反映した利益を示します。

経常利益＋特別利益−特別損失＝税引前当期純利益

　特別利益は、本業活動以外で臨時的に発生した収益です。それには、投資有価証券や固定資産の売却益等があります。**特別損失**は、本業活動以外で臨時的に発生した費用を示します。それには、固定資産の売却損等があります。**税引前当期純利益**は、企業の最終的な税金を控除する前の利益を示します。

税引前当期純利益−法人税等＝当期純利益

　税引前当期純利益から法人税等を差し引くと、当期純利益を割り出すことができます。この当期純利益は、企業の最終的な利益です。

　たとえば、ラーメン屋なら、まずラーメンの販売価格の売上から肉や野菜などの**売上原価**を差し引いて**売上総利益**(粗利益)を知ることができます。

　そして、チラシ代、家賃などの**販売費および一般管理費**をさらに引くと、ラーメンという本業の儲けを反映する**営業利益**が得られます。営業利益を上げる方法として、売上を増やすか、原価や販売費、管理費を削減するかが考えられます。

　さらに、ラーメン屋のキッチン設備を設置したりするための借金があれば、利息の支払いも発生します。営業利益からこの利息分を差し引いたら、**経常利益**になります。

　最後に、会計年度に特別収益と特別損失がなければ、税金を除いたら、ラーメン屋の**当期純利益**になります。

　また、各数字の決算期毎の増減を比較することもできます。このように、損益計算書を眺めるだけでも、経営上の課題や、傾向などを把握することができます。

　以上から、損益計算書は、**経常損益の部**と**特別損益の部**から構成されて

いることがわかります。

「経常」損益とは「通常」の経営活動によって発生した損益を意味します。経常損益の部はさらに、本業活動かどうかによって、**営業損益の部**と**営業外損益の部**に分けています。「営業」損益とは、企業の「**本業**」活動によって発生した損益です。本業活動は、たとえば、自動車メーカーであれば、自動車の製造販売にかかわる活動のことです。店であれば、商品を仕入れて販売するといった活動のことです。

❸ キャッシュフロー計算書

資金は、企業の血液です。その血液の流れが悪くなると、人間と同じように健康に問題が起きます。資金繰りがいい状態かどうかを判断するために、キャッシュフロー計算書が用いられています。

キャッシュフロー計算書（C/F：Cash flow statement、Statement of cash flow）は、企業の一定期間における現金の流出入を示したものです。

キャッシュフロー計算書では、企業の活動を**営業活動**、**投資活動**、**財務活動**の３つに区分し、それぞれの活動から発生するキャッシュの増減や残高が把握できるようになっています。

キャッシュフロー計算書の作成は、2000年3月期から義務付けられました。それまで、財務諸表は、貸借対照表と損益計算書だけでしたが、経済バブルの崩壊という時期もあって、当時「**黒字倒産**」といわれる現象が起きました。すなわち、**損益計算書**上では黒字であっても、資金繰りの状況や会計期間の始めと終わりでキャッシュの変化はわかりません。実際に利益は出ていましたが、キャッシュが不足して企業が倒産に追い込まれたケースがありました。とくに、経営環境が激しく変化しているいまの時代では、キャッシュフロー経営が非常に重要になってきています。

図表3-26はキャッシュフロー計算書のイメージです。

図表 3-26　キャッシュフロー計算書のイメージと意味

	キャッシュフロー計算表	各項目の意味説明
A	営業活動によるキャッシュフロー	本業活動から生じた現金の流れ。通常、プラスがよい。
B	投資活動によるキャッシュフロー	企業の将来のための投資活動においての現金の流れ。通常、マイナスがよい。
C	財務活動によるキャッシュフロー	資金調達と返済による現金の流れ。通常、マイナスがよい。
D	現金および現金同等物期首残高 または 現金および預金期首残高	会計期間の始めのキャッシュ状況。
	現金および現金同等物期末残高 または 現金および預金期末残高	A＋B＋C＋Dの合計。会計期間の終わりのキャッシュ状況。

営業活動によるキャッシュフローとは、本業による収入と支出の差額を表します。つまり、商品の販売による収入と材料や商品の仕入れによる支出の差額です。

この項目の合計額を本業活動の結果として、**プラス**の場合は、本業が順調に行なわれているということになります。**マイナス**の場合は、本業で苦戦しているか、ベンチャー企業のようにまだ利益が出ていない新規の段階かを判断することができます。

いずれにしても、マイナスが続くことは危険です。

投資活動によるキャッシュフローとは、将来のための資金運用においての現金の流れを表すものです。つまり、固定資産や株、債券などの取得や売却をしたときの現金の流れです。

通常、企業は持続成長をするために、積極的に設備投資を行います。この場合、この項目の合計額は**マイナス**になることが多いです。もし企業が持っている設備や不動産、株、債券などの資産を売った金額が投資分を上

回ったりすると、**プラス**になります。プラスの場合、企業が縮小戦略を取っているという認識ができます。

　財務活動によるキャッシュフローとは、キャッシュの不足分を調達する活動においての現金の流れを表します。

　株主に配当を支払ったり、自社株買いをしたり、借金を返済したりする場合は、**マイナス**になります。逆に借入金や社債などで資金を調達すれば**プラス**になります。

　この項目はマイナスの場合、経営状況が良好の場合もあれば、経営難ですが、金融機関に返済を迫られてマイナスになる場合もあります。また、攻めの経営を進める企業は、借入金などの資金調達が多くなることで、プラスになることがあります。

　現金及び現金同等物または**現金および預金**の項目について、前者は上場会社などに適用し、後者は中小企業に適用しています。いずれにしても、この項目は、前期比でプラスになっていれば資金繰りが順調で、経営状態も良いと見ることができます。

　そして、以上の**営業活動**、**投資活動**、**財務活動**によるキャッシュフローに**期首残高**などに加え、**期末残高**を知ることができます。

(3) 財務諸表の読み取り方

❶ 財務指標と分析方法

　財務諸表を通じて、カネという視点から、企業の健康状態を診断することができます。このために、いくつかの財務指標を知る必要があります。

　以下で紹介する財務指標の分析方法は主に2種類があります。1つは、時系列で比較する分析方法です。つまり、自社の前年度や過去のデータを比較して、その変化と傾向を把握することです。もう1つは、同業他社と比較する分析方法です。つまり、競合企業の指標と比較して、自社の規模

や競争力を明確にすることです。

この部分の学習は応用になりますので、実際に上場企業の財務諸表を参考に、自ら計算しながら、学習することを勧めます。

❷ 収益性を見る指標

収益性を見ることにより企業の稼ぐ力を診断することができます。

1）財務諸表から直接読み取る方法

まず損益計算書から直感的に、「収益性の程度」「収益性の動向」「収益の構成」を見ることができます。

収益性の程度として、黒字か赤字かを確認することができます。

収益性の動向として、過去の数字と比較して、利益が増大したか減少したかを知る上、利益変化の理由を、収益の変化なのか、費用の変化なのか、その両方に影響されたかを確認することを通じて、把握できます。

収益の構成として、利益の水準や動向を決定しているのは通常の営業活動なのか、それとも異例の事態に左右されているかを確認することができます。

2）収益性の指標

収益性を見る指標として、以下がよく使われています。

- 売上高原価率
- 売上高利益率（売上高総利益率、売上高営業利益率、売上高経常利益率、売上高当期純利益率）
- ROA（総資産利益率）
- ROE（自己資本利益率）

売上高原価率は、売上高に占める売上原価の比率のことです。

売上高原価率（％）＝売上原価÷売上高×100

　この原価率が上昇しているなら、売上高に占めるコストの割合が増えているということを意味します。この指標が低いほど良いということです。
　売上高利益率は、売上高に占める各段階の利益の比率のことです。それには、売上高総利益率、売上高**営業利益**率、売上高**経常利益**率、売上高**当期純利益**率が含まれます。この指標は高いほど良いですが、「薄利多売」のビジネス・モデルを徹底している企業は、比較的に利益率を低くしています。式は次の通りです。

売上高利益率（％）＝利益÷売上高×100
↓
売上高総利益率（％）＝売上総利益÷売上高×100
売上高営業利益率（％）＝営業利益÷売上高×100
売上高経常利益率（％）＝経常利益÷売上高×100
売上高当期純利益率（％）＝当期純利益÷売上高×100

　財務分析の目的によって、この4つの指標を使い分けています。たとえば、本業の元気さを確認したい場合に、**売上高営業利益率**を利用します。
　売上高総利益率は、売上高原価率と表裏一体の関係ですので、両者の合計は100%になります。
　ROA（Return on Assets）は**総資産利益率**といい、通常、**総資産**に占める**当期純利益**の比率のことを意味します。
　ROE（Return on Equity）は、**自己資本利益率**といい、通常、**自己資本**に占める当期純利益の比率のことを意味します。
　ROAとROEを利用する場合、**当期純利益**だけではなく、ほかの利益を使う場合もありますので、比較するときに十分の注意が必要です。
　ROAは、貸借対照表の左と右はイコールの関係なので、**総資本利益率**

とも呼ばれています。総資本はつまり、負債と純資産の合計です。

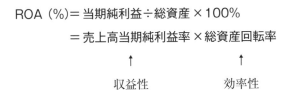

ROEの計算に使う**自己資本**は、貸借対照表の右側にある**純資産の合計**を使います。

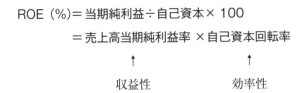

ROAとROEともに収益性だけではなく、資産や資金の利用の効率性も測ることができます。総資産回転率と自己資本回転率は後述しますが、財務の効率性を見る指標です。

ROAとROEが高いということは、持っている資産や自己資本をフルに活用して、高い利益率を実現しているということです。

ここでは省略していますが、ROEの式はさらにいろいろな分解方法があります。分解方法によって、違う側面から企業の財務状況を把握することができます。

❸ 成長性を見る指標

企業は、成長を持続させるための方法として、利益率を上げる方法と、売上高を伸ばすといった規模を拡大する方法があります。後者はつまり成長性にかかわってきます。成長性の指標として、**売上高成長率、経常利益成長率、総資産増加率**などがあります。

成長率の指標にはさまざまな種類がありますが、「それぞれの値を前期と比較して、成長性を測る」という基本的な考え方は共通しています。1つの公式を理解すれば、分析に必要な数値を変えるだけで良いのです。

売上高成長率（％）＝（当期売上高－前期売上高）÷前期売上高×100

売上高成長率で、売上高の伸びがわかります。また、他社や業界全体のデータと比較することにより、自社のシェアが拡大できたかどうかも把握することができます。

経常利益成長率（％）＝（当期経常利益－前期経常利益）÷前期経常利益×100

経常利益成長率で経常利益の増減がわかるだけではなく、売上高成長率と比べそれが高い場合、企業は良好な成長状態にあることも確認することができます。逆の場合、売上規模は拡大されたものの、収益能力が付いてきていないことになりますので、この状態が長期化すると、企業の体力が消耗される危険性があります。

総資産増加率（％）＝（当期総資産－前期総資産）÷前期総資産×100

総資産増加率は、将来のために必要な投資が増加したかを確認できる指標です。企業にとっては、成長率が高いほど良いということではなく、無理に成長を追求すると、キャッシュフローやほかのマネジメント能力がついてきません。通常の場合、売上高成長率より下回ったほうが良いと考えられています。

❹ 効率性を見る指標

効率性分析の目的は、企業活動において、投入された資産や資本を売上高や利益というアウトプットに効率的に活用されているかを測るためです。

効率性の具体的な指標には、**総資産回転率、自己資本回転率、有形固定**

資産回転率、棚卸資産回転率などが数多くありますが、一言で集約すると、資本回転率または資産回転率です。

　資本（資産）回転率の基本的な考え方は、売上高を得るために、一定期間内に資本（資産）が何回利用されたかを測ることです。回転率単位は、「回」です。次のような計算方法になります。

総資本回転率（総資産回転率）＝売上高÷総資本（総資産）

自己資本回転率＝売上高÷自己資本

有形固定資産回転率＝売上高÷有形固定資産

棚卸資産回転率＝売上高÷棚卸資産

　資本（資産）回転率は、回数が多いほどいいですが、業界や業種によってかなり異なりますので、安易な比較は避けるべきです。たとえば、一般的に、設備投資の大きいメーカーでは、有形固定資産回転率の変化がより重視されています。小売では、棚卸資産回転率の変化が注目されます。

❺ 安全性を見る指標

　財務の安全性とは、万が一の場合に、外部の債権者に対して支払能力があるかを測定するものです。企業の成長率や利益率の向上はしっかりした企業の財務上の安全性、健全性に支えられなければなりません。

　代表的な安全性の指標として、「自己資本比率」「流動比率」「固定比率」「固定長期適合率」などが挙げられます。

　自己資本比率は、総資本（総資産）に自己資本が占めている割合を示す指標です。自己資本が少ないということは、負債が多いことなので、**自己資本比率は高いほうが良いです**。

自己資本比率（％）＝自己資本（純資産）÷総資本×100

　流動比率は、1年以内に現金化できる流動資産と1年以内に返済すべき流動負債の金額を比較して、企業の短期的な支払能力を診断する指標です。

流動比率（％）＝流動資産÷流動負債×100

　この式からわかるように、資産が負債より多いほうがいいので、流動比率は高ければ高いほど企業の支払能力から見た安全性も高いということです。一般的に、1.5〜2が望ましいといわれています。
　固定比率は、固定資産と自己資本とを比較して、固定資産に投資した資金は、どれだけ自己資本でまかなっているかを見る指標です。

固定比率（％）＝固定資産÷自己資本（純資産）×100

　この式でわかるように、自己資本で多くまかなったほうがいいので、固定比率は1以下が望ましいと考えられています。
　固定長期適合率は、固定比率と似たような指標で、自己資本に長期資本をさらに加えて、固定資産に投下した資金をまかなえるかを見る指標です。

固定長期適合率（％）＝固定資産÷（固定負債＋自己資本）×100

　固定長期適合率も固定比率と同様な原理で、1以下が望ましいとされています。固定比率も、固定長期適合率も、自己資本や長期資本を超える固定資産への投資は望ましくないということです。1を超えると、巨額な借金をしてマイホームを購入しているようなイメージで、その家庭・個人の財務状態を悪化させるからです。

❻ 付加価値

　カネのマネジメントの最後に、付加価値の概念について考えていきます。

付加価値とは、企業が新たに生み出した価値を意味します。

付加価値＝売上高－外部調達費

　外部調達費とは、外部から購入する原材料、部品、外注、仕入、燃料などの費用のことです。

　付加価値には、人件費、支払利息、賃借料、光熱費、減価償却費、税金、利益などが含まれます。

　第2章と第3章において紹介したように、経営者や管理者、企業で働く人々は、企業を良くするように、それぞれは経営戦略の決定、組織の構築、グローバル展開、人的資源管理、マーケティング、生産管理、販売管理、財務管理、情報管理などの仕事や活動を実践的にこなしますが、その究極的な目的は、この**付加価値**を高めることです。

　付加価値がなければ、これだけの支払いを負担することも利益を確保することも社会に貢献することも不可能です。

　ある意味では、経営管理・マネジメントとは、企業の付加価値を高められるように工夫することと定義しても良いでしょう。

第3章　永続企業体にするための管理の仕事（管理機能）

「カネのマネジメント」のまとめ

　カネのマネジメントを通じて、企業の各活動をカネという側面から理解し、そのカネの流れをマネジメントする知識とノウハウを見てきました。紹介した内容を次に要約することができます。

- ポイント１：財務と会計・経理のそれぞれの役割が違います。
- ポイント２：財務会計と管理会計に基づく会計情報は共通していますが、それぞれの目的が違います。
- ポイント３：財務諸表の貸借対照表、損益計算書、キャッシュフロー計算書は、それぞれ企業の資産の使用状態と資本調達状態、企業の利益状況、企業の現金の流れの状態を表しています。
- ポイント４：財務諸表と財務指標を通じて、企業の収益性、効率性、安全性などを読み取ることができます。
- ポイント５：カネという視点から見た場合、企業活動と経営管理の目的は、付加価値を高めることです。

「第2章と第3章」のまとめ

　付加価値というキーワードを理解した上、改めて、第2章と第3章を見てみます。

　第2章と第3章は、実践レベルでそれぞれの立場からの経営管理の考え方、知識、知恵・ノウハウ、手法を中心に紹介しました。また、それぞれの部門の知恵・ノウハウが、経営理念、経営戦略、企業文化によって活かされ、組織の生命力になっていきます。正しい心と頭脳があって、五臓六腑の働きが互いに連携ができて、初めて真の生命力になるのと同じ原理です。

　第2章では経営活動について述べました。それは、トップ経営陣が企業のガバナンスのしくみの健全化、理念の明確化と継承、戦略の構想、組織の構築、企業文化の醸成、グローバル展開などを行うノウハウについての内容です。

　第3章では管理活動について述べました。それは、各部署の管理者および従業員が企業の理念と戦略に導かれ、ヒト、モノ、カネのマネジメントを具体的に行うノウハウについての内容です。そのうち、マーケティングと情報のマネジメントは、全社のすべての経営管理活動において機能している内容として理解することが重要です。

　トップ経営者から中間管理者、従業員に至るまで、企業が健康的に持続成長できることを共通目標にしなければなりません。この共通目標をカネという尺度で見た場合、付加価値を高めることになります。

　経営管理・マネジメントの実践レベルにおいて（第2章と第3章）、また理論研究レベルにおいて（第4章）蓄積された経営管理の知恵・ノウハウは、すべてこの付加価値を上げるためにあるといっても良いでしょう。この経営管理の知恵・ノウハウは、まだまだ発展途中にあります。

　次の第4章では、経営管理の理論的進化・変遷を追いながら、実践に役立つヒントを探っていきます。

第4章
経営管理の理論的進化

100年以上にわたり、経営管理の理論（以下、経営学といいます）は企業を永続企業にするための人間の知恵の蓄積によって、今日まで進化してきました。

本章の目的は、このような経営管理の諸理論（経営学）が、どのように生まれ、いままでどのように脈々と進化してきたかを教養として理解することです。

今まで企業成長に当たり多くの試行錯誤によって、積み重ねられた考えや知恵・工夫がありました。それらを学び、活用することで、経営管理の本質が見えるようになります。本質を理解することで、時代が変わっても、ブームが違っても、経営管理本来の目的を見失うことなく、実践において、継続的に正しい方向に新たな創意工夫を行うことができます。

# テイラーの科学的管理法から日本的生産システムへの進化

(1) 科学的管理法誕生の背景

　フレデリック・W・テイラーは、「科学的管理の父」といわれています。ジュール・H・ファヨールと並びに**経営学**の始祖的な存在です。

　テイラーは、製鉄会社の技師でした。19世紀の終わりから20世紀の始めごろの米国の生産現場において、労働者たちの組織的怠業が一般的でした。組織的怠業とは、労働者たちが企業に対抗するために意図的に、組織的に抵抗することをいいます。

　テイラーは、組織的怠業の真の原因は、当時の経営者の個人的な経験や勘に基づく管理のやり方にあると考えました。そして、管理そのものに合理的な思考を取り入れる試みを行いました。これが「科学的管理法」が生まれた背景です。

(2) 科学的管理法の内容

　テイラーは賃金問題の根底にあるのは仕事のやり方の問題、すなわちマネジメントの問題としてとらえたのです。具体的には、生産方法を科学的に改善して、労働時間当たりの生産量を増大して、それによって得た成果を科学的に配分していこうというものでした。

　科学的管理法には、**課業管理**と**職能別の組織原理**という2つの柱があります。

❶ 課業管理

　課業管理とは、作業と作業条件の標準化による管理のことです。課業管理は、「課業の設定」と「出来高給制度」の2つから成り立っています（次頁の図表4-1を参照）。

1）課業の設定

　課業の設定のステップとして、高い課業の設定と作業条件の標準化です。

　高い課業の設定とは、日々のなすべき課業を、地位の上下にかかわらず明確な形で設定し、その課業は達成するのにやさしすぎるものではいけないということです。

　しかも、その課業は、一流の工具でなければ達成できないくらいに難しいものにしています。

　テイラーは、まず1日の公平な仕事高——課業（標準作業量）を設定するのに、作業のやり方を分析し、作業を構成する要素動作に分解し、ムダな動作を省いたりして作業の方法を改善し、作業方法の標準化を図りました。

　作業条件の標準化とは、労働者が課業を達成するためには、標準化した条件と用具を与えて、課業が確実に達成できるようにしなければなりません。

　作業を行うのに必要な用具の標準化や、作業条件の標準化も行いました。こうして標準化された作業条件の下で、標準化された作業方法に従って作業を行うにはどれだけの時間をかけるべきか、作業時間の標準化を測ったのです。このような事実に基づく科学的アプローチによって、テイラーは仕事の科学化を図り、1日の公平な仕事高（課業）を設定したのです。

2）出来高給制度

　テイラーは標準作業量を設定しますと、今度は公平な1日の賃金を支給するために、**出来高給制度**を考案しました。これは、標準作業量を超えた場合には高い賃率で計算し、標準作業量を下回った場合には低い賃率を適

用して賃金を支払うものです。テイラーは、これによって賃金の支払いを公平にするとともに、生産意欲を刺激しようと考えたのです。

こうして、テイラーは、仕事の標準化による課業の設定と出来高給制度によって、1日の公平な仕事高が決められて、1日の公平な賃金が支払われ、仕事が科学的に管理されるようにしました。これが、「課業管理」といわれるものです。

テイラーは、これまで実現されてこなかったのは管理者が本来やるべきことをやってこなかったからだと考えて、こうした課業管理によって、管理者の果たすべき役割を明らかにしました。

図表 4-1 科学的管理法の内容

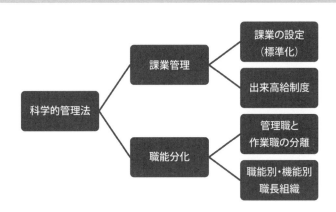

❷ 職能（機能）別の組織原理

この課業管理の概念とともに、テイラーの科学的管理法のもう1つの内容に、「職能化の組織原理」があります。これは、図表4-1にあるように、計画と実施（作業）の分離（管理職能と作業職能の区分）と機能別職長組織から成り立っています。

テイラーは、従来の成行き的管理の下では、管理者と労働者の仕事は明

確に区分されていないばかりか、仕事の多くが労働者に任されていた点に着眼して、管理者としてやるべき4大任務を明らかにしました。その4大任務とは、以下になります。

①仕事の科学の完成
②労働者の科学的選択と訓練
③労働者と心からの協力
④管理者が分担すべき職務の遂行

つまり、計画と実施（管理職能と作業職能）の区分で、それぞれがそれにふさわしい仕事を平等に分担するべきだというものです。これによって、職能分化を図ったのです。

また、本来、管理者が果たすべき職能、つまり計画職能は多種・多岐にわたっています。それを担うための職長が備えるべき要件の数も多くなっています。しかし、一人の職長がそれだけの要件を備えているはずもありません。そこで、テイラーは、この管理の職能をさらにいくつかに分けて、それぞれを、最も適する職長が分担するという考え方に至ったのです。これが**職能別職長組織**といわれるものです。

テイラーの科学的管理法の功績は、従来、成り行き的管理のままに放置されていた企業に、マネジメントの概念をもたらしたことです。そして、科学的アプローチによる課業の設定と生産意欲を刺激する出来高給制度によって課業管理を確立し、さらに、職能化の組織原理による管理職能と作業職能の区分など、生産工場レベルにおける管理システムを具体的な形で構築した点です。今日の生産管理の基本的なしくみは、この科学的管理法によって確立されました。

ここで特筆したいのは、科学的管理法の日本への普及に大きく貢献した上野陽一（産業能率短期大学の創立者）の功績です。

上野陽一は、心理学研究から産業能率、科学的管理法の研究者となり、米国からマネジメント思想と技術を導入、産業界に紹介し、経営近代化に

大きな影響を及ぼしました。さらに日本最初のマネジメント・コンサルタントとなった人物でもあります。その業績から「日本の科学的管理法の父」「能率の父」と称されています。

(3) フォード・システムの誕生

　テイラーの科学的管理法の原理を実践的に発展させたのは、フォード・システムです。それは、労働者の作業を分割・細分化し、その上で動作・時間研究を行い、ムダを排除して効率的な標準化を推し進めた上で作った生産ラインであることから確認することができます。

　一方、フォード・システムは、「低価格と高賃金」を指向したシステムともいわれています。それは、フォードの経営理念からきています。フォードの経営理念の特徴は、企業目的としての利潤動機を否定して奉仕活動を強調することにあります。フォードは、企業を、従業員には職場を提供し、大衆には有益な製品やサービスを提供する組織体として認識しています。このようなフォードの経営理念を実現するために、フォードは従業員に高賃金を支払い、それを商品（自動車）の購買力の源泉とみなし、同時に、自動車を一般大衆が買えるものにする大量生産方式を生み出したのです。これは、フォード・システムが誕生した原動力です。

　自動車の低価格は、単一車種（T型フォード）の量産化を図ることによって達成したのです。具体的には、徹底した生産の標準化と「ベルト・コンベア方式（moving assembly method）」によるもので、いまでは「ベルト・コンベア・システム」とも呼ばれています。

　フォードの生産には、次の3つの特徴が挙げられます。つまり、
- 製品の標準化
- 部品の規格化
- 作業の単純化

です。

　ベルト・コンベア方式の根底には、フォードの労働者を歩かせない、腰を曲げて作業をさせない、などといった組立ての原則があります。

　いずれにしても、この生産の標準化とベルト・コンベア方式によって、フォードは高い生産性と安いコストで大量生産を可能にし、低価格、高賃金を実現したのです。

　フォード・システムは、1914年にフォード社のハイランド・パーク工場において確立しましたが、この直後から米国自動車工場ではフォード・システムの導入運動が展開されました。米国自動車史上、この1910年代ごろから1920年代中ごろまでの約10年間がフォード・システム化の時代になりました。この高い生産方式のもとで、米国自動車工業は、生産台数で第二次世界大戦前のピークを達成しました。自動車市場が飽和市場に転化した後の動きは、「経営戦略」の部分で有名です。

（4）トヨタ生産方式からリーン生産方式へ

　トヨタ自動車工業は、1937年に設立され、当時の米国の自動車企業の生産性の10分の1しかないという現状に直視し、フォード・システムなどを研究・導入し、最終的に、フォード・システムを進化させ、世界で広く知られる「トヨタ生産方式」を生み出したのです。

　トヨタ生産方式は豊田喜一郎らが提唱していた考えを大野耐一らが1945年から1973年の間に開発したもので、『トヨタ生産方式』（大野耐一、ダイヤモンド社）の出版をきっかけに、一層世界に広く知られるようになりました。現在でもまだ進化を続けています。

　フォード・システムと比べ、トヨタ生産方式は、「ムダの排除」がその出発点と進化の基盤となっています。ジャスト・イン・タイム、平準化、かんばん方式、自働化、および現場主義（従業員による継続的な改善）が

その基本的な内容です。このような内容を、日本的生産システムのノウハウとして、第3章で学習しましたので、省略します。ここではトヨタ生産方式の外国での発展について紹介します。

トヨタ生産方式は、「リーン生産方式」という形で米国の企業に受け継がれるようになりました。1980年代の日本自動車企業の成長と米国自動車企業の衰退を背景に、「リーン生産方式（Lean Production System）」はジェームズ・P・ウォマックやダニエル・T・ジョーズらがトヨタ生産方式を研究して提唱した方式です。リーン生産方式は、1990年代に、ボーイングをはじめとした米国企業で広く普及され、2000年代に日本に逆輸入されるようになっています。この生産方式は、日本の現場では、製造現場だけではなくシステムの開発にも応用されています。

リーン生産方式とトヨタ生産方式とは、製造工程における改善とムダの排除を目的としているところが共通しています。日本流のボトムアップ型を米国式のトップダウン型に換えたのが両者の相違点です。リーン生産方式の特徴は次に要約することができます。

- 部分的改善による部分最適を避けるため、全体最適をより重視しています。つまり、トップダウン型に切り替えることで、製品および製造工程の全体にわたって、トータルコストを体系的に減らそうと考えられています。
- 現場の暗黙知のすり合わせよりも、形式知をより重視しています。日本の現場主義を取り入れながらも、知恵・ノウハウを共有しやすくするような米国流のやり方です。

日本のトヨタ生産方式を米国の企業文化の土壌に合わせた結果がリーン生産方式だったといえます。

以上のように、テイラーの科学的管理法は、人間を機械化するといった批判も受けていますが、フォード・システムから、トヨタ生産方式、リー

ン生産方式へと現代の「生産管理」「組織原理」を生み出し、「成果主義」評価制度の基礎にもなっています。今後もさまざまな形で脈々と進化していくことでしょう。

　テイラーが生産現場で科学的管理法を生み出したときとほぼ同時代に、冒頭で触れたファヨールが経営者の立場から企業全体の経営管理について考えました。彼は、『産業ならびに一般の管理』（H. ファヨール、ダイヤモンド社）において、企業における生産、販売、会計などの活動とならべて、管理活動があり、しかもそれが最も重要な活動だと指摘しました。「**管理とは、計画し、組織し、指揮し、調整し、統制するプロセスである**」というファヨールのこの定義は、未だに、PDS や PDCA の形で各分野において実践されています。第1章でも説明しましたが、この定義は、経営環境の変化に対応する経営活動よりも、経営戦略や目標が明確になった場合の管理活動に向いています。マネジメント全般の定義としては限界が見られます。

　しかし、テイラーとファヨールが、企業活動において「管理」の概念を初めて導入した功績は、とても大きなものです。

② ホーソン実験から生み出した人間関係論

(1) ホーソン実験

　テイラーの科学的管理法、ファヨールの管理論が広められているころ、ウェスタン・エレクトリック社のホーソン工場で、有名なホーソン実験（Hawthorne experiments）が行われました。この実験の仮説は、作業環境と生産性との関係を検証するものでした。しかし、最終的に、「人間関係論（human relations theory）」およびその後の「行動科学（behavioral science）」誕生の発端となりました。この実験は、1924年から1932年まで行われました。

　1924年から、ホーソン工場で、照明実験に始まって、リレー組立て作業実験、雲母はぎ作業実験、面接実験、バンク配線作業観察実験へと続きますが、そのうちの①照明実験、②リレー組立て作業実験、③面接実験の3つの実験結果について見てみます。

❶ 照明実験

　ホーソン工場では、照明の質と量が従業員の作業能率にどんな影響を及ぼすかについて、実験を通じて研究が行われました。

　実験は2つのグループについて行われました。第1のグループはテスト・グループと呼ばれ、さまざまな照明度の下で作業をしました。第2のグループをコントロール・グループと呼び、一定の照明度の下で作業を行いました。

　まず、テスト・グループは3種の照明度の下で作業を行い、照明度を次第に明るくしていく実験では、生産は予想通り上昇していきました。とこ

ろが、照明度一定のコントロール・グループにおいても、同じような生産の上昇が見られたのです。

そこで、今度はテスト・グループの照明を下げることにしてみました。ところが、驚くことに生産は一向に減少せず、むしろ上昇を示しました。コントロール・グループについても同様で、照明度とはまったく無関係に生産の上昇が認められました。

次に、照明度は一定にしながら、被験者には照明度を増加させたと思い込ませて、作業をやらせる実験を試みました。また、それとは逆に、照明度はやはり一定としながら、照明度を低下させたと思い込ませて、作業を行わせました。この2つの実験でも、生産の傾向は一向に変わることがなかったです。

実際の実験の結果では、照明度と作業能率の間には、なんの相関関係も見い出されませんでしたが、実験の仮説では、照明度の変化は、当然、作業能率になんらかの影響を与えるものと思われました。照明度と作業能率は無関係だとは予想できませんでした。

そこで、照明以外の作業条件を考察する必要があるとして、ハーバード大学の産業調査研究所に調査の継続が依頼され、G・E・メイヨーを中心として、F・J・レスリスバーガーなどの協力を得て、実験が行われることになりました。

❷ リレー組立て作業実験

第2の実験は、1927年、リレーの組立て作業について行われました。6人の女性作業員による自発的な一組のグループをつくり、ほかの労働者から分離され、さまざまな作業条件下で仕事を行わせました。

作業条件に多くの変化を与え、それと生産高との関係が研究されました。生産高は厳密に測定され、作業態度は細かく観察されました。室内温度・湿度、睡眠時間、3度の食事まで記録され、分析されました。定期的に身

体検査まで行いました。この実験は実に5年もの長い間にわたって続けられ、その調査記録は重量にして数トンにのぼったといわれています。

　実験の第2年度までは順調でした。作業条件の改善とともに作業の出来高も上昇していったからです。実験者も被験者も皆、その結果に満足していました。ところが、実験のちょっとした試みが、奇妙な結果を生むこととなりました。そして、それがやがて重大な問題発見の手がかりを与えることとなったのです。

　ある実験者の提唱で、作業条件を改悪してみたところ、意外な結果が起こりました。作業条件を悪くしたにもかかわらず、生産高は相変わらず高水準を維持できました。

　このリレーの組立て作業というのは、40個の部品から成るリレーを組み立てる作業で、平均組立て時間は1分前後でした。最初、平常の条件で1週間平均2,400個を組み立てていました。作業条件の改善で生産高は上昇しましたが、作業条件を改悪し、最初の平常の条件に戻してみたところ、生産高は1週3,000個というきわめて高い水準を維持していました。

　生産高と物理的環境上の変化との間には、なんらの相関関係も認めることができなかったのです。いろいろと検討されましたが、その結果、次のようなことが明らかとなってきました。

　実験結果は、被験者の心理状態のいかんによって、大きな影響を受けるだろうという推測でした。そこで、この実験に際しては、それを恐れて、被験者の心理的要因が実験結果に作用しないようにするため、被験者にしゃべりたいときはいつでもしゃべらせたりするなど、比較的自由な態度をとることを許しました。つまり、現場監督の仕方の変化が、実際に、生産能率を向上させる大きな原因となったことがわかりました。これによって、従業員の態度および感情という人間的要因の重要性が理解され始めたのです。

　すなわち、多くの場合、物理的作業条件の改善といったことよりは、従

業員の感情の理解のほうが大きな効果を生むということがわかってきたのです。

❸ 面接実験

　1928年から第3段階の実験として、面接実験が行われました。調査対象者は実に2万1000余名という膨大な数に達しました。この時代では、労働者に語らせ、彼らがいおうとしていることを、理解と同情を持って聞くというやり方はあまり見られませんでした。調査に当たったレスリスバーガー自身の言葉を借りていえば、新しい人事管理が、この時から始まったのです。

　初めは、個人の満足感と直接の作業環境との間には密接な関係があると考えられていましたが、それがやがて誤りだということに気づきました。その直接的作業環境に関連した事柄が、人間にとって意義を持つものとは限らないということもはっきりしました。たとえば、直接作業環境と関係のある不満をただちに解決したとしても、今度はまた、別の違った不平を持ってきます。逆に、不平を解決しなくとも、その不平はただちに解消してしまうこともしばしばありました。それは、むしろ自分が認められたという感情を持つか、持たないかにかかわるものでした。

　こうして、これらの実験の結果から、次のような結論が導き出されました。彼らは作業条件によって影響を受けるというよりも、むしろ実験に選ばれた者としての意識が、彼らの士気を高めて、このような結果が得られることになりました。そして、この士気は、公式組織（formal organization）よりも非公式組織（informal organization）によって影響を受けるものだということもわかりました。

　この結果は、やがて人間関係論（human relations theory）といわれるものへ、そして新しい人事管理へと発展していくことになります。

(2) 人間関係論の視点

これら一連の実験結果は、当初の予想とまったく違ったものでした。この予想と実験結果との違いから、メイヨーとレスリーバーガーは次の見解を発表し、人間関係論が確立しました。

❶ 人間は、「経済的成果（金銭的などの欲求）」より「社会的成果（感情などの人間的側面の欲求）」を求めるもの

人間の基本的能力は、技術的技能と社会的技能があります。産業社会の混乱（当時としては怠業による生産性が低い問題）が社会的技能の欠如のため、生じています。正常な社会の実現には社会的技能の発展が不可欠です。

被実験者たちは、改善と改悪のどちらも高い生産高を維持できたのは、自分たちは「注目されている」「選ばれている」「実験に参加している」という思いがあるからです。すなわち、作業環境より人間の意欲、人間関係という部分が能率に大きく影響したということです。

また、この感情や人間関係は、非論理的、非合理的です。そのために、自発的協働を生み出すには、管理者が人間行動の非論理的側面に着目する必要があります。

❷ 人間は、合理的理由よりは感情的理由に左右されるもの

人間の行動は人間の態度または感情を経た反応によって影響されます。その態度や感情は、本人の過去の経験や周囲の職場集団の状況によって決まるものです。この人間観を「社会人モデル」と呼んでいます。これに対し、科学的管理法の人間理解は、金銭的、能率的、合理的をベースにしています。これは「経済人モデル」と呼ばれています。

人間は連帯的、献身的、感情的に行動する「社会人」あるいは「情緒人」であって、科学的管理法が前提としたような孤立的、打算的、合理的に行

動する「経済人」ではないと認識しています。

この認識により、経営管理の前提は、「人間とは経済合理性に基づく行動、意思決定を行うものだ」というテイラーらから始まった経済人モデルの考え方から、「感情によって行動、意思決定を行うものだ」という前提に立った感情人モデル、社会人モデルへ移行したのです。また、能率を高めるには感情へのアプローチが重要だとしています。

❸ 人間は、公式組織だけではなく、非公式組織の影響も受けやすいもの

経営組織にはフォーマル組織とインフォーマル組織が存在しています。人間の感情などは、インフォーマル組織に存在します。

フォーマル組織とはルールに基づいて作られた、公にも認められた集団で、明文化された規定や制度を持っています。

インフォーマル組織とはフォーマル組織の中で、人々が社会関係を取り結ぶにつれて、相互の感情や情緒が交流し、自然発生的に生まれた集団のことです。

したがって、今までのフォーマル組織だけを重視した管理では不十分で、インフォーマル組織を重要視すべきというのが人間関係論の主張です。

(3) 人間関係論と経営学の発展

テイラーの科学的管理法が、経営者は最大の利潤、労働者は最大の収入を求めるという、金銭（経済）によって動機づけられる「経済人」の仮説の上に成り立つものとみなされています。これに対して人間関係論は、人間は単に金銭によってのみ動機づけられるのではなく、同僚や上司との関係など、人間の友情や帰属感あるいは安定感などといった人間的社会的欲求を持ち、それによってこそ動機づけられるという「社会人」の仮説に立つ

ものとして説明されています。

　上述したように、人間関係論は、人間関係や、人間の感情と生産性との関係に注目しています。当然、感情的なものは非論理的、非合理的な側面が備わっています。したがって、この非合理主義の側面はしばしば批判される的にもなっています。ドラッカーも、気難しい子供をなだめるためにシロップを与えるようなもの、幸福な労働者が能率の良い生産的労働者であるというのは誤り、人間関係と積極的な動機づけとの関係が不明瞭などと厳しく批判しています。

　しかし、いずれにしても、人間関係論は経営学の流れを変え、企業の人間的側面、社会的側面に注目を集めたのは、大きな貢献です。それにとどまることなく、ホーソン実験をきっかけに、職場という社会集団を研究の対象とする産業社会学が生まれ、社会心理学や産業心理学にも大きな影響を与えました。さらに、今日の経営学の領域においても、その後の多くの実験や実証研究に引き継がれ、それはやがて**行動科学**的アプローチとして発展していくことになります。

　実際に、人間関係論からヒントを得て、その後の経営管理において、モチベーションの研究やリーダーシップの研究、提案制度、福利厚生などの人事制度の発達、小集団活動の研究、面接法を発展させたカウンセリングの研究など、人間に焦点を当てたさまざまな分野の新しい研究が進められるようになりました。この新しい分野は「**行動科学**」といいます。

第4章 経営管理の理論的進化

3 行動科学からミクロ組織理論へ

（1）行動科学の視点と4つの人間観

　行動科学というのは、仕事の効率性と人間的側面と、個人の欲求と組織の目的・目標との融合を図る人間行動の研究です。

　図表4-2で示したように、生産性を高めるための方法として、仕事の効率性を強調する科学的管理法的考え方に、人間の感情を強調する人間関係論に偏る考え方をやめて、この両者の真ん中に立って、人間行動と生産性との関係を実証的に行う研究のことです。行動科学は、経済学、社会科学、心理学、文化人類学など、学問の領域の枠を超えてのアプローチとして、1950年代の初頭に確立された研究分野です。

図表4-2　科学的管理法と人間関係論をベースに発展してきた行動科学

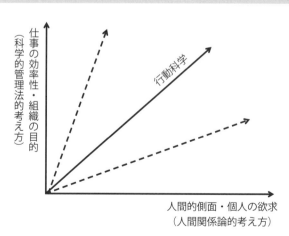

行動科学は、生産性や効率性を高める要因として、人間的要素を取り入れた点において、人間関係論の影響を受けていますが、単なる人間関係論の延長線ではありません。

　行動科学を理解するポイントの1つは、人間観です。経営管理者の管理対象に対する人間観が異なると、経営管理の方法も違うというものです。もう1つのポイントは、経営管理に必要な個人の欲求と組織の目的の統合、効率性を追求する機能と構成メンバーの動機づけを促す機能の統合を目指すところです。

　行動科学の主な内容は、自己実現に関する人間観から、動機づけ理論・モチベーション理論、集団行動理論、リーダーシップ理論、意思決定理論、組織理論まで及びます。

　まず、これまでの経営管理理論に基づく人間観について改めて見てみます。

❶ 経済人モデルと社会人モデル

　前述したように、科学的管理法による経営管理の前提は、「人間とは経済合理性に基づく行動、意思決定を行うものだ」という考え方です。これが「**経済人モデル**」と呼ばれ、差別的出来高給で、人間の生産性を高めようとしています。

　初期の人間関係論はすでに見たように人間的社会的欲求を重視し、人間相互の関係やインフォーマル組織へのアプローチを通じて、生産性を改善しようとしました。これは「**社会人モデル**」と呼ばれています。

❷ 自己実現人モデル

　初期の人間関係論が提唱したインフォーマル組織に偏るのではなく、むしろフォーマル組織とインフォーマル組織を組織一体的にとらえ、統合しなければならないという考えがその後に「行動科学」として生まれました。そこから、個人の欲求と組織目標の統合、動機づけ、集団行動、リーダー

シップなどに関する理論が多く登場してきます。

これらの理論では、初期の人間関係論が、人間を帰属や安定を重視する依存的なものととらえていたのに対し、人間は自己実現欲求を持ち、それを重視する自主的・主体的なものとみなしています。このような自律的な人間モデルは「**自己実現人モデル**」と呼ばれています。このような人間観に基づき、経営管理の方法も、給料や人間関係よりも、人間を動機づけるといった高度な動機づけの方法の研究が注目されはじめたのです。

❸ 複雑人モデル

1960年代には、人間関係論と区別して、人的資源管理論と呼ばれた理論が登場しました。この分野の研究者には、レイモンド・E・マイルズやエドガー・H・シャインが有名です。その理論の中で、経営管理者は、組織のメンバーは「十人十色であることをしっかり認識すべきだ」という考えがありました。これが「**複雑人モデル**」の提起です。

この複雑人モデルには、単なる個人の価値観の差ではなく、人生における成長段階によって、成熟度によって、動機づけ、モチベーションの要素が変わってくるという意味が含まれています。若いときにカネで自分のやる気を引き出せたかもしれませんが、仕事の意味をようやく理解できたときに、自己実現によって自分を動機づけられるかもしれません。しかし、結婚して子育てをする必要性が迫ってきたときに、金銭的報酬や人間関係的欲求に重みを感じるかもしれません。

この複雑人モデルに基づいて、動機づけやモチベーションを含む新たな人的資源管理の方法を模索する必要が出てきます。

次からは、個人の欲求と組織の目的を統合する「自己実現」の理論を紹介します。

(2) マズローの欲求5段階説

　企業で働く人々が持つ欲求と生産性との関係についての仮説は、科学的管理法では経済的欲求、初期の人間関係論では社会的欲求、また行動科学論では自己実現欲求へと変化が見られました。同時に、企業で働く人々をそれぞれ経済人または社会人または自己実現人というように、認識の変化がありました。

　この自己実現の欲求は、心理学者のA・H・マズローの欲求段階説において明らかにされたもので、この欲求理論は今日では広く受け入れられています。

　この理論によれば、欲求は人間行動の基本的な原因ですが、人間のさまざまな種類の欲求が段階的に現れます。つまり、その欲求は並列的に同時に存在するのではなく、重要度に応じ、基本的・低次元欲求からより高次元の欲求へと段階を形成しているというのです。これを**欲求5段階説**といっています。

　マズローは、人間は常に欲求を持つ、欲求の動物だといいます。ある欲求が充足されると新しい欲求がその代わりに生まれます。したがって、ある欲求は充足されても、また新しい欲求が生まれて、欲求は完全になくなるということはありません。しかし、充足された欲求は、もはや、行動の動機とはなりません。満たされていない欲求が行動の動機となるのです。

　図表4-3で示しているのは、マズローの欲求5段階説です。この欲求の段階は、まず、飢え・渇きなどといった本能ともいえる生理的欲求から始まり、安全とか秩序といった安全に対する欲求がそれに次ぎ、帰属意識に対する欲求、さらに、名声・成功・自尊心などの尊重・承認に対する欲求が生まれ、最後に、自己の能力を発揮したい、もっと困難なことに挑戦したいといった自己実現に対する欲求が生ずると考えています。

図表4-3 マズローの欲求5段階説

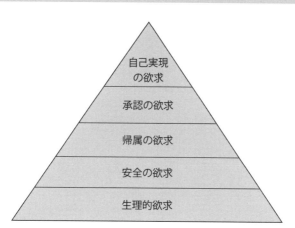

❶ 生理的欲求

階層のいちばん低い、欲求の基本が、生理的欲求です。生活していく上で満たされねばならない欲求で、たとえば、飲食、睡眠、休息や活動などがそれです。

❷ 安全の欲求

生理的欲求が満たされると、安全への欲求が起こってきます。

安全の欲求は、危険や恐怖への回避、経済的安定、未知への不安の解消といった欲求です。

❸ 帰属の欲求

生理的欲求と安全への欲求が満たされると、帰属の欲求が生まれてきます。人間は、人の集団に属し、人と交わり、人に受け入れてもらおうとします。つまり帰属感を得ようとします。これらは、社会的欲求になります。

❹ 承認（尊重）の欲求

帰属への欲求が満たされると、承認の欲求が現れます。

これは自我の欲求でもあり、自己尊重と他人からの承認の2つがあります。自己尊重とは、自信、能力、知識、独立、自由などを指します。他人からの承認とは、名声、評判、地位、承認、重要性、感情、尊重などを指します。

❺ 自己実現の欲求

承認・尊重の欲求が満たされると、自己実現の欲求を求めるようになります。

これは自分の可能性を実現しようとする欲求のことです。自己達成の欲求、自分の潜在能力を発揮しようとする欲求、自己成長の欲求ともいいます。この欲求の具体的な形は個人によって違ってきますが、いずれにしても、自分の能力を最大に実現しようとする創造的なもので、それが満たされますと、それ自体で達成感、成就感、満足感が得られるものです。

マズローは5つの欲求の関係について、

- 生理的欲求から安全の欲求、帰属の欲求、尊重の欲求、自己実現の欲求へという順番で、低い段階の欲求が充足されると、次のより高い段階の欲求へと発展する
- 低次元の欲求が満たされたとき、次の段階の高次元の欲求が顕在化して、その欲求を満たすような行動に結び付く

とまとめています。

これらの欲求の関係は、人が置かれている環境において、優先される順位としています。高次元の欲求が現れることで、低次元の欲求は消えるという意味ではありません。

(3) ハーズバーグの動機づけ理論

　行動科学を知るために、F・ハーズバーグの動機づけ理論に触れておく必要があります。彼は、

- 従業員を動機づけることができる要因と、
- 欠けていると不満が生じる衛生要因

を柱に、「動機づけ理論」を唱えています。

　ハーズバーグは、調査から次のことを発見しました。すなわち、働く人々が仕事についていろいろ不満を感じているときには、働く環境にいろいろな問題があることを意味します。逆に、人々が満足を感じているときには、仕事そのものについて満足していることを意味します。

　図表4-4で示したように、彼はそこで、仕事についての、この2つの異なった欲求を、「衛生要因」と「動機づけ要因」と名づけました。

　この**衛生要因**とは、仕事の環境にあるもので、企業の経営理念や方針または経営のあり方、管理者・監督者の管理の仕方、作業条件、あるいは職場における人間関係、給与や地位などといった処遇などを指します。

　それに対して、**動機づけ要因**とは、挑戦的な仕事、仕事の達成、仕事の

図表4-4　ハーズバーグの動機づけ要因

衛生要因（不満足要因）	動機づけ要因（満足要因）
●監督・管理の方法 ●会社の政策・方針と経営 ●労働条件 ●同僚、部下、上司との対人関係、地位、身分 ●職務の安全 ●給与 ●個人生活 ●・・・・・・	●達成感 ●達成の承認 ●仕事そのもの ●責任感 ●進歩 ●成長の可能性 ●・・・・・・

遂行についての承認、仕事を通じた成長などといったように、仕事そのものを指します。

ハーズバーグは、これまでは、作業条件とか賃金などといった不満足要因のほうを取り上げ、その改善に努めてきましたが、それだけでは、人々は決して満足をしないといいます。つまり、不満を一つひとつつぶして、不満がなくなったとして、それは果たして満足な状態といえるかと疑問視をしました。

仕事における満足とは、仕事そのものにやりがいを感じ、それに打ち込むことができ、それを達成したときに得ることのできる充足感だとしています。そして、その充足感は決して不満足要因をすべてつぶすことで得られるものではなく、仕事の与えられ方、仕事とのかかわり合い方、認められ方という、仕事自体から得られるものです。

しかし、だからといって不満足要因は無視して良いというのではなく、この不満はそれなりになくすように努めなければいけません。このような要因を**衛生要因・環境要因**ともいいます。

この衛生要因をいくら取り上げても、それだけでは決して満足は得られません。したがって、仕事の与え方、仕事とのかかわり合い方、承認といった仕事そのものを取り上げ、人々が仕事にやりがいを感じたり、それに打ち込むことができたり、あるいはその達成が認められたりするといったことを通して、充足感や満足が得られるようにすることが重要なのです。ハーズバーグは、このような要因を仕事に対しての真の動機づけをはかるものとして、「動機づけ要因」と名づけています。

この動機づけ理論は、これまで気づかなかった仕事そのものの中にある動機づけ要因に着目し、その重要性を喚起したのです。これによって、「職務充実化」または「職務拡大」といった、仕事自体への取り組み方が問題とされるようになりました。職務の充実化、職務拡大とは、仕事を細かく分解して与えたり、マニュアル通りのやり方を要求したりするのではなく、

考えながら仕事をさせる、重い責任を与える、といったマネジメントの発想です。

同様な考え方として、「内発的動機づけ（内発的モチベーション）の考えもあります（後述）。

しかし、ハーズバーグは、自らのこの動機づけ理論を、精神健康と関連づけていました。彼の説によれば、精神的に健康な人は、職務に内在的な要因に動機づけられるのに対して、精神的に健康でない人は、職務に外在的な**衛生要因**に動機づけられるといっています。すなわち、精神的に健康でない人には、職場の物理環境や、対人環境などの整備が重要だ、というように理解することができます。近年、とくに精神的健康でない方々の雇用拡大は、政府の政策として企業に求めています。ハーズバーグのこういった考えは、何かの示唆になるかもしれません。

（4）マグレガーのX理論・Y理論

D・マグレガーは、行動科学の立場に立ち、個人の欲求と組織の目標の統合を説く統合理論を唱える一人です。マグレガーは、これまでのマネジメントのあり方が、人間に対する見方に由来すると考えています。すなわち、マネジメントの方法は、人間観、人間に対する理解と関係しています。出席を取る、タイムカードでの出勤管理をする、といった管理方法と、ノルマもなく、自分で考えて仕事をするような管理方法の裏には、人間に対する理解の相違があります。

マグレガーの理論は、上述のマズローの欲求5段階理論、ハーズバーグの動機づけ理論を土台にしています。そこで、自己実現の重要性に着目し、従来の伝統的な管理による人間を依存的ととらえる「**X理論**」に対し、人間は仕事を通じ自己実現を求める主体的な存在と見る「**Y理論**」を唱えて、新しい管理のあり方を主張しています。

X理論・Y理論は、この人間観とそれに相応するマネジメント方法の違いに基づく理論です。

　X理論では、普通の人間は生来仕事が嫌いで、できれば仕事はしたくないので、強制や統制、あるいは命令などがなければ組織目標の達成のために十分な力を出さないという人間観を持っています。このような人間観に立ったマネジメントの方法として、命令、強制、あるいは統制、賞罰といったやり方が有効的だと思われています。

　Y理論では、むしろ、仕事をすることは、人間の本性で、自分が進んで身をゆだねた目標には自らを駆り立てて働くという人間観を持っています。このような人間観に立ったマネジメントの方法として、厳しい統制などは、最良の手段でなくなります。人は自ら身をゆだねた目標のためには、それを達成しようと努めるものです。組織目標の達成に打ち込むかどうかは、その達成によって、自己実現の欲求の満足といった、最も重要な報酬が得られるかどうかにかかっています。

　普通の人間は、自ら進んで責任を取ろうとしますし、問題解決のために想像力を働かせ創意工夫を凝らす能力を持っていますが、現代の企業では、通常、従業員の知的能力のほんの一部しか生かしていないというのです。

　このようにマグレガーはY理論で、今までの人間観と違って、人々は自己実現の努力をするもので、能動的で独立した状態を好み、全体的関心、長期的展望を持ち、多様な行動様式を持って自意識がはっきりしていると考えています。

　また、X理論のマネジメントの原則は、アメとムチといわれている権限行使による命令・統制ですが、Y理論の原則は個人の欲求と組織の目標の統合を促進することであり、従業員が企業の目標に向かって努力することで、自身も自己の目標を最大に達成できる環境を作り出すことだというのです。そして、この統合とそれに基づく自己統制によって、企業はより効果的に目標を達成することができると主張しています。

マグレガーは、Y理論に基づく目標・責任による管理を提唱しています。それは、職務拡大、目標設定への参画、自己統制などを内容とする管理方法です。

マグレガーは、マズローやハーズバーグの影響を強く受けているといわれています。図表4-5は、欲求の5段階説と動機づけ理論と比較した内容をまとめた図解になります。

この理論は、マネジメントのあり方や方法の裏に、異なる人間理解、人間観が影響していることを明確に教えてくれています。また、組織で働く人間に動機づけるためのマネジメントのあり方の方向性を示してくれました。

テイラーの科学的管理法は、経営者は低コスト、労働者は最大の賃金を望むといったように、経済的動機を最大のものとして、「**経済人**」の仮説に立つものとされます。また、人間関係論は、人間は友情や帰属感などといった人間的・社会的欲求を持ち、それによって動機づけられるという「**社会人**」の仮説に立つとされます。これらに対し、マズローやマグレガー

図表 4-5　マグレガーのX理論Y理論と欲求5段階説と動機づけ理論

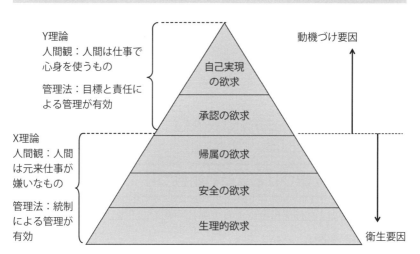

らの行動科学的アプローチを取る立場では、人間は自己実現の欲求を持ち、それによって動機づけられる自主的・主体的な「**自己実現人**」とみなされます。

人間の行動の動機は、このように人間が内に持っているいろいろな欲求から生まれますが、自己実現の欲求は、自分の能力を試したい、困難なことに挑戦したいという欲求ですから、仕事に立ち向かうときの意欲の強さにおいて、ほかのどの欲求を動機とする場合よりも勝っています。また、これが充足されると、それ自体で達成感、充実感が得られるという点でも、ほかの欲求とは著しく異なっています。したがって、自己実現欲求こそが、まさに組織の求める欲求といえます。

この自己実現の欲求は、さらに新たな自己実現の欲求を生み出すという性質を持っています。完全な人間というのがありえない以上、人間は潜在的には絶えず自己実現の欲求を持ち続け、機会を得さえすれば、それは動機となって行動に結び付いていくのです。

注目したいのは、マグレガーは、もし、人々が本来持つべき自己実現の欲求を持っていないとすれば、それは、**そうした企業風土を作った経営者や管理者が悪い**と見るべきだとしています。言い換えれば、経営者や管理者は人々が本来持つ自己実現の欲求を引き出し、その達成に手を貸すべきで、その結果が組織目標の達成につながるようにしなければなりません。

もちろん、こうしたX理論、Y理論に対して批判もあります。事実、一人の人間は成長段階によって、X理論の人間観にも合っているし、Y理論の人間理解にも合っている可能性が大きいのです。

(5) 内発的動機づけと外発的動機づけ

人の「やる気」を外部環境によって起こされることを、「**外発的動機づけ**」または「**外的報酬**」といいます。

外発的動機づけとして、組織からの昇給、ボーナスなどの金銭的報酬、昇進、表彰、人からの承認、受容などを目当てに頑張る姿（状態）が考えられます。「科学的管理法」の出来高給で報酬を与える方法や成果主義はその代表例です。

現在の職場を見渡しても、給料や報酬といった**外発的動機づけ**に重みを置く経営管理スタイルは随時見られます。

それに対して、自分自身の内的な要因によって「やる気」が引き起こされることを「**内発的動機づけ**」または「**内的報酬**」といいます。

内発的動機づけとして、達成感、成長感、有能感、仕事それ自体の楽しみ、自己実現などによって、人が熱中している姿（状態）が考えられています。ハーズバーグらが提唱した「職務拡大」のように、人間を単純作業から解放し、裁量権や権限を与え、企業の意思決定や問題解決に参加させる「参画型マネジメント」は**内発的動機づけ**に当たります。

この意味では、「内発的動機づけ」の考えは、マズローや、ハーズバーグらの研究とは大きな違いはないと理解することができます。

「内発的動機づけ」のような行動科学の先行研究をうまく要約したのは、ダニエル・ピンクの『モチベーション3.0』（講談社、2010年）といえます。彼は、モチベーションを、人間を動かすOS（基本ソフト）のようなものにたとえ、「モチベーション1.0」と「モチベーション2.0」から、「モチベーション3.0」へバージョンアップする必要があると強調しました。この3バージョンの「モチベーション」を、人を動機づける方法として、「モチベーション1.0」は、人間の生理的・生存的欲求によるもので、「モチベーション2.0」は、アメとムチに駆り立てられる外発的動機づけで、「モチベーション3.0」は、内面から湧き出る内発的動機づけのことです。

内発的動機づけという**モチベーション3.0**の基本的な考えは、1970年代のデシらの「金銭的な外的報酬を提示することで、内発的動機づけを低下させる」という実証結果と結論をベースに、「**自律性**」「**マスタリー（熟達）**」

「目的」という3要素から構成されています。

「自律性」は、デシが主張した「自己決定感」と同じ意味です。監督・管理・指示される中で従うのではなく、貢献・参加するということを意味します。

この積極的な意志による貢献や参加が、「マスタリー（熟達）」を可能にしますので、マスタリーは、何か価値のあることを上達させたいという欲求を意味します。しかし、ダニエル・ピンクは、社員のエンゲージメントとマスタリーへの関心度が低い、というのは現実だとも指摘しています。エンゲージメントは、自発的な企業への愛着心、忠誠心のようなもので、通常、それを高めることは、組織開発の目標になっています。

ドラッカーも、「忠誠心を買うことはできない。忠誠心は獲得すべきものである。金の力で引き留めようとすれば、引き留められた者が誘惑に対する自らの弱さを会社のせいにするだけである」と、いわゆる外的報酬の限界と弊害を指摘しています。

そして、3番目の「目的」について、彼は、「マスタリーを目指す自律的な人々は、非常に高い成果を上げる。だが、高邁な『目的』のためにそれを実行する人々は、さらに多くを達成できる」、「『モチベーション2.0』は、人間の重要な部分（高邁な目的を追求しようとする部分）をないがしろにしている」と述べています。ダニエル・ピンクによれば、この高邁な目的とは、「自らの欲求を、自分以外の『より大きな目的』に結びつけるものだ」ということです。

ダニエル・ピンクは、外的報酬の弊害を指摘しながら、外発的動機づけを全面否定したわけではありません。外的報酬を思いがけないご褒美として適切な形式とタイミングで使うことも提案しています。

注意すべきところは、この外発的動機づけと内発的動機づけについての理解です。この研究によって、肉体労働者にはアメとムチの外的報酬が適し、専門性の高い・創造力を要する知的労働者には内的報酬が適しているというような見方が一般的になっていますが、この点についてはやや議論

の余地があるように感じます。

　仕事の種類によって外的報酬または内的報酬を使い分けるよりも、すべての人間に対して、内的報酬が主、外的報酬が助という組み合わせが理想だと考えたほうが妥当なのかもしれません。

　たとえば、ねじを回すという単純作業を担当する作業者がいるとします。その作業者は、作業そのものに意欲を持っていなくても、外的報酬を得るために、仕事を持続できるかもしれません。しかし、彼も、「この作業をより短時間にするために、新しい作業方法を考えて提案してください」といわれましたら、作業そのものに対する「やる気」が自発的に湧き出る可能性が高いのです。もしかしたら、作業をするときにも、歩くときにも、ご飯を食べるときにも、寝るときにも、どうすればいいかをずっと考えているかもしれません。最終的に、この内発的なやる気によって、作業方法や道具、機械に対して、良い改善案が生み出されるかもしれません。作業員には、創造力が要らないというような極端な考えに陥らないことが重要です。

　以上は自己実現人モデルという人間観を出発点として、個人の欲求と組織の目標をどう統合するかを主要理論として、行動科学を紹介しました。これらの理論を通じて、経営者・管理者の仕事はある意味で、人間の自己実現や内発的やる気といった積極的な動機を引き出せる、いわゆる「内発的な動機づけ」ができる環境を作ることができるかもしれません。

　成果主義は単純に「経済人モデル」の人間理解の立場に立って導入するならば、このような自己実現の欲求を引き出す職場づくりは到底できないと考えられます。

　人は何によって動機づけられるかは、人それぞれの立場や、そのときどきの状況によって変わってきますし、その強弱の程度は相対的なものです。エドガー・H・シェインのいうように、人間は「複雑人」でもあります。

しかし、私たちは、ある意味で、人生の中で、なるべき早く高次元の欲求を持てるように努力しています。

誰もが、早いうちに自分の使命と役割を見つけ出し、そのために精を尽くしたいと考えます。出席カードや成績のために学校に行って勉強する、タイムカードや給与のために会社で働くというレベルの自分に満足していないはずです。

人をマネジメントする方法は、生計や成長の成熟度によって異なってもいいかもしれませんが、その高次元への成長を助ける経営管理を絶えず工夫することは、親や、教員、経営管理者、リーダーの本来の役割になっているはずです。

第4章 経営管理の理論的進化

バーナードの組織論

(1) バーナードとその考え方

　組織論といえば、バーナードだ、というくらい組織論において名の知られている人物です。

　チェスター・バーナードは,テイラーやファヨールと同じく経営の第一線で活躍した経営者です。彼が、自らの実務経験に基づいて、組織と個人のあり方、管理とリーダーシップのあり方などについてまとめたのが名著『経営者の役割』（C・I・バーナード、ダイヤモンド社）です。

　それまで見てきた経営管理論は、テイラーらのように仕事の効率性を重視し、業務をいかに効率的に行うか、という点を経営管理のテーマに置いていました。一方、人間関係論は、人間の活動を感情に左右されるものとして、とくに重視しました。

　どちらの経営管理論も、現実にある実践的な課題に対処するにはそれなりに役立ちましたが、現実の企業組織を理解するためには、ある程度の偏りを持っていました。

　バーナードは自分の実務的経験から、現実の組織とは、人間の活動とはそういったどちらかに偏ったものではなく、「ある目的を果たすために、各個人が参画する協働的なシステム」だ、と考えました。バーナードは、マネジメントまたは経営管理という言葉は、一般に、「人々を通して、あることをなさしめること」と定義しています。

(2) 協働システムにするための組織の3要素

バーナードの理論は難しいですが、組織の定義と組織の3要素は大変有名で、ほとんどの経営学の教科書に登場してきます。これらの概念は組織の本質に触れているからです。

バーナードは、組織を、「意識的に調整された2人またはそれ以上の人々の活動や諸力のシステム」として定義しています。

個人が、自分の物理的能力や生物的能力に限界があることから、ある目的を達成できない場合には、ほかの人々と協働することによって、その限界を克服しようとします。そこで組織という協働システムを作りあげていきます。

組織の本質は協働システムです。この協働システムには、必ず、全体の目的とともに、いくつかの中間目的を立てる必要があります。これらの目的がうまく組み合わされたときに、全体の目的が達成できるのです。

この考えは、後のサイモン（手段目標分析）やドラッカー（自己管理による目標管理）などによって、継承されています。

それでは、協働システムとしての組織にとって重要な要素は何かについ

図表4-6　バーナードの組織の3要素

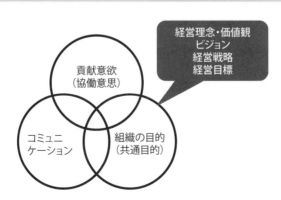

て見てみます。

それは**組織の目的**（共通目的）、**貢献意欲**（協働意思）、**コミュニケーション**の3つの要素です（図表4-6を参照）。

❶ 組織の目的（共通目的）

協働システムとして組織は、目的があって成り立つものです。この目的は、全体の目的といくつかの分解される中間の目的から構成されます。全体の目的について、バーナードは、価値と目的という言葉で表現していましたが、いまの言葉でいいますと、経営理念・コア・バリュー、ミッション・ビジョン、経営戦略、経営目標のようなものです。中間目的は、各専門部署の達成目標になります。両者の有機的なつながりが重要です。それによって組織の有効性が決まってくるからです。

また、目的ははっきりと組織のメンバーに共有できるようなものでなければなりません。

この考えは、今の目標管理の基礎になっています。

❷ 貢献意欲（協働意思）

協働システムとして、各メンバーがこのシステムになんらかの貢献をしようという意欲を持っていなくてはなりません。それがあってはじめて、個人の活動が組織の目的にうまくつながります。この貢献意欲は、組織が個人に提供する報酬や、昇進といった誘因によって高められます。もし、個人と組織の目的が異なると、貢献意欲がマイナスに働きます。そのときは、説得などの方法によって個人の欲求を変える、ということがあります。いま、企業が行っている**組織開発**は、その役割を果たします。

組織が個人に参画を呼びかけるのは、その人の貢献が組織にとってプラスだとみなしたからです。もし、貢献が期待と違ったり、期待以下になったりするならば、その個人を組織内にとどめておく必要はなくなります。

一方、個人が組織のメンバーになっているということは、「誘因と貢献とが均衡している状態」といいます。

❸ コミュニケーション

組織において各個人が行う活動が、協働システムとして効果的に組み合わされるためには、うまく調整されなければなりません。そのためには、メンバー同士がうまくコミュニケーションをとり合わなければなりません。

いま、多くの企業が実践されているクロース・ファンクションや、マトリクス組織、プロジェクト制組織はこの考えに基づくものです。

このように、貢献意欲と目的とコミュニケーションは良い組織の条件として理解することができます。この3つの要素・条件は同時に相互作用しながら働くことが重要です。企業は経営理念やビジョンなどを、効果的なコミュニケーションによって、全社員が共有し、個人への貢献誘因を加え、そこから生まれる貢献意欲が組織を動かします。

いまでもこの考えは、組織原理としての意義があります。

「知識創造」理論と
ナレッジマネジメント

(1)「知識創造」理論

　ミクロ組織論において、とくに「知識創造(ナレッジマネジメント)」や「学習組織」「企業文化」などが注目されています。

　野中と竹内の『知識創造企業』(野中郁次郎、竹内弘高、東洋経済新報社)は世界から多くの賞賛を受け、組織研究における「知識創造」並びに「ナレッジマネジメント」理論を生み出しました。野中らは、経営学分野において、世界から知られる数少ない日本人学者としても注目されています。

　野中らは、1970～80年代に躍進する日本企業が成功した理由を、その知識のマネジメントにあると独自の理論体系を構築しました。すなわち、欧米企業と日本企業では、知識の作り方と使い方が異なるという点に注目し、日本企業の成功要因を解き明かしています。

　野中らは、知識創造理論のキーワードとして、暗黙知と形式知を用いています。暗黙知と形式知は、知識の分類としてミシェル・ポランニによって提唱されている概念です。暗黙知は、個人知、形にしにくい知として、形式知は、系統的・科学的なものとして理解されています。

　野中らの知識創造理論のポイントを見てみましょう。

❶ 知識創造は、企業の競争力の源泉

　企業が連続的にイノベーション(革新)を起こすために、組織内の個人がイノベーションの種を創り出さなければなりません。その種とは、知識を、組織全体で、製品やサービス、業務システムに活用していく組織力です。

すなわち、企業は、個人個人によって知識が創造され、そして、実際の商品開発や日常業務の中で応用していけるようなしくみを持つことで、連続的にイノベーションが起こり、成長し続けるのです。

したがって、知識創造は、イノベーションにつながるので、企業にとって最も意義のある中核的能力です。創り出された知識が企業の競争優位を保つ源泉となります。絶えず新しい知識を創造し、新技術や新製品を世に送り出すような企業を、「知識創造企業（Knowledge Creating Company）」と野中らは名付けています。

❷ 欧米企業と日本企業の知識創造プロセスは異なる

西洋では形式知、東洋では暗黙知の文化を重視する傾向があるという視点は、野中らの出発点になっています。

西洋的な知識が一個人によって創造されるのに対して、日本では知識が組織メンバー同士の交流の中で作り上げられる傾向があります。日本企業の競争力の源泉は、組織のメンバーが持っている暗黙知と形式知をうまくダイナミックに連動させるような知識創造型経営をしているところにあります。

この連動によって、メンバーが共有できる組織知が蓄積されていきます。この組織知には、職人の親方から弟子に伝承されるノウハウのように、マニュアルに明文化できるものもあれば、合宿や飲み会などの「場」を通じて、個人のノウハウや暗黙知の共有、暗黙知の形式知化を促せるものもあります。

いわば、欧米企業の知識創造は個人的で、競争的で、日本的な知識創造は、暗黙知・個人知の共有化によるものです。

❸ 個人知を組織知にするプロセス—SECI モデル

暗黙知と形式知は、相互補完的な存在であるため、成功を収めている日本企業は暗黙知を形式知に変換することができ、個人が獲得した知識は、社員で共有できる組織的知識、すなわち、組織知となり、形式知は個人に

よって暗黙知に変換されます。この形式知と暗黙知の相互作用は**「知識変換」**と呼ばれ、暗黙知と形式知のダイナミックな連動を次の4つのステージで構成する「知識転換のプロセス」として、SECIモデルにまとめられています。

- 共同化（Socialization）：共体験を通じて他人の持つ暗黙知を獲得するプロセス
- 表出化（Externalization）：グループの対話を通じて暗黙知を明確な言語として表現するプロセス
- 連結化（Combination）：分散した形式知を統合して新たな形式知を創造し、組織内に普及させるプロセス
- 内面化（Internalization）：行動による学習を通して形式知を個人に覚えるプロセス

また、図表4-7で示したように、このモデルは、暗黙知を企業全体に「増幅」しながら、知識創造の螺旋状の循環を生み出すメカニズムになっています。

図表4-7　知識転換のプロセス―SECIモデル

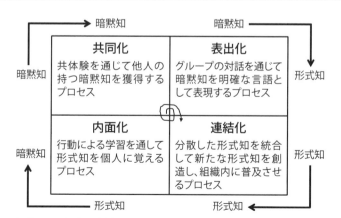

出所：野中郁次郎著『知識創造の経営』日本経済新聞社より

このモデルの4つのモードの繰り返しは、知識の活用と新たな工夫・探求の繰り返しとみなすこともできます。これによって、増幅効果をもたらし、企業は知識を創造することになります。

　野中らは、次の増幅効果をケーススタディで実証を行いました。その増幅効果によって、

- 各部門の知識が組織知として他部門への移転
- ある分野で開発された技術は、組織知として別の分野への活用
- 国際ビジネスを行うときに、文化の摩擦を回避しながら、効果的な知識創造とイノベーション

を行うことができます。

(2) ナレッジマネジメント

❶ ナレッジマネジメントの概念

　いま、野中らの著書に挙げている一部の日本企業は輝きを失っています。持続的知識を創造するためには、持続できる制度づくりと企業文化の組み合わせが課題なのかもしれません。

　しかし、この知識創造理論のおかげで、世界から「ナレッジマネジメント」に注目されるようになりました。

　ナレッジマネジメントとは、個人の知識や知恵（暗黙知）を、いかに形式知に変え、最終的に組織知として企業に蓄積し、企業の価値創造に活用できるかという考え方です。つまり、個々の知恵・ノウハウをどのように企業にとどめるかについての概念です。

❷ ナレッジマネジメントの必要性

　カリスマ営業パーソンやエリートは、企業に素晴らしい業績をもたらすかもしれません。しかし、組織の文化や制度次第で、また、彼らの知識も、

ノウハウも、知恵も、技術も、企業にとどまることができない場合があります。他社の引き抜きがあれば、彼らの持っている暗黙知は組織知になることなく、企業から消えてしまうのです。

また、個人が持つ暗黙知を組織知に変え、企業に価値をもたらすイノベーションにつながることも企業を持続するための課題になっています。

ナレッジマネジメントは、まさにこのような経営課題を解決するための鍵となります。

ドラッカーによれば、伝統的な資本主義経済では、「ヒト」「モノ」「カネ」が価値創造の資源と考えられましたが、われわれがすでに経験しつつある「知識社会」では、**知識が価値創造の源泉として最も有力な資源**となり、**知識の創造と活用が、企業の持続的成長の決定要因**となる、と野中らはしています。

❸ 実際の取り組み

多くの企業は、このナレッジマネジメントについて、さまざまな取り組みをしています。

日本企業の多くは、バブル崩壊後に、リストラや成果主義の採用を行うようになりました。その過程において、野中が称賛した日本企業の知識創造風土がなくなり、個人知識の共有化がなかなかできないという問題が発生しています。たとえば、成果主義によって、先輩から後輩に教える文化が薄れ、知識の伝承が難しくなっていく傾向があります。このようなことを危惧して、成果主義をやめる日本企業もあります。また、同様に、評価基準に、どれくらい部下を育成したかといった知識貢献による評価指標を設ける企業も見られます。

当然ながら、情報システムの整備もナレッジマネジメントを支援しています。たとえば、グループ内における形式知／暗黙知の伝達と共有を促進するようなグループウェア、意思決定を支援するような知的情報検索・管

理システムなどです。

　また、組織の枠を超えた情報共有や知識の吸収も進んでいます。トヨタグループのような、持続的な個の知恵・ノウハウの全社共有、アマゾン社のような、顧客による商品のレビューの投稿、中国小米科技のような、顧客の開発への参加、P&G、ハイアールのような、技術の外部募集などが挙げられます。これからも、職業を超え、組織を超え、国境を越え、知識の創造がダイナミックに行われるようになるでしょう。

　知識の創造やナレッジマネジメントを昔から行っている企業は、日本にはいまだにたくさんあります。提案制度などは良い例です。詳しくは、第5章に述べる日本企業の持続力と日本的経営の神髄の部分を参考できます。

第4章　経営管理の理論的進化

リーダーシップの理論

(1) リーダーシップの意味

　広い意味で、リーダーシップは、組織や他人に影響を及ぼす力と理解することができます。ここでは、企業という組織においてのリーダーシップに絞って考えます。

　企業は複数の人間の協働によって成立しますが、協働活動に参加する個人は、本来、それぞれに異なる目的や能力を持ち、自由に行動する個性的存在です。

　企業の中で、このような個人の行動を、企業の目的達成に方向づけたりする役割が期待されます。この役割を果たすのは、リーダーです。

　この場合のリーダーシップというのは、リーダーとしての行動が、企業組織や他人に影響を及ぼす指導力、統率力、影響力などを意味します。

　わかりやすくいいますと、リーダーシップ＝ビジョンを構築する能力×そのビジョンを他人の頭に移して、信じ込ませて、一緒に協力してもらう能力です。

　経営学で注目するリーダーシップの研究は、実に広いです。東洋の「帝王学」から、西洋の「君主論」までの古典もありますし、近代、現代では、資質論的アプローチから、行動科学的アプローチを経て、コンティンジェンシー・リーダーシップ論（＝条件適応リーダーシップ論）、変革型リーダーシップ論、リーダーシップの開発に至り、いまだに進化しています。

　いずれのリーダーシップ理論も、管理の知識や技法を具体的に活用するプロセスにおいて、グループメンバーに効果的な影響を及ぼし、仕事を方向づけ、個人の動機づけを行い、創造性を引き出すといった、「リーダー

の行動的側面」を主要な研究対象としています。

次からは、行動科学的アプローチ、コンティンジェンシー・リーダーシップ論、変革型リーダーシップ論を概説します。

(2) 行動科学的アプローチ

卓越した資質を持たなくても、管理者はリーダーとしての機能を果たさなければなりません。その際、どのようなリーダーシップのスタイルをとれば、部下に効果的な影響を及ぼすことができるかという観点から、リーダーシップ・スタイルが開発されました。

行動科学的アプローチは、前述した通り、仕事の業績・効率化と人間への関心を、バランス良く融合的に考えるのがポイントです。このポイントに注目すれば、以下に登場する理論は、非常にわかりやすくなります。

❶ ブレークとムートンの「マネジリアル・グリッド」

R・ブレークとJ・ムートンは、リーダーの業績に対する関心を横軸に、人間に対する関心を縦軸にとり、図表4-8のような「マネジリアル・グリッド」というマトリクスによるリーダーシップをパターン化しました。

この研究は、リーダーの「業績」と「人間」に対する関心の高さを1から9の水準にランク付け、2つの価値基準の交差する水準によって、「1・1型（無関心型）」、「1・9型（仲よし型＝カントリー・クラブ型）」「9・1型（業績中心型＝権威―服従型）」「5・5型（妥協型）」、「9・9型（問題解決型＝チーム・マネジメント型）」の5つをパターン化し、その有効性を検討したものです。

結論をいえば、業績と人間ともに高い関心を示す9・9型リーダーが本質的な問題解決を行う理想型として位置づけられています。

図表 4-8 ブレークとムートンの「マネジリアル・グリッド」

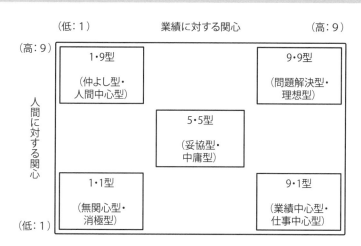

❷ 三隅二不二の PM 理論

PM 理論は、三隅二不二によって提唱されたリーダーシップ理論です。PM 理論は、2 つの内容で構成されています：

1 つは、リーダーシップを P：Performance「目標達成能力」と M：Maintenance「集団維持能力」の 2 つの能力要素で構成されるとしています。「目標達成能力」は、目標設定や計画立案、メンバーへの指示などという業務遂行能力です。「集団維持能力」は、コンフリクトを解消し、メンバー間の人間関係を良好に保つ能力を意味します。

2 つ目はこの 2 つの能力の大きさによって、PM 型、Pm 型、pM 型、pm 型という 4 つのリーダーシップタイプを提示し、P と M がともに高い状態（PM 型）のリーダーシップが望ましいとしています。

したがって、PM 理論は、生産性とメンバーの満足度の両方からリーダーの能力を図る理論です（図表 4-9 を参照）。

PM 型：成果も、メンバーのチームワーク力も高められるリーダーです。
Pm 型：目標を明確に示し、成果をあげるが、集団をまとめる力が高くな

図表 4-9 PM 理論

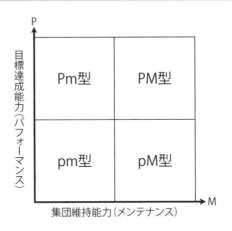

いリーダーです。

pM 型：集団をまとめる力はあるが、成果をあげる力が高くないリーダーです。

pm 型：成果をあげる力も、集団をまとめる力も弱いタイプで、このようなタイプの人は、リーダーシップ力を持っていないので、リーダーには向いていません。

　以上のように、多くの研究者がさまざまなリーダーシップ・スタイルを提案し、その有効性を吟味していますが、究極的には「仕事」と「人間」の２要素ないしは業績と動機づけの２次元によるスタイル分析であり、いずれにしてもその両者をともに達成することが、有効なリーダーシップのあり方だ、と結論づけています。

(3) コンティンジェンシー・リーダーシップ論＝条件適応リーダーシップ論

❶ コンティンジェンシー・リーダーシップ論の基本的考え方

　コンティンジェンシー・リーダーシップ論も行動科学の範疇です。したがって、この理論は、「仕事志向」と「人間志向」から出発している点と、実証的に研究を行っている点は、ほかの行動科学の理論研究と共通しています。違うのは、リーダーの行動に影響を与える異なる状況の設定があるというところです。

　コンティンジェンシー・リーダーシップ論の考えによれば、リーダーシップ・スタイルの有効性は普遍的に決まるものではなく、それが条件・状況に適合しているかどうかによって決まる、というのです。

　優れた開発部門のマネジャー、あるいは、優秀な販売業績をあげたリーダーがほかの管理部門のリーダーになったときに、期待できるほどの能力を発揮できない場合があります。なぜならば、いままでのリーダーシップ・スタイルが配置転換後の職場に合っていない可能性があるからです。

❷ フィドラーのリーダーシップのコンティンジェンシー・モデル

　F・D・フィドラーは、リーダーシップの有効性は次の状況と関係すると主張しています。その状況とは、図表4-10で示したように、「リーダーが行動する状況の好意性＝リーダーが影響力を発揮しやすい状況」「組織自体の職務の明確化」「リーダー自身の持つパーソナリティ（権限の強さ、カリスマ性）」の高さになっています。簡単にいうと、リーダーシップへの影響が最も大きいのは、リーダーとフォロワーの関係です。

　さらに、フィドラーは、これらの状況を、リーダーにとって、有利と不利と中間に分けて、業績志向と、人間志向のどちらのタイプのリーダーシップが集団の業績をあげるのに有効なのかを観察し、実証しました。

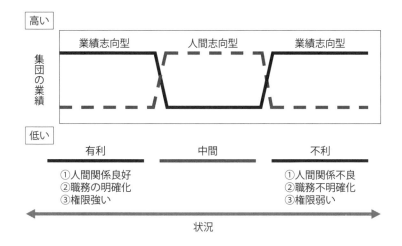

図表 4-10　フィドラーのリーダーシップのコンティンジェンシー・モデル

　両者の関係が「極めて望ましい」状況下、また、その逆の「良好ではない」場合には、**業績志向型リーダー**がより高い有効性を発揮します。その関係が中間の状況では、**人間関係志向型リーダー**がより高い有効性を発揮するというものです。

　優れたリーダーシップとは、一定の理想的スタイルを体得することではなく、そのリーダーの置かれた環境特性を十分に理解し、状況に適合した管理スタイルを選択する能力だといえます。

　また、フィドラーの結論は、西洋人だけを対象にしながらも、長年かけた綿密なデータに基づく調査結果です。東洋の組織にも適応できるかという実証はないのですが、どのようにチーム・集団で高い業績をあげるかを考えるときに、この理論はヒントとしての参考価値はあります。

(4) 変革型リーダーシップ論

　時代の要請で、変革型リーダーシップ理論は、潮流の1つとして、1980

年代以降に大きく広がってきました。ジョン・P・コッターは、『21世紀の経営リーダーシップ（日経BP社）』『リーダーシップ論（ダイヤモンド社）』の著者としてよく知られています。

　条件適応理論で見てきた従来のリーダーシップ論では、**組織を効率的に管理する能力**という暗黙の前提がありました。そのために、リーダーの仕事は複雑さに対応するために組み立てられています。そのポイントは、以下になっているとコッターは指摘しています。

　1）計画立案
　2）組織人材配置
　3）コントロール
　4）問題解決

　この場合、部下・フォロワーがリーダーに従うことによって何かの報酬を得ることができます。その報酬は金銭的、物質的なものが一般的です。このような、従来の研究が想定していたリーダーシップは「交換型（交流型・取引型）リーダーシップ」として位置づけられています。

　コッターは、変革型リーダーシップを、組織のビジョンを明確にし、メンバーの能力をビジョン実現に向けて結集し、引き出す力だ、としています。変革型リーダーシップの特徴は、次のように指摘しています。

　1）魅力あるビジョンを作り出し、それを明確に部下に伝えることができること
　2）ビジョンを実現する戦略を構築し、それが現実に達成できる期待を部下に抱かせることができること
　3）部下との間に人間的ないし感情的な絆を結んで、彼らからより多くの貢献を引き出すこと
　4）部下にとって理想の役割を演じることができること

　さらに、コッターは、組織の変革を強力に推進するリーダーの役割を、100以上の失敗教訓から、成功に導くため以下の8段階のプロセスにまと

めています。
  1）緊急課題であるという認識の全社徹底
  2）強力な推進チームの結成
  3）ビジョンの策定
  4）社内コミュニケーションによるビジョンの伝達
  5）メンバーのビジョン実現に向けてのサポート
  6）短期的成果の実現
  7）改善成果の定着とさらなる変革の実現
  8）新しいアプローチを企業文化に定着

 変革型リーダーは、部下・フォロワーに組織の使命や価値、ビジョンを与えることで、彼らの潜在的な動機を見つけ出し、より高度な欲求を満足させようとします。その報酬というのは、集団的、精神的報酬になっていきます。変革型リーダーシップの結果がもたらされるのは、相互に刺激し合い、相互に高め合う関係なのです。

 すなわち、変革型リーダーシップとは、フォロワーに対して、報酬や懲罰を与えるだけでなく、高いモラルを持って、部下と関わり、部下の価値観や態度を変化させ、組織全体に好ましい結果や利益をもたらすリーダーシップのことです。

 経営者には、安定期・成長期に能力を発揮できる組織型タイプと、洞察力を持って、変化の対応に長けている戦略型タイプ、「無」から「有」を創り出すビジョン力を持つ企業家型タイプがあります（第2章の1節（1）を参照）。いまの時代は、戦略構築力とビジョン構築力を持つ経営者、とくに企業家型経営者、つまり、変革型リーダーが求められています。

 『7つの習慣』の著者として知られるS・R・コヴィーは、変革型リーダーのことを、「現状の置かれている組織はどうであれ、自ら選択し、変革者となる人」と定義しています。

第4章 経営管理の理論的進化

7 イノベーション

(1) シュンペーターの創造的破壊説

イノベーション（革新）は、1910年代に、経済学者のヨーゼフ・A・シュンペーターによって、初めて定義されたといわれています。時間が経っていますが、彼のイノベーション説は経営学領域において、依然として有名です。

シュンペーターが考えるイノベーションとは、経済活動の中で生産手段や資源、労働力などをそれまでとは異なる方法で**新結合**することです。この新結合は、非連続的に創造的破壊が行われています。企業内部から絶えず進められるこのような**イノベーション**は、持続的な経済発展の源泉です。すなわち、シュンペーターが定義したイノベーションは「非連続的」で、「創造的破壊」による新結合なのです。

シュンペーターは、このような生産要素を新結合し、新たなビジネスを創造する者を「企業家」（アントレプレナー：entrepreneur）と呼んでいます。

そしてシュンペーターのイノベーションは、単に技術革新や新製品の開発にとどまらず、5つのタイプがあると提示しました。

❶ 新しい材料・製品（財貨）の開発と生産

新しい材料・製品の開発と生産について、日進月歩のいまの時代において、非常に理解しやすいでしょう。今後もインターネット、医療、エネルギー、建築、農業など多くの領域に、新たな革新が起きることが期待できます。いまは、「財貨」に限らず、新しいビジネス・モデルの開発も非常

に重要になっています。

❷ 新しい生産方法の導入

　生産手段において、フォード・システムから、セル生産方式に至り、大きな革命が起きています。ロボットを含めた機械化・自動化も生産活動のあらゆる領域に入り込んでいます。

❸ 新しい市場の開拓

　市場の開拓について、国内外、男女、年齢、業務、家庭などの境界線を越えることで、新たな市場を生み出す例が多く見られます。

❹ 原料あるいは半製品の新しい供給源の開拓

　仕入れ先の開拓について、企業のSCM（サプライ・チェーン・マネジメント）は、グローバル規模で展開するようになっています。

❺ 新しい組織の創出

　新しい組織の創出について、効率を追求する職能別組織や、リスクを分散する事業部制組織、持株会社、顧客や市場を作り出すようなプロジェクトチーム制組織、マトリクス組織など、経営組織に多くの革新が見られました。今後も組織の進化が続きそうです。

　いまの時代は、変革期です。従来の経済発展モデルや、企業をマネジメントするあり方、個人個人のライフスタイルなど、あらゆる領域にイノベーションが起きる可能性があります。企業や組織のリーダーにとって、一人ひとりの知恵と創造力をいかに発揮させてイノベーションを引き起こすかは、最大な課題なのかもしれません。

(2) イノベーションのジレンマ

　イノベーションのジレンマは、クレイトン・M・クリステンセンが、著書『イノベーションのジレンマ』（翔泳社）で初めて提唱した概念です。同書の研究対象は、経営環境が激しく動いている業界においての大手優良企業です。

　イノベーションのジレンマとは、巨大な優良企業が新興企業の前に力を失うメカニズムを説明した経営理論です。

　イノベーションには**持続的イノベーション**（sustaining innovation）と**破壊的イノベーション**（disruptive innovation）があります。**持続的イノベーション**とは、従来製品の改良を進めることを指します。**破壊的イノベーション**とは、従来製品の価値を破壊するほど全く新しい価値を生み出すことです。

　クリステンセンは合理的に意思決定を行う優良な企業であればあるほど、破壊的イノベーションが遅れると実証しています。大企業という組織の性質から見て、破壊的技術の5つの原則があります。その原則とは、万有引力のようなもので、大企業の組織の法則であり、対抗ではなく、調和するものです。すなわち、その原則を前提にして、破壊的イノベーションが遅れないような対策を考えなければなりません。その5つの原則とは、以下のとおりです。

❶ 企業は顧客と投資家に資源を依存している

　会社の資源について、顧客と投資家を満足させるような投資のあり方をしなければなりません。そうでなければ、企業は生き残れません。そのため、業績の優れた企業ほど、この傾向が強く、顧客が望まないアイデアを排除するしくみになっています。その結果、利益率の低い破壊的技術に十分な資源を投資することが難しくなります。

その対処方法として、主流組織の顧客の力から解放できるような独立事業を立ち上げることが提案されています。

❷ 小規模な市場では大企業の成長ニーズは解決できない

イノベーションの初期では、市場規模が小さく、大規模の企業にとっては成長の原動力とすることができません。そのため、大企業は、新しい市場が一定規模に成長するまで待つことが多いのです。

小規模市場に見合う小組織を投入することがその対処法とされています。

❸ 存在しない市場は分析できない

確実な市場調査と綿密な計画に基づく経営を行うことは、持続的イノベーションには適した経営方法です。破壊的技術開発には、市場調査と事業計画が役に立った実績はほとんどないと同書はいい切っています。通常、破壊的イノベーションを追求するための適切な市場と新しい戦略は、事前にはほとんどわからないからです。

不確実性を理解した上、「発見志向の計画」というアプローチがその対処法とされています。

❹ 組織の能力は無能力の決定的要因になる

組織の能力は、そこで働く人材の能力と関係しているものではなく、付加価値を高めるためのプロセス・方法および優先順位が決められる価値基準によって決まるものだ、とクリステンセンはいっています。そのプロセスと価値基準に柔軟性がないと、人材の能力が高くても、既存事業を営むための組織能力が高くても、状況が変わると組織が無能力になってしまいます。その無能力は、破壊的イノベーションの際に、決定的要因になります。

常に自社組織の有能、無能を把握しておくことがその対処法とされています。

❺ 技術の供給は市場の需要と等しいとは限らない

　技術が進化し、製品の性能を高くすれば、大きなマーケットを生み出すというわけではありません。顧客が商品を選択する基準は、技術の進化による性能の向上だけではないからです。そのため、企業は、性能の競争力を求め過ぎると、破壊的技術に取り組む企業が、低価格市場などに入り込む余地ができます。

　性能だけではなく、製品の使い方、感じ方全体について、顧客をよく知ることがその対処法とされています。

　以上の５つの原則は、同書では、「破壊的イノベーションの法則」とも呼んでいます。

　クリステンセンが考える巨大企業が破壊的イノベーションを行う新興企業の前にリーダーの座を失う最大の理由は、優良企業が行う優れた経営そのものだと強調しています。このような企業は、「顧客の意見に耳を傾け、顧客が求める製品を増産し、改良するために新技術に積極的に投資したからこそ、市場の動向を注意深く調査し、システマティックに最も収益率の高そうなイノベーションに投資配分したからこそ、リーダーの地位を失った」とクリステンセンがそのメカニズムを明らかにしています。

　この理論で指摘されたことは、技術革新のスピードが速い業界で存続する大企業のことです。1990年代に、コンピュータの巨人のIBMがオフコンに集中しすぎてPCブームにうまく乗れなかったことも、2007年前後に、日本メーカーがガラパゴス携帯にこだわったときにスマホが登場したことも、いい例です。

　また、業界にもよりますが、1980年代の米国企業は破壊的イノベーションを取り入れる日本企業の前にリーダーの地位を失い、1990年代以降に、米国企業や新興国企業の破壊的イノベーションによって、日本企業はその優位を失うという現象が確かに見られました。

さらに、大手企業から独立した方々からは、以前の会社に提案しても、既存事業のリスクが少ないということで、却下された話もよく聞きます。

　しかし、**持続的イノベーション**も、業界によっては、経営スタイルによっては、企業にとってとても重要なコアコンピタンス・強みになります。キユーピーは創業者の「食には革命なし」の理念を守ってきたから、消費者に多く提案しながら、品質も味もぶれない優良企業として、信頼され続けているのです。

　多くの長寿企業や優良企業を観察しますと、現実的には、すべての企業は、けっして、つねに**破壊的イノベーション**をしなければならないということではないことがわかります。第5章で述べますが、日本では、この持続的イノベーション力が高い企業は非常に多いのです。

第4章　経営管理の理論的進化

社会問題に直面する企業経営に関する概念

　企業の成長は必ずしも、社会に良いことをもたらすとはかぎりません。昨今で見られる労使の対立、環境問題、貧富の格差、地域利益の犠牲、労働環境の悪化、企業の不祥事などの社会問題を次から次へと引き起こしたのは、企業組織自身です。

　このことを背景に、社会システムにおいても NPO、NGO の役割が注目されるようになります。同時に、経営学の世界においても、「社会的責任(CSR)」「Win・Win」「ソーシャル・マーケティング」「フェア・トレード」「コンシャス・キャピタリズム」「BOP ビジネス（Bottom（Base）of the Economic Pyramid：貧困層を市場にすることで、貧困対策と利益追求の両方を達成することができるビジネス）」「共通価値の創造（CSV）」「ソーシャル・ビジネス」「社会企業家（Social Entrepreneurs）」などの概念が登場してきました。

　この部分では、社会的責任（CSR）、共通価値の創造（CSV）、ソーシャル・ビジネスの概念について見てみます。

（1）社会的責任（CSR）

　ドラッカーのいうように、「公共利益をもって企業の利益にする」ことはマネジメントの社会的責任です。

　社会的責任は CSR（Corporate Social Responsibility）として、よく知られています。社会的責任の内容については、アーチー・B・キャロルの CSR ピラミッドが広く理解されています。

CSR ピラミッドとは、社会的責任を経済的責任、法的責任、倫理的責任、社会貢献責任の4つの階段に分けて、図表4-11 で示したように、最も重要な経済的責任を一番下の土台に置き、その他の3つの責任を順番に土台に乗せていくというイメージです。

　第1階層の**経済的責任**とは、企業が果たすべき基本的な責任です。それは、顧客に価値のある製品を提供することで利益をあげ、雇用を創出し、株主に還元するような責任です。しかし、経済的責任を果たすだけでは、社会や自然環境にマイナスの影響を与えてしまうことが考えられます。それを避けるためには、他の階層の責任が求められます。

　第2階層の**法的責任**とは、法令遵守・コンプライアンスを意味します。納税義務や投資家への情報公開義務なども含まれます。

　第3階層の**倫理的責任**とは、経済的責任と法的責任を果たした上、倫理的責任も問われます。倫理とは、社会から見て、正しいこと、公正なことなどを指します。法律違反ではないものの、企業は、社会的価値観に反する行為を行う可能性があります。労働環境や条件が悪かったり、サービ

図表4-11　アーチー・キャロルのCSRピラミッド

出所：Archie B. Carroll"Pyramid of Corporate Social Responsibility", Business Horizons, Jul.-Aug. より作成

スの怠慢があったりすると、「倫理」的問題で、社会から不満を招きます。そこに対して、法律の基準をはるかに超えて、自主的に環境にやさしい生産活動をする企業も少なくありません。このような行為は、倫理・価値観に基づくのであって、法律によるものではありません。このような行動は、社会から共感を得られます。

　第4の階層の**社会貢献責任**とは、企業が、自らの行動で、社会に対して、積極的に良い影響を与えることを意味します。これは、企業が「良き企業市民」としてコミュニティおよび社会全体において存続していけるように行う貢献活動です。

　以上のCSRの内容からわかるように、社会的責任は単なる「社会貢献責任」ではないことに注意が必要です。

(2) CSV（共通価値の創造）

　「CSV（Creating Shared Value：共通価値の創造）」は2006年（日本語版、2011年）に、マイケル・ポーターが提唱した概念です。ポーターは、自らの企業の競争優位理論の延長線に立って、打ち出した概念です。

❶ CSV（共通価値の創造）の意味

　共通価値とは、「企業が事業を営む地域社会の経済条件や社会状況を改善しながら、みずからの競争力を高める方針とその実行」と定義されています。CSV、すなわち、**共通価値の創出**は、社会問題の解決と自社のビジネス・チャンスと結びつき、自社の経済的価値と社会における社会的価値を同時に実現することが、**企業の競争優位を得るための新しい源泉**として考えられている概念です。この概念は、企業のビジネス行為によって社会にもたらす問題を解決することで、ビジネス行為を通じて改善していくという考え方に意義があります。しかし、ポーター自身もいったように、これはあ

くまでも「利己的な行為」という出発点にも注目する必要があります。

「共通価値は、CSR でもなければ、フィランソロピー（社会貢献活動）でも持続可能性でもない」とポーターは、CSV の概念と今までの概念との違いを強調しました。

この概念を導入する必要性について、「共通価値には改革をもたらす力が秘められている」、「資本主義は、人間の欲求を満たし、効率を高め、雇用を創出し、富を築き上げるための唯一無二の手段である。しかし、資本主義を偏狭に考えてきたせいで、社会のさまざまな課題の解決において、企業の潜在能力を十分引き出せずにきた。そのチャンスはずっと目の前にあったにもかかわらず、誰も気づかなかった」とポーターは自らの競争優位理論の視点から明らかにしています。

経済的ニーズと社会的ニーズによって生まれた**共通価値**を共有することで、「新しい技術、あるいは業務手法や経営手法を通じてイノベーションを生み出せるからであり、その結果、生産性を向上し、また市場を拡大できる」という好循環で経済的価値と社会的価値を全体的に拡大することが期待できます。これが、**共通価値の創造**です。

❷ 共通価値を創造する方法とは

ポーターは、共通価値を創造する方法を 3 つ提示しています。

- 「製品と市場を見直す」
- 「バリューチェーンの生産性を再定義する」
- 「企業が拠点を置く地域を支援する産業クラスターをつくる」

「製品と市場を見直す」とは、社会的ニーズから、既存市場において差別化とリポジショニングのチャンスを見出し、また、これまで見逃していた新市場の可能性に気づくことです。

「バリューチェーンの生産性を再定義する」とは、企業のバリューチェーンにおける天然資源や水利、安全衛生、労働条件、職場での均等処遇など

からチャンスを見つけ、社会の進歩とバリューチェーンの生産性向上のシナジー効果を図ることです。

「企業が拠点を置く地域を支援する産業クラスターをつくる」とは、「企業は、自社の生産性を高めるためにクラスターを形成し、かつクラスターを構成する条件の欠陥やギャップを解消することで、共通価値を創造できる」ことです。

クラスターとは、特定分野の企業や関連企業、サプライヤー、サービス・プロバイダー、ロジスティックス、学校、研究機関、病院、公共施設などが地理的に集積した地域のことを意味します。たとえば、ITのシリコンバレー、メガネの鯖江、タオルの今治のような地域です。

❸ 共通価値の創造の実践

「共通価値の創造」を実践に移すためのヒントとして、現業部門を見つめることだというのがポーターの提案です。チャンスを発見する視点は、
「・製品デザインを工夫することで、社会的価値を実現できないか
・我々は、製品を通じて地域社会に貢献しているか
・当社の各プロセスとロジスティックスは、エネルギーや水を可能な限り効率的に利用しているか
・クラスターに不備があるせいで、イノベーションの効率とスピードにどの程度支障をきたしているか
・地域社会を事業拠点としてどのように強化すればよいか
・各事業拠点の経済性が同様ならば、地域社会に最も恩恵をもたらすのはどの拠点か」
が挙げられました。

「戦略の本質は、独自のポジショニングとこれを実現する独自のバリューチェーンの作り方など、さまざまな可能性が開けてくる。共通価値を創造することで生まれた競争優位は、これまでのコスト削減や品質改善よりも

持続性に優れている。また、模倣とゼロサム競争という悪循環から逃れられる」とポーターはCSVとその戦略的思考との関係性を主張しました。

(3) ソーシャル・ビジネス

　グラミン銀行の創立者ムハマド・ユヌスは、ソーシャル・ビジネスの実践者として世界中に知られています。彼の「マイクロクレジット」（少額無担保融資）の実践によって多くの貧しい人々にビジネス・チャンスをもたらしました。このことでノーベル賞も受賞されています。

　ここで、ユヌスの考え（2010、2015）を中心にソーシャル・ビジネスについて理解していきます。

❶ ソーシャル・ビジネスのしくみ

　ソーシャル・ビジネスとは、「飢饉、病気、教育などといった人類を悩ます社会問題、経済問題、環境問題を解決するために、ビジネスのしくみを組み込んだ組織形態」と、ユヌスは定義しています。

　彼によれば、社会問題の解決という意味で、NPOの役割と共通していますし、そのためにビジネスを行う点では、CSVと変わらないというのは、ソーシャル・ビジネスの特徴の1つです。もう1つの特徴は、ソーシャル・ビジネスの独自性です。それは、つまり、「出資者は一定期間経過後に元本を回収できる可能性はあるものの、ビジネスで得た利益を手にする可能性はない」ことです。

　なぜならば、「ソーシャル・ビジネスのロード・マップの先にあるのは、利益ではなく、社会に存在し、人類を悩ませている課題の解決」で、「ビジネスの成果は、課題解決そのものなので、出資者は出資したお金を得るという発想ではなく、自分が社会に貢献しているという満足感を成果」としているからです。つまり、ビジネスとして成功して得た利益は、出資者

に還元するためではなく、再投資を通じて、より多くの社会問題を解決していくように利用されるものです。

したがって、ソーシャル・ビジネスにとって重要なのは、社会問題を解決するという明確な目的を持って、持続可能なビジネスを行うことです。

❷ ソーシャル・ビジネスを成功させるためのポイント

このようなソーシャル・ビジネスを成功させるためには、以下を要件として、ユヌスは挙げています。

- ソーシャル・ビジネスとは何かについて十分理解すること
- 社会問題の解決という目的に沿ったビジネス・プランを作ること
- 株の取引に関する独自のルールを作り、出資者に認識してもらうこと
- 経営者、出資者を含め、かかわる人々のマインドセットの問題をクリアにすること

最後のマインドセットは最も重要で、最も難しい問題とされています。

同時に、ソーシャル・ビジネスは、その組織形態についても、ビジネス・プラン、成果、評価方法についても、その経営ノウハウ、経営手法についても、株式会社のそれと違うところは最大の課題になっているようです。

❸ ソーシャル・ビジネスと CSV、CSR との違い

ユヌスによれば、株式会社が利益 (profit) だけを優先してきたが、CSV の概念によって、社会問題にかかわる人 (people)、環境 (planet) にも目を向けたところは評価すべきですが、ただし、CSV はこの 3P のうち、どのような優先順位なのかは不明です。CSR の概念も同様で、企業は、利益追求を最優先しなければならないので、社会問題への取り組みは、限りがあります。そのため、「本当の意味で社会問題の解決に心血を注ぐビジネスにはなりえない」というのです。

以上、CSR、CSV、ソーシャル・ビジネスを中心に見てきました。

一般的に、米国企業は、株主利益を優先する考えが主流ですが、日本企業のビジネスは、東洋の伝統文化の影響もあって、社会と相性が良いと考えられています。

しかし、どこの国も、経済発展の過程において、倫理の問題、公害の問題、環境の問題、地域の問題、貧富の問題などを、程度の差はありますが、経験し、抱えています。しかも、先進国で過去に経験した問題、いま直面している問題、すでに解決した問題などは、後発の新興国や途上国ではまた起きています。しかも、この問題を引き起こしたのは、必ずしも現地企業だけではありません。したがって、社会問題の解決は、企業の持続経営の課題として、すべての企業が取り組むべきかもしれません。また、関心度の高まりによって、この課題を解決する知恵のさらなる進化が望まれます。

ただし、社会問題の解決は、企業のマーケティングの手法として、経営戦略の競争優位として利用するという発想よりも、経営理念、ビジョン、ミッション（使命）として取り組むのが最も有効的なのかもしれません。（第5章4節参照）

企業は、持続成長から出発し、経営理念を明確にすれば、生命力が注がれます。生命力のある企業は、必然的に社会に根をおろすことになります。社会に根をおろしている企業なら、社会的ニーズやウォンツを種にしてビジネスとして育てる能力を持つようになるのです。中国の言葉でいうと、「根本的な道（タオ）とはシンプルそのものだ」（「大道至簡」）。

本章は、企業が経営上で直面する問題の提起によって生まれる経営管理の知恵を経営学という理論的側面から、その蓄積と変遷を見てきました。経営管理の問題には、新しい課題もあれば、繰り返して似たような問題も起こります。それらを概観することで、これからの経営管理に通じる人類の知恵として受け継ぎ、活用し、発展させていくことができます。

第5章
日・米における企業の経営スタイルの比較

本章の目的は、米国型経営と日本的経営の優劣を比較することではありません。経営は生き物です。とくにグローバル時代の現代においては、世界のどこでも移動してビジネスをすることができます。経営管理の知恵もグローバル規模で進化します。すなわち、企業は、国境を越える企業間で互いにその良さや教訓を学び、活用できるように、経営管理を常に進化させる必要性があります。同時に、人間の認識の限界から、その学び合い、進化する過程は、まっすぐではなく、ときどき偏りもあります。

この章は、米国・日本の経営スタイルの違いを探り、それぞれの強みと弱みを理解することを通じて、「正しい経営管理」とは何かを考えるような、また、日本的経営の強みを改めて再認識できるようなきっかけになれば幸いに思います。

持続可能な経営管理モデルと各国の異なる経営スタイル

(1) 持続可能な経営管理モデル

　米国企業と日本企業の経営スタイルの特徴を発見することで、また、後発の中国企業の成長と経営課題との比較から、「正しい経営管理とは何か」を改めて考えるきっかけになります。

　「正しい経営管理」とは何かは明確に定義することが難しいですが、後発の中国企業の成長と経営課題を観察しますと、米国企業の強みと日本企業の強みが見えてきます。そこから見える良い経営管理のスタイルを、以下の式で示したような「持続可能な経営管理モデル」としてまとめることができます。

「持続可能な経営管理 ＝ 経営戦略×外的成長能力×内的成長能力」

　この持続可能な経営管理モデルは、3つの要素によって構成されています。それは、以下の3つです。

- 経営戦略（広義）
- 企業を速く成長させる能力 ＝ 外的成長能力
- 企業を持続成長させる能力 ＝ 内的成長能力

　このモデルの中で最も重要なことは、健全な経営戦略のしくみを持って方向を定めることです。第2章の経営戦略で説明したように、この経営戦略のしくみとは、経営理念や方針、ビジョンの土台に基づき、自社がやるべき事業を決めるという広い意味での経営戦略を指しています。

　企業が永続企業体として、既定の方向に前進するには、または経営戦略

第 5 章　日・米における企業の経営スタイルの比較

図表 5-1　米国型経営と日本的経営の比較

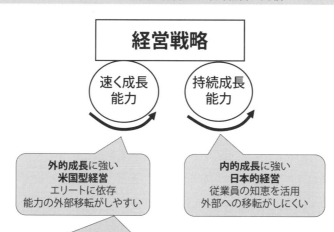

図表 5-2　企業の成長段階にみる外的成長と内的成長

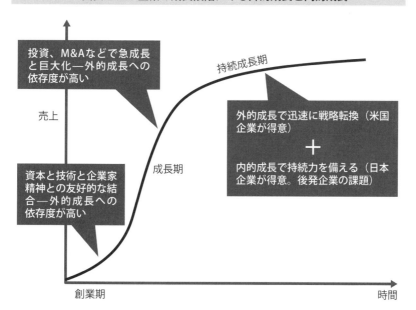

を転換するには、「企業を速く成長させる」と「企業を持続成長させる」という2つの車輪の相乗効果が重要です。前者を「外的成長力」、後者を「内的成長力」と呼びます。それぞれ米国企業と日本企業が得意な経営スタイルです。

経営戦略の方向を間違えると、成長するスピードが速ければ速いほど危険です。経営理念や経営戦略、目標の違いによって、どちらかに偏ることがあります。

また、外的成長の輪に重心をかけますと、短期的に大きく成長できますが、業績の浮き沈みが激しくなり、企業にとって、リスクが高くなることがあります。

企業を永続企業体にするには、この3要素のうち、経営戦略と持続成長力は必須要件です。企業を速く成長させるための「外的成長力」は重要な能力ですが、必要要件ではありません。

中国をはじめ、新興国の多くの高度成長企業は、前輪の外的成長を重視する傾向が見られ、米国の外的成長の経営スタイルの影響を強く受けています。同時に持続性の課題も認識するようになりました。

内的持続成長力を重視する企業は、長期的に見て、日々の持続的な改善や持続的イノベーションによって、自社の強みを作り出すことができます。場合によっては、ライバルなしの領域を開くことができます。日本の長寿企業はほとんどこのような経営スタイルを持っています。しかし、業界によって、戦略転換が遅れて、あっという間に市場から淘汰されるリスクも伴います。

(2) 外的成長に強い米国型経営

米国企業の多くは、「外的成長能力」に長けています。この能力は、企業を速く成長させることができます。

ここでいう「外的成長能力」とは、以下のようなことを意味します。
1）巨額の資本力で、新商品、新ビジネス、優秀な人材などの外部資源が迅速に手に入る（M&A、エリート活用など）
2）短期間に大きく成長可能
3）戦略転換するスピードが速い

言い換えますと、資本パフォーマンスと破壊的イノベーションとエリートの活用が得意です。資本パフォーマンスとは、巨額な資本を投入し、M&Aや設備投資を行うことで、企業を成長させることです。資本パフォーマンスによって、短期間に巨大企業を作り上げたり、事業の再構築を行ったりすることができます。破壊的イノベーションによって人々のライフスタイルを変えるほどの新商品、新サービスを世に送り出していきます。この外的成長力にはエリートの存在も大きいです。自社の人材育成に力を入れる米国企業も数多くありますが、日本と比べると、人材の流動性が高く、優秀な人材を外部からスカウトする風土があります。

（3）内的成長に強い日本的経営

日本企業の多くは、「内的持続成長能力」が高いです。

ここでいう「内的持続成長能力」とは、以下のようなことを意味します。
1）企業の成長は、巨額の資本力に依存するのではなく、持続的な改善・持続的イノベーションによるものである
2）少数のエリートに依存するのではなく、現場の従業員の個人知を組織知として蓄積していく
3）長期間にわたってこの蓄積活動を行う

この「内的成長能力」は、「有機的成長」ともいわれています。

言い換えますと、持続的に企業を良くする経営管理能力と連続的イノベーションが得意です。この持続力は、エリートというよりも、すべて

の従業員の自主性と知恵を継続的に活用することで蓄積されたものです。ゴールなき改善・革新の経営管理スタイルや提案制度は良い例です。これこそ日本的経営の真髄（後述）といえます。

新興国の後発企業の経営スタイルを通じて、日本型経営の重要性を認識できます。

図表5-1と5-2で示したように、後発企業の多くは、離陸と成長の段階で、米国型経営の資本パフォーマンスの影響を強く受けています。おもに、M&Aや先端設備への投資により、企業は短期間に大きく成長することができました。しかし、競争環境が厳しくなっていく中、さらなる成長するための転換期の中、企業を持続させる経営管理能力の蓄積が重要課題になります。

米国型経営は、エリートと資本の流動によって、企業の外部・内部に移転しやすいので、後発企業は吸収しやすいです。

一方、日本型経営は、企業文化やDNAのようなもので、時間をかけて築く必要がありますので、自社にしかない強みになっています。この強みは、外部からの習得も、外部への移植も時間がかかります。この持続成長力の後輪こそ、後発企業にとっての経営課題であり、さらなる発展のアキレス腱になります。

ちなみに、ドイツも製造業大国として知られています。ドイツの企業の多くも、この持続的成長能力に長けています。

(4) 2つの成長スタイルという両輪のバランス

ここでいう米国型経営と日本的経営というのは、必ずしも、米国企業と日本企業に限定するものではありません。米国には日本型に近い経営を行う企業もあれば、日本には、米国型に近い経営を行う企業もあります。欧州もほかの国や地域も同じです。どちらかというと、欧州の同族企業は持

続的能力を持つ企業が多いです。

　新興国の後発企業は、「外的成長力」に偏っています。しかしそれは、後発企業はすべて持続的成長能力を持っていないということを意味していません。また、いまはそうであっても、バブル経済崩壊前と比べ、米国型経営に近い日本企業が多くなったように、時間が経つにつれて、経営スタイルに変化が見られます。

　経営の重心は前輪と後輪の間で動いています。いずれにしても、どちらも相対的かつ動態的に理解する必要があります。

　一般的に、成長期や転換期において、M&Aなどによる外的成長力という前輪に重みを置きます。これによって、ビジネス・チャンスの拡大や規模の経済性を図ることができます。また、迅速に事業の再編成や戦略転換を行うこともできます。企業が急成長するときに、「内的持続成長能力」を高めていくノウハウを蓄積する必要があります。この場合の両者の関係は、「外的成長」は企業に西洋医学の外科手術を施すようなもので、「内的持続成長」のノウハウは、東洋医学の生命体の中から元気を喚起させるような役割を果たします。経営学にも、東西のうまい融合が必要だということです。

　外的成長だけに偏るということは、外科手術に依存して繰り返し行うことと同じです。これによって健康な体を得ることができないだけではなく、自身の内的生命力を壊すこともあります。内的持続成長力は、まさに企業自身が蓄積した生命力です。

2 事例で見る外的成長力に強い米国型経営と限界

　資本は、マネジメントのあり方によって、企業を生かすこともあるし、殺すこともあります。

　米国企業は企業を速く成長させる遺伝子を有しています。その経営的思考や手法は、基本的に「外的成長型」に属します。このような企業は、資本パフォーマンスによるイノベーションやM&A、人材の導入などを通して、すばやく新商品を生み出し、外部の資源を獲得し、迅速に市場シェアを獲得したり撤退したりするのに長けています。企業の創業期から成長期、大きな変革期に至り、この経営スタイルは非常に有効に働きます。もちろん、投資家だけはなく、創業者にも経営者にも大きなリスクを伴います。

　資本の力やパフォーマンスで生かされた企業と消滅した企業の事例を見てみましょう。

(1) 創業期と資本パフォーマンス

　創業期において、資本は、企業家精神と夢と技術を巧みに結びつけ、小さな種をビジネスとして大きく育てあげる可能性を生み出しています。しかし、この時期から投資家に見込まれ、潤沢な資金が手に入るのは、ラッキーなほうです。創業者の大多数にとって、草創期は、資金に大変苦しい時期です。

❶ アップル社草創期の例

　アップル社が、輝かしい成長ができたのは、技術の天才とビジネスの天

才に、幾度資本が注がれていたことは紛れもない事実です。アップル社だけではなく、無数のベンチャー企業は、このように育てられています。

　1976年4月1日、ジョブズは友人のウォルツ、ウェインと一緒に3人合わせて1250ドルの資金でアップルを創設しました。会社設立早々に、ジョブズは優れたマーケティング能力を発揮し、自分たちの新製品は未来のコンピュータの流れになるだろうとセールストークしました。

　幾日も経たないうちに、コンピュータ販売会社から50台の注文がきました。しかも1台につき500ドルで買い付け、製品到着払いで現金決済ということでした。初めての注文を受けた後、ジョブズは自宅のガレージを組立作業場にしました。

　しかし起業したばかりのジョブズたちにとって事前支払いがない状況で、50台のコンピュータの組立を完成させるには、部品の購入が大問題となりました。50台のコンピュータに必要な部品費は1万5000ドル必要ですが、当時彼らの手元にはわずか1000ドル余りしかなかったのです。インテルのCPU 1個さえ買うことができない状況で注文を完成させるなんて、まったくの夢物語でした。

　お金を集めるために、ウォルツは自分のプログラム計算器を人に譲りジョブズは自宅の車を売り払い、さらに人から5000ドル借りましたが、これらのお金ではとても足りませんでした。

　万策尽きた中で、ジョブズはつけにしてもらうしかないと決断しました。2万ドルあまりの注文を受けていることを確認した部品店は、最終的に部品をあらかじめ支給し、その返済期間は30日とすることに同意しました。ジョブズはついに組立作業に入ることができました。30日以内に納品するために、ジョブズは身の回りのすべての使える人を動員し、残業に残業を重ねて作業をさせました。やがて最初の製品は順調に納品でき、アップルは最初の売上を受け取ることができたのです。

　これがApple Iの誕生です。ちなみに、2013年5月25日、ドイツのケ

ルンでのオークションで、Apple I が 67.1 万ドル（約 6840 万円）の高値で落札されました。

❷ ディズニーランドの例

　1937 年、ウォルトは映画「白雪姫」の初回上映会において、映画のキャラクターを現実化し、子供たちの楽園をつくるというディズニーランド建設構想を発表しました。残念ながら第二次世界大戦が勃発したことにより頓挫しました。第二次世界大戦終了後、ウォルトは再度この構想を共同経営者のロイ（ウォルトの兄）に話したところ、反対されました。財務担当のロイは会社には 430 万ドルの債務があるというのです。

　1952 年、夢をあきらめきれないウォルトは、自らウォルト・ディズニー社を設立しました。従業員もウォルトの構想に賛同し積極的な支援を惜しみませんでした。ロイはついにウォルトの資金集めに協力することにしました。

　当時のテレビの勃興をチャンスに、最終的に ABC テレビ局と契約し、ABC からのディズニーランドへの出資を確保することができました。ようやく建設資金を手に入れましたが、完璧主義者のウォルト・ディズニーは、常に新しいアイデアを出し何度も計画を修正するなど、コストを度外視して建設にあたったので、建設途中で資金が足りなくなってしまいました。そこでロイは銀行を説得してまわり、資金調達に成功しました。

　1955 年 10 月 17 日、カリフォルニアに世界で初めてのテーマパークディズニーランドが開園し、盛大に開園セレモニーが行われました。この模様はテレビで全米に放映されました。開園当日は 2 万の客が集まりました。開業 1 年後、来園者は 350 万人を超えました。会社は総収入 600 万ドルから 2700 万ドルに上がり、すべての借金を返済できました。

　以上のように、創立当初で実績もないときに、資本の力がいかに重要で難しいかがわかります。逆に、それがないことで、夢やビジネスは簡単に

挫折の運命になることも容易に理解できます。

しかし、「夢を求め続ける勇気さえあれば、すべての夢は必ず実現できる。いつだって忘れないで欲しい。すべて1匹のねずみから始まったということを」というウォルト・ディズニーのこの名言通り、ビジネスの主役は夢(ビジョン)への追求であって、資本パフォーマンスではないこともわかります。もし、ウォルトが、当時、目の前の利益を最優先に考えていたら、夢の王国を作ることさえできなかったのかもしれません。

創業期や成長期に、いい資本との出会いがとても大事です。いい資本は、素晴らしい夢のまわりに集まっていくものです。つまり、投資家や出資者は夢の良き理解者です。そうでない資本は、企業に短期利益を強要します。これによって、夢も、ビジネスも壊されてしまうケースがよく見られます。

創業者は夢を持っています。後継者は夢を継承して進化させていきます。しかし、途中で利益が優先になったりすると、夢は消えてしまい、企業の魂が抜けて短命になります。さらに投資パフォーマンスで利益を追求するようになりますと、災難がやってきます(後述)。

(2) 成長期と資本パフォーマンス

成長期において、資本の力で市場を速く大きく勝ち取ることができます。この時期の資本パフォーマンスは、一般的に、エンジェル(個人投資家)や機関投資家の投資活動などを通じて発揮されます。

ここでも、アップル社の成長を例にします。

前述したApple Iは人にやさしい設計が歓迎され、アップルはしだいに頭角を現します。初戦には勝利したものの、資金の欠乏が成長の大きな壁になりました。会社を大きくするには安定した投資を見つけなくてはなりません。

そこでジョブズはウォルツと一緒にApple Iを抱えて、あちらこちら

に資金を探してまわりました。シリコンバレーの投資家を訪ねましたが、すべて断られてしまいました。紆余曲折の後に、ある人からインテルの元マネージャーのマイク・マクーラを紹介されました。

　マクーラはシリコンバレーで名の知られた大富豪で、技術がわかるエンジェル（ベンチャー企業に投資する個人投資家のこと）で有名でした。インテルが設立された初期にマクーラはICチップ事業の発展を見定め、果敢に投資を行いました。インテルが上場したことで、マクーラは一夜で巨大な富を手に入れました。

　マクーラが加わったことで、アップルの潜在力が引き出されました。ジョブズのマーケティング能力、ウォルツの設計能力、それに加え、マクーラの融資能力がアップルの早期の黄金の組み合わせとなりました。マクーラは、9.1万ドル出資して30%の株式を取得しました。さらに彼の個人の信用を担保に、アップルが25万ドルを借りることもできました。続いて、マクーラはジョブズを連れて個人投資家のエンジェルたちを説得し、全部で60数万ドルの投資を獲得しました。

　資金が潤沢であれば、会社は大々的に新製品を出すことができます。1977年、AppleⅡが正式に売り出されました。今回の製品は少数のコンピュータ愛好者のためでなく、大衆向けのものでした。そのため、コンピュータに表計算ソフトや個人用会計ソフトを入れました。ここから、AppleⅡは多くの家庭に入り始めました。製品の注文もとぎれることなく殺到しました。はじめのころは海外からの注文もあったほどです。

　注文が増大すれば、資金の需要も増していきます。アップルは2回目の融資を始めました。マクーラの積極的な働きかけで、当時世界的に有名なゼロックスのロスチャイルドをはじめ、16人の投資家たちが集められました。彼らは1株10.5ドルでアップルの株を購入しました。これで、アップル社は727万ドルの融資を獲得でき、生産能力が大いに高まりました。

　1980年AppleⅡは1.7億ドルを売り上げました。アップルは一気に最

もよく売れた PC メーカーに成長しました。1980 年 12 月 12 日、アップルは上場し、当日の時価総額は 17.78 億ドルに達しました。アップルは一夜にして 4 人の億万長者と 40 人の百万長者を生み、シリコンバレーの神話となりました。

　Apple I 時代のアップル社は、小さな苗木のようでしたが、賢明な投資家の資本に潤され、上場後に大衆株主の資金力で大きな樹木に育てられたのです。アップルの初期の成功とその後の成長は創業者の努力だけでなく、夢と資本と商才と技術が巧みに結びついた結果です。このような企業物語は米国のシリコンバレーをはじめ、多くの企業が長期に「上演」し続けています。

　しかし、成長期後のアップル社も経験したように、急成長による転落劇が多数あることも、良い経営を理解する上で知る必要があります。

(3) 成熟期・大変革期と資本パフォーマンス

　IT や AI などの技術の進歩とともに、企業はときどき大きな変革期または転換期を迎えます。このような時期において、資本パフォーマンスといった外的成長力によって事業の再編は進めやすくなります。横並びの競争市場から脱出するにも効果的です。業績が悪くなった場合、速くバランスシートを改善することを可能にします。

　ジャック・ウェルチは M&A のトップランナーといえます。彼が GE の CEO に就任した 1980 年代に、企業の業績が悪いわけではありませんが、日本企業の成長と将来の競争可能性を予測して、M&A を駆使して、家電からの撤退と新規参入といった大規模の事業の再編成を行いました。M&A の成功率は 30 〜 40% しかないといわれていますが、彼が手がけた M&A はほぼすべて成功しています。彼の CEO の期間中に 350 の事業のうち、180 の事業も閉鎖したり売却したりしました。同時に、放送事業から、

金融、医療機器まで前途有望なビジネスを幅広く買収しました。その中にはテレビ事業をフランスのトムソンに売却し、トムソンから医療機器事業を買い取ったケースは有名です。これによって、テレビ受像機で台頭する日本企業との競争を避けながら、医療機器で世界のトップメーカーになれました。

ジャック・ウェルチのM&Aの成功の秘訣は、強い企業文化で外部資源を自社に融合することと人材育成で外部資源の自社活用にある、と思われています。

多くの米国企業は、資本のパフォーマンスやM&Aだけではなく、破壊的イノベーションまたは、非連続的イノベーションにも長けています。多くの画期的な商品やサービス、ビジネス・モデル、経営手法は米国発です。

コカ・コーラやマクドナルドの特許経営モデル、クレジットカード、24時間宅配、コンビニエンスストア、Yahooのビジネス・モデル、Googleのビジネス・モデル、アマゾンのビジネス・モデル、インテルのビジネス・モデル、マイクロソフトのビジネス・モデル、アップル社のiPod、iPad、スマホ、それに加え、さまざまな組織形態、戦略理論、マーケティング理論、人的資源理論などが挙げられます。

(4)「外的成長」の限界

「外的成長能力」について、そのうちの資本パフォーマンスやM&Aを中心に見てきました。次に、その限界に触れておきます。

❶ 理念なき資本パフォーマンスの危険性

1つの限界は、明確な経営理念や、ビジョン、経営戦略を持っていないと、資本は短期利益を求める化け物に豹変します。

創業期や成長期において、資本はいつも創業者や経営者の夢を実現させ

るものではありません。悪さをするときもあります。現実には、短期利益を狙う投資家（個人投資家、機関投資家を含む）や、創業者たちの夢を理解できない投資家も多数います。このような資金を注入した企業はほとんど失敗します。創業者、経営者にとって、ビジョンをしっかり持ち、良い投資家に出会い、慎重に投資家を選ぶことも極めて重要です。逆に、投資家として、創業者や経営者が持つ理念、ビジョン、戦略、人間性、能力をしっかり見ないと、投下した資本は泡になってしまいます。

❷ 外部資源を活用する能力が重要

　もう1つは、M&Aなどによって、外部資源を資本で購入できても、自社に活かさなければ意味はありません。そのために、資源を活かすマネジメント能力と知恵が必要です。したがって、「外的成長」に強い企業は、外的環境に機敏ですが、浮き沈みが激しく、持久力に欠けるケースも多いです。ある時点から見れば、優良企業としてもてはやされますが、ある時点で見た場合、業績不振やスキャンダルに陥ります。

　いい会社を作りたい経営者にとって、短期利益のための資本は、成長する企業から持続力を蓄積するチャンスを奪いますし、成熟した企業なら、蓄積した持続力をむしばみます。逆に、最初から、投資家のカネで、マネーゲームをやろうとしている経営者もいます。このような企業でさえも、時代にもてはやされることがあることを人類の教訓として知るべきです。

❸ 資本パフォーマンス頼りの限界

　米国のワールドコム社は2002年に倒産しました。その経緯を知ることで、理念と戦略なき資本パフォーマンスの怖さと、人間が利益を前にして理性を失う結果の怖さがわかります。すべての大不況発生原因の縮小図のようにも見えます。

　1998年9月15日、ウォール街はある巨大な企業の誕生を祝っていま

した。この会社こそ MCI ワールドコム（MCI WorldCom）です。会社の総裁バーニー・エバーズは誇らかに MCI に対する買収の完了後ワールドコムはすでに米国電信業第2位の会社になったと宣言しました。15年間、この会社は、目立たない地方の電話会社から電信業のビッグに変わりました。ワールドコムのマジックのような成功モデルはウォール街で伝説とされました。

　このときのエバーズは、短期に会社の規模を拡大する最も有効な方法は、ほかの企業を買収すること、そして最も良い買収方法は、資本パフォーマンスだと確信しました。やり方はこうです。上場してから9年間、エバーズは株式を増発し、それを担保としてお金を借ります。このような方法で、巨額の資金を集め、数十の会社を買収し、瞬く間に全米第4位の大手電気通信企業になりました。エバーズも「テレコムカウボーイ」と呼ばれるようになりました。

　規模の拡大のため、弱肉強食の買収だけでは、ワールドコムが望む成長率に満足できなくなりました。エバーズはついに、その逆バージョンの「強肉弱食」計画を始めました。彼は全米第2位のマイクロウェーブ通信会社、略称 MCI をターゲットにしました。

　当時 MCI はちょうど自身をブリティッシュ・テレコムに売却する準備をしていて、190億ドルの価格で折り合っていました。おもいがけずこの時 MCI の株価が下がりました。ブリティッシュ・テレコムは、これを機に50億ドル値下げの買収提案に改めました。MCI の株主たちは憤りました。彼らは新しい買主を探そうとしました。この時エバーズが現れたのです。

　彼は買収価格を一気に300億ドルまで上げ、さらに MCI の債務償還のため、50億ドル出す用意があると述べました。この魅力的な価格はほとんどブリティッシュ・テレコム提案の2倍でした。MCI の株主たちは大いに喜び、すぐにワールドコムのオファーを受け入れました。この買収は当時世界の電気通信業で最大の買収でした。

第5章 日・米における企業の経営スタイルの比較

　エバーズの「強肉弱食」買収は瞬く間にウォール街に広まりました。この買収ができたのも、次の目算があったからです。

　この買収によって、ワールドコムの売上は3倍に増やすことができます。株式市場はときにはうわさで動きますので、彼は高い株価で新株を増発し、あるいはローンの抵当にしさえすれば簡単に十分な資金を集めることができます。すなわち、ワールドコムは株主たちの投資で資産を買収し、みずからの懐からカネを出す必要がまったくなかったのです。

　1997年10月、ワールドコムが8.2億の新株を増発してMCIを買収すると発表しますと、ウォール街の銀行家やアナリストたちがワールドコムの株を極力持ちあげ、投資者たちに強力に買い入れるようアドバイスしはじめました。ワールドコムの株価は上昇を続けました。

　1999年6月、ワールドコムの株価は20数ドルから64ドルまで上昇し、ワールドコムの時価総額も1960億ドルの高値がつきました。MCIの買収によってワールドコムは順調に米国電気通信業の2番目の位置につくことができました。ワールドコムモデルは瞬く間にウォール街の寵児となりました。

　エバーズは買収によって高成長を維持し、高成長によって高い株価を維持していました。そして再び株価高で得た資金で、ほかの企業を買収しました。これを繰り返し行いました。エバーズは「われわれの目標は市場を獲得することやグローバル化でなく、ウォール街株式のNo.1になることである」と包み隠さず述べています。ただし、このすべての前提はただ1つのみ、すなわちワールドコムの株価が上昇するのを保持しなければならないことです。ひとたび株価が下落すれば、ワールドコムは倒れてしまうことになります。このような「いいこと」は当然続くことはありません。長期にわたる買収で、ワールドコムが買収できる対象はますます少なくなり、株価も成長率の低下につれて止まってしまいました。

　1999年10月5日、追いつめられたワールドコムはターゲットを米国電

気通信業第3位のSprintに定めました。しかしこの取引は独占禁止法に抵触したため、米国とEUによって阻止されました。新しい買収対象がなくなり、ワールドコムの資本ゲームのコマを回すことはできず止まってしまいました。

2000年、ワールドコム買収取引がなくなったことに加え、インターネットバブルの崩壊は深刻に電気通信業に衝撃を与えました。この二重の打撃の下にワールドコムの株価は大幅に下がりました。株価の暴落によりエバーズの資本ゲームはもうできなくなりました。ワールドコムの巨額の債務も明らかになり、投資家たちが押し掛け、お金を貸した銀行もローンの返済をせまりました。エバーズは切羽つまった状況で不正経理を通じて一息つく機会を得ようとしました。

2002年4月、ワールドコムの38億ドルの粉飾会計が表に出ました。1か月後、ワールドコムは破産保護を申請しました。資産1000億ドルを超え、当時米国で歴史上最大の倒産事件になりました。

資本の拡張は、富を創造する巨大な力を持つと同時に、また非理性的な一面も持っています。資本のゲームはどんなに目をくらます光に満ちていても実体のビジネスと持続的経営管理能力の支えがなければ、結局いつかは崩れ去る日がやってくるのです。

ワールドコムの事例からは、資本には理性のある経営理念と経営戦略、また、獲得したビジネスを持続させる経営能力の支えがあって、はじめて資本本来のパフォーマンスを発揮できることがわかります。

第5章 日・米における企業の経営スタイルの比較

3 事例で見る内的持続成長力に強い日本的経営と限界

(1) 日本的経営の真髄—内的持続成長力

　近年、日本の企業も「外的成長力」を活かし急成長している企業があります。

　日本電産は、1980年代からM&Aで数十社の企業を買収し急成長してきた企業としてよく知られています。この会社には日本的な現場主義の特徴が顕著に見られます。現場の従業員に、良い社員、良い会社、良い品質（3Q）を目指す意識、コストや利益意識を徹底的に植え付け、日本的生産管理の要ともいえる5Sに「作法」を加えて6Sを全員が追求することで、買収された企業で持続成長力を鍛え続けています。日本電産グループ入りした多くの企業は、この経営スタイルのもとで、起死回生し、持続的に利益が生み出せる体質に変わっていきます。図表5-1で示した前輪と後輪を同時に回すことで、成功に導いたのです。この経営スタイルは、永守社長が考案した「3Q6S」といいます。

　そのほか、ソフトバンクもかなりの勢いでM&Aを行い、成長を図っています。日本では数少ない「外的成長能力」の輪をフル回転している企業のようにみえます。

　幸いなことに、経営者の孫正義は、「情報革命で人々を幸せに」という理念のもとで、「300年企業」の夢を掲げ、「持続成長力」の輪も同時に回しているようです。

　しかし、全体的に見た場合、日本企業の多くは持続成長という後輪に重みを置く企業が多いのです。

311

日本企業の経営が、戦後の高度成長期を契機に、世界から「日本的経営」といわれるほど注目されました。ジェイムズ・アベグレンが、日本企業の特徴を終身雇用、年功序列、企業内組合として提唱してから、それは、日本的経営の「三種の神器」と一般的に認識されました。

　2004年版「新・日本の経営」でアベグレンは、「日本的経営」の柱を、「合意に基づく意志決定」「終身雇用制」「年功制に基づく昇給と昇進」「企業内労働組合」と改めて評価しています。

　いずれにしても、同様の「日本的経営」を行いながら、日本企業の業績がまちまちで、況と不況によって、浮き沈みが見られます。経済が低迷しているバブル崩壊期に、増収増益が続いている企業もあります。

　元気な企業の好業績の源泉となるものは、単なる積極的な投資のみならず、集団の知恵による持続成長力であり、これこそ日本的経営の真髄といえます。逆に、日本企業の良さを捨ててまで短期収益力、成果主義をはじめ、「戦略なき」の企業の買収・売却、リストラの繰り返しといった米国型経営のマイナス面に追随した企業の業績とは対照的です。こういう結果からは、その「三種の神器」は日本的経営の真髄ではないことが容易に理解できます。

　日本企業は企業を持続的に発展させる遺伝子を有しています。その真髄は集団の知恵が企業内部に継続的に蓄積できることです。これにより、ゴールなき改善力と持続的革新力・イノベーション力という「内的持続成長力」が高められますので、「有機的成長」（M&Aなどに依存しない成長）に属します。この企業の内から形成された持続力は企業を良くします。この持続力の蓄積は一種の修行で、企業文化なのです。日本的経営の強みは制度よりも、企業文化なのです。

　次に、この日本型内的持続成長力の特徴を見ることにします。

❶ 短期成長よりも哲学と長期利益を重視

　「永続経営」のために、長期利益の視野はとても重要です。これを1番目の特徴として挙げられます。

　日本は長寿企業が最も多い国です。創業100年以上の企業は、33076社、世界全体の41.3％を占め創業200年以上の企業は1340社、世界全体の65％を占め、100年長寿企業とともに世界一です（2020年3月現在　日経BPコンサルティング・周年事業ラボの調査より）。

　長寿企業の多い理由はさまざまありますが、正しい経営理念と自社のコアへのこだわりが大きいです。日本に脈々として受け継がれている経営理念を見ると、儒教的考えに基づく長期的視野の特徴がわかります。

　日本資本主義の父ともいわれている渋沢栄一は、多種多様な企業の設立・経営に成功しています。それらの事業の根底には「**道徳経済合一説**」の理念がありました。

　「**道徳経済合一説**」の考えは、渋沢栄一の著書『論語と算盤』（図書刊行会）の中から確認することができます。

　豪商まで富を得た**近江商人**の経営理念も、よく知られています。近江商人とは近江国（滋賀県）に本拠地を置き、他国へ出かけて商売をした商人のことをいいます。

　彼らは、最初に、天秤棒をかついで諸国を行商しました。その中で地域ごとの商品の需要と供給、価格差などの情報を入手し、利益をあげ、豪商へと発展していきました。販路が拡大すると諸国に出店をしました。資本がたまると金融業（大名貸し）や醸造業（酒や醤油など）なども行うようになりました。

　近江商人の家訓として有名なものには、「奢者必不久（奢れる者久しからず）」（松居遊見）、「先義後利栄　好富施其徳（義を先とすれば後に利は栄え、富を好しとし其の徳を施せ」（西川利右衛門）、「積善之家必有余慶（積善の家に必ず余慶有り）」（塚本喜左衛門、中国の『易経』より）、「売り

313

手よし、買い手よし、世間よし」（三方よし）（中村治兵衛）などがあります。渋沢栄一の考えと同じく、どれも、儒教的な倹約や勤勉、倫理道徳、富の共有などの思想とつながっています。このような経営理念を未だに近江商人の商道として多くの日本企業に受け継がれています。

　近代の松下幸之助も「経営の神様」と称され、数々の名言を残しています。

　松下幸之助の「企業は人なり。物を作るより先に人を作る」という言葉は有名で、人本主義的な考えを経営の基軸にしていたことがわかります。

　ほかにも、倹約や、勤勉、人の育成と活用、倫理道徳など、ビジネスそのものだけではなく、企業人としての精神的な遺産が多く残されています。

　稲盛和夫も京セラとKDDIを設立し、大きく育て、2010年2月より、倒産した日本航空（JAL、現日本航空株式会社）会長に就任し、2年間で黒字転換を可能にした名実業家です。

　稲盛和夫は、仏教と儒教思想を創業および経営の実践の基準とし、自らの経営理念と経営手法を生み出しています。いまや、彼の考えは、国境を越えて、広まっています。

　「『動機善なりや』。私は、企業経営をする上で、こういうことを常としています。それは、新しい事業に展開する場合などに、『動機善なりや』ということを自らに問うのです。何かをしようとする場合、自問自答して、自分の動機の善悪を判断するのです。（『心を高める、経営を伸ばす』（PHP研究所））」というような言葉をよく口にします。実際に、DDI（第二電電）を設立し、電気通信事業へ参入するにあたって、自身の動機に利己的な心、「私心」がないかと、半年間にわたり自問したそうです。

　伊那食品工業の経営者、塚越寛はその「年輪経営」の理念と実践で注目されています。彼の企業を経営するノウハウ・知恵は、「どうすれば、企業を永続できるか」への強いこだわりから編み出されたものです。彼は、21歳のとき、伊那食品工業の社長代行に就任することを求められ、倒産寸前だった同社を優良企業に成長させました。「企業にとって重要なの

が『永続』することです。潰れてしまっては元も子もない。私の座右の銘に、江戸時代の農政家・二宮尊徳の『遠きをはかる者は富み、近くをはかる者は貧す』という言葉がありますが、そういう長期的な展望が『いい会社づくり』には不可欠です。目先の利益だけを考え、短期的に高い売上高を追い求めて高収益を上げても、長続きしなければいい会社とはいえません。永続するためにゆるやかな成長は不可欠ですが、最低必要な成長でいいと私は考えるようになったんです」。これは塚越寛が自らの苦い経験から発した言葉です。塚越寛が率いる伊那食品工業は、1988年以来続いた増収増益の好業績を、一度だけ健康ブームに乗ろうとして、急成長を追求し、赤字を出したことで中断した苦い経験があります。噛みしめる価値のある言葉です。

以上のように、東洋思想と商人の知恵が見事に融合され、哲学ありの経営思想として、とぎれとぎれではありますが、脈々と日本企業の経営理念に流れています。

❷ 「完璧ときめ細やかさ」を追求する持続的革新力と改善力

「内的持続成長力」の2番目の特徴として、日本企業の「完璧さときめ細やかさ」を追求する精神が挙げられます。

日本の長寿企業の中の80％は主業を変えないことをかたく守り、革新の持続しやすい環境を提供しています。日本企業が製品やサービスを提供するときに、顧客がより満足に、より周到に、より使いやすく、より楽しく、より便利に、より美しく、よりきれいに、より清潔に、より安心に……感じられることを追求しています。この「完璧と細やかさの追求」は日本企業に革新と改善を持続させる能力を対内的には蓄積でき、対外的には高付加価値製品とサービスで顕在化しています。

大七酒造の「超扁平精米」（一粒の米に対して、最大限に味の良いとこ

ろを残し悪いところを削れる精米技術)、樹研工業の100万分の1gの歯車、岡野工業の痛くない注射針、SUWADAの爪切り、吉田カバン、パイロットコーポレーションの消すことのできるボールペンフリクション、三菱鉛筆のシャープペンシルクルトガなど、どれも日本的創意工夫による持続力・改善力の強さを表しています。このような創意工夫によって、ビジネスを競争相手の現れにくい芸の境地に進化させているのです。

❸ 従業員全体の知恵を集合する能力

　1980年代後期以来、野中の「知的創造経営」(第4章を参照)を皮切りに、欧米に「ナレッジマネジメント」という言葉が流行し始めました。第4章で述べたように、「ナレッジマネジメント」とは、個人の経験、技術、知識を「組織知」に変換する過程と方法です。

　米国型「外的成長」経営を主とする企業ではエリートの力に頼り、ヘッドハンター会社を通じて外部から高報酬で人材を招くことが一般的です。しかしエリートが持つすべての能力はエリートが再び他社にとられるとともに、その企業から消失し、ほかの企業に移ってしまいます。こうした企業内の知識継承の困惑がまさに「ナレッジマネジメント」に注目された原因なのです。

　内的持続力を有する日本企業自身が「ナレッジマネジメント」の知恵を持っています。それは「提案制度」と表現され、「従業員全体の知恵を企業組織に集結する制度」です。

　「トヨタ生産方式」は世界で最も優れた生産管理方法とされ、大野耐一の著書『トヨタ生産方式』の出版をきっかけに、世界各国の企業の見本となりました。今日に至るまで多くの企業はトヨタ生産方式を導入したものの、そのレベルを超える企業はあまり見られません。模倣者は往々にして学んだのは、「ジャスト・イン・タイム」や「かんばん方式」といわれる方法で、その真髄を正しく学べることができなかったからです。

日本の多くの企業はこのような力を持っています。いすゞ自動車はトラック製造会社ですが、1990年代、経済不況が原因で、川崎工場を閉鎖することにしました。大中小3000種類ものトラックを同時に相模工場で生産しなければならなくなりました。小さな面積でこれだけ多品種のトラックを生産するのに最適な方法はただ1つ、1本のラインですべての車種を作れる「混合ライン」を可能にすることです。この「混合ライン」という大胆な発想は2年間をかけて、エリートではなく、現場の知恵によって完成されたのです。

　未来工業は、1965年に創立された電気資材メーカーです。一軒の住宅に40～50個使用されるスライドボックスは主力商品です。創業当時、この市場は大手メーカーの独壇場だったそうですが、差別化の企業文化と従業員の知恵で、商品を進化させ、国内シェア8割を超えるまでになっています。

　未来工業は、従業員に安心して働ける環境を提供し、監督型管理のタイムカードやノルマを設けずに自主的に考えて仕事ができるように権限を与えます。従業員は各自の知恵でさまざまな創意工夫を行い、効率向上やコスト削減とともに、市場のニーズやウォンツをつかみ、現場の職人が感動する商品の進化に挑んできました。その結果、シェアの拡大と創業以来の黒字経営です。

　これは日本式の改善力であり、持続的イノベーション力なのです。

　「提案」の主な効果は従業員の小さな知恵が集まって革新や改善を持続させる源泉となり、従業員も成長し、企業も経営資源の最小投入と最大効果を追求することで、競争能力を得ることができます。この競争力は「外的成長」の「高いインプットによる高いアウトプット」より生命力があります。

❹ 外部に真似されにくい

　トヨタ生産方式は、生産管理の手本として世界規模で学ばれています。その真髄は「全員参加型の提案制度」にあります。「改善マラソン」と称されており、全世界の従業員が参加しています。「ジャスト・イン・タイム」や「かんばん方式」は、目に見える成果であり、方法であって、学ぶのは難しくありません。「全員参加」や「改善の持続」は文化であり、修行であり、学びきるのは容易ではありません。書道や拳法、カンフーを習得するのと同じです。

　トヨタは、「提案制度」を実践して2021年で70周年を迎えました。トヨタ生産方式は従業員の知恵によって進化された数十年でもあります。提案の数ではなく、質を重視していますが、毎年数万件以上の提案が誕生し、実施率も高いそうです。かんばん方式は学べても、この持続力は学びやすくありません。それは、企業文化です。企業のコア・コンピタンスです。この持続力こそ日本的経営の真髄です。

　「トヨタ生産方式の本質は、生産の現場で用いられているツールや手法ではなく、過去50年にわたる努力によって自然と育まれてきた賜物——「遺伝子」である」（H・ケント・ボウエンら）という言葉はトヨタ生産方式だけではなく、日本的経営が生み出した日本企業の強みに置き換えていうことができます。

　投資による「外的成長」の場合、少数のエリート集団が、企業の合併、会社分割、株式交換、株式の買い付けなどの専門知識によって達成します。同様なノウハウを、短期的にほかの会社にも移転することはできます。持続力は、外部資源の内部化に欠かせない能力です。

　経営理念と経営戦略によって、企業および従業員全体に正しい方向へ導き、外的成長能力を理性的に発揮させることができます。内的成長力は企業が持つビジネスを深耕する能力とコア・コンピタンスを作り出します。理念の確立・継承と内的成長力は長い過程が必要ですが、この力は企業に

「永続経営」の生存能力をもたらしてくれます。

(2) 長期雇用と内的持続成長力

❶ 長期雇用の活かし方が重要

　日本的経営の内容の1つは終身雇用といわれています。少なくとも、ほかの国の企業と比べて、長期雇用です。長期雇用は経済成長によって、人手不足を解消するための手段として、戦後人為的に作られた制度であり、温情的経営である一面は確かにありますが、時間が経つにつれて、それは単に温情的な経営スタイルとして定着したのではなく、これによって、日本企業の現場において、創意工夫の企業文化と、優れた製品と技術、そして、低コストで高品質を実現できる経営ノウハウが蓄積できる制度的保障となりました。

　20世紀の1980～1990年代に、日本の製品が大量にアメリカに上陸したとき、米国人がコストを低減することと品質を向上させることが同時に実現できることに驚いたそうです。

　また、ダイキン、未来工業、伊那食品のような会社は、この「温情的」経営スタイルを現場から知恵ややる気を引き出す原動力にした企業のいい例です。

　ダイキン工業は、1994年以降赤字から脱出して、増収増益が続いています。この好業績は、リストラやM&Aによるものではありません。それは、タイムカードのような監督型マネジメントから従業員の能動性や可能性を引き出すマネジメントに切り替えたことが大いに寄与しています。そのようなマネジメントを可能にしたのは、従業員を信じて任せるといった内部の人的資源をフルに活用したことです。「職場環境をいかに作っていくかが、経営者の重要な役割」「社員一人ひとりに対応することを心掛けたら、人は『大化け』する」というダイキン工業会長の井上礼之の言葉から、日本

的経営の極意が伺えます。

　前述した未来工業は、1965年に創業以来、黒字経営が続いています。この会社は、残業がない、タイムカードがない、休みが多い、全員正社員などの従業員にやさしい経営で知られています。創立者の山田昭男は、「未来工業のいろいろな取り組みは、すべて社員の不満を解消するとともに、社員を感動させるためにやっていることばかりだ。感動は人を喜ばせる。喜んだ社員は一生懸命に働いてくれる。会社のためにやってやろうという気持ちになる。そうして頑張った結果が、お客様を感動させ、事業を発展させることにつながるのだ」「経営者が知恵をしぼって従業員が働きやすい環境を作り、従業員が意に感じて一生懸命に働くという、ごく当たり前の経営のあり方が、残業問題のみならず、全国の7割にものぼる赤字企業の、黒字化への何よりの処方箋になるだろう。うちは別にユニーク経営をしている会社ではなく、普通の会社なんだよ」といっています。

　伊那食品工業も、従業員を大切にして、増収増益経営が続いている良い企業です。塚越会長は、「会社を強くするものは何か、経営者としてずっと考えてきました。出た答えは、『社員のやる気を引き出すこと』でした。やる気を引き出すことさえできれば会社は強くなります」「会社の成長というと世間一般では売上高が増えることと考えています。しかし、我が社の定義は違います。仮に売上高が同じでも、適正な利益があり、その利益を正しく使って外部の人も社員も『自分は成長した』と実感できれば、それが成長です。キザな言い方ですが、社員全体の幸福度の総和が大きくなっていくことが当社の成長なのです」といっています。

　どの経営者の言葉からも、この「温情的雇用制度」をプラスに活かしたことがわかります。それはつまり、経営者の仕事は従業員を満足させ、やる気を引き出すことだと考えています。その結果として、顧客に最高の製品とサービスを社員の知恵と工夫で提供できるのです。

　しかし、長期雇用は、必ずしも強みを生み出すわけではありません。い

ままでいわれている長期雇用や年功序列は、すべての面で経営の強みにつながるとは考えられません。却ってマイナスになることもあります。いわば、「漢方」のようなもので、企業の体質に合えば、強みを作り出し、使い方を間違うと、人間の怠けを助長し、社員はチャレンジ精神が抑えられ、企業は活気と競争力を失ってしまいます。

　以上でわかるように、長期雇用や年功序列は日本的経営の真髄、または日本企業の強みではありません。経済バブル崩壊後に、同じ制度下で、赤字無縁の企業もあれば、業績不振が続く企業もあるからです。

❷ 長期雇用は日本企業の強みを生み出す前提

　長期雇用は、日本的経営の真髄ではありませんが、日本企業の強みを生み出す前提です。「内的持続経営力」を作り出すには、長期雇用または安定雇用という土壌は必要です。

1）長期雇用は創意工夫の土壌

　日本企業の強みは、投資よりも工夫をすることが、利益を生み出す経営管理の知恵をもっているところにあります。この知恵は、企業メンバーが創意工夫や、すり合わせや、切磋琢磨によって生み出されたので、長期雇用は、このことができる土壌を提供しています。

　花王は、「自社技術による製品開発」という会社の方針のもとで、多くのロングセラーを作り出しています。また、ロングセラーの製品に対しても、飽きなく改善を重ねています。トヨタ自動車は世界で有名なトヨタ生産方式を作り出しています。今も、その生産方式は、現場の知恵で継続的に進化をさせられています。このような企業にとって、雇用市場の流動性を高めることは、かえって害になります。

2）持続的蓄積の質を高めるための前提

　日本企業の強みは、集団の知恵の持続的蓄積にあります。これによって、持続的イノベーション能力が生まれます。したがって、長期雇用は持続的蓄積の質を高めるための前提です。

　ドラッカーは「イノベーションは、発明のことではない」、発明は一人の天才がいれば十分ですが、企業にとってのイノベーションとは「人的資源や物的資源に対して、より大きな富を生み出す新しい能力をもたらす」ものだといっています。日本企業の強みは、改善の知恵を長期にわたり蓄積することなので、持続的なイノベーション力となります。

　この持続力も長期雇用によって支えられ、伝承されているものです。

（3）日本的経営の課題—強みと弱みの表裏一体性

❶ 長期志向と馴れ合いの相性

　日本企業が、長期志向または長期視点の経営を実現できたのは、安定株主と長期雇用の役割が大きいです。安定株主が多いため、研究開発や戦略などを長期的な視点に立って行うことができます。一方、長期雇用は、従業員の企業への忠誠心、忍耐、継続力、工夫、粘り強さなどを生み出しています。

　しかし、なれ合いや甘えの問題も生じます。グループ経営による安定株主と継続的な取引関係で生じたなれ合いは、グループ外や外国の有力企業との取引が排除される可能性があります。長期雇用で、従業員の良いところを引き出せずに、甘えを助長するような企業もあります。この場合の長期雇用は、企業にとっても、個人にとっても毒になります。また、社会全体から見れば、資本や雇用の流動性が低いため、活力が生まれにくいという課題もあります。

　長期雇用だけ見てその両面性を要約しますと、長期雇用によって、自社

内で凡人を優秀な人材に育て、彼らの知恵を企業の継続的力に変えていく経営スタイルも確かにあります。樹研工業や未来工業、伊那食品工業などが好例です。

逆に、優秀な人材を凡人に変えてしまう、または優秀な人材が能力を発揮しにくいような経営スタイルも見られます。また、雇用市場の流動性が低いため、レールから外れた人材または準人材（たまたま就職で失敗した、普通の人と違う人生を歩んできた、特別な才能を持っているといった方々）を埋没させてしまうケースも見られます。人手不足の時代、または、ダイバーシティを唱えている時代こそ、注目すべき一面ではないでしょうか。

❷ 完璧さときめ細やかさの追求と企業の方向性、グローバル受容度との相性

日本の多くの企業では、高い感受性を持ち、完璧さときめ細やかさを求め続ける精神が生きています。「品質へのこだわり」「高水準の製品やサービスへの追求」「プロセスに対するきめ細やかなコントロール」などは日本企業の良さです。

一方、それが、戦略転換が遅れたりする原因にもなります。日本の「失われた30年」は、大企業を中心に、方向性を見失ったことに原因があります。企業の方向性を見失ったり、戦略判断を間違えたりするときに、日本のきめ細やかさと高い感受性は無力のものになってしまいます。

また、これらの特徴は、外国では高く評価される点でもありますが、場合によっては、外国の企業や外国人従業員との摩擦の原因にもなります。外国人従業員から見れば、ときには、細かすぎて、融通が効かないと思われて、仕事に対する意欲を失うこともあれば、一方で、日本の職場では、外国人が扱いにくいとして排他的になることもあります。その場合、大事なことは、やはり共通の方向性（理念、戦略）を明示することです。これによって、日本の完璧さを追求する精神と価値観はグローバル規模で受容

されることが容易になっていきます。

❸ 隙間のない職務設計と権限と責任の明確さ

　日本企業の職務設計は各個人のネットワーク、コミュニケーションに基づくチームプレーが好まれることが特徴になっています。自分の円と他人の円が独立した関係よりも、常に重なるようになっています。

　この中で、個人主義や成果主義を徹底しようと思ったら、組織風土を壊さないといけない部分がかなり出てきます。なぜならば、成果主義は権限と責任を明確にすることを前提にしなければならないからです。

　しかし、見方を変えれば、隙間のないチームプレーの文化の形成は成果主義の導入よりずっと難しいし、貴重です。自分の強みを捨ててまで、成果主義に追随する必要があるかを見極めなければなりません。企業には得意と不得意があるからです。

❹ 集団的合意と意思決定のスピード

　前述した長期視野や、隙間のない業務設計などと関連していますが、協調性や和・輪を大切にする文化を持っています。日本の企業は、上下、職務間、グループ企業同士など、長期的、継続的な関係とチームプレーで共存共栄（WIN・WIN）を目指してきました。また、そのためのルールや、規則、プロセスを重んじているところも定評があります。その結果、集団的合意や、組織的な協調性はほかの国と比べて得意です。

　しかし、それを重視するあまりに、個人に決断を委ねることが少なく、意思決定のスピードが遅いこともよく指摘されています。意思決定が遅いことは、変化に弱いということになります。いまの大変革時代において、致命傷になっています。

　このスピード経営の要請もあって、カリスマ経営者が求められるようになったりします。かといって、カリスマ経営者が大きなリスクをもたらす

ことも見過ごしてはいけません。

❺ 集団の知恵と専門家の活用

　第3章の人的資源管理においても述べましたが、日本では、一部の職業のほかは、大学で何を学んでいたかと関係なく、企業や組織に入ります。企業が彼らを必要な人間として、配置し、育成します。現場では、多能工と呼ばれ、ディスクワークでは、ジョブローテーションによってジェネラリストを作り出します。その良さは、従業員としても、ほかの部門や組織の仕事を理解でき、部門間を超える協力姿勢や問題解決する力を培うことが可能です。集団の知恵でチームワーク力を高めるのにも、全社最適という視点から見ても、メリットが大きいです。

　しかし、同時にいくつかの問題ももたらします。

　第1に、従業員のキャリア形成にマイナスです。

　この制度のもとで、国際社会から見て日本の企業は、会社人間やジェネラリストを多く育てていますが、スペシャリストを生み出しにくいのです。会社人間・ジェネラリストとは、個人が持っている能力のほとんどは自社内しか発揮できない従業員のことです。終身雇用なら、これでまったく問題はありません。しかし、雇用の流動性が高くなっていくにつれて、従業員の立場から見れば、けっして喜ばしいことではありません。

　実際、2002年以降、大手企業を中心に、リストラが繰り返し行われています。少数のエリート以外に、かつての管理職も含む多くの方々は再就職の壁にぶつかっています。その最も重要な原因は、みんなはスペシャリストではないからです。再就職、中途採用の市場では、スペシャリストを求めていますが、雇用市場の供給する側は、ジェネラリストが多いのです。

　第2に、技術者に対する評価と育成にマイナスです。

　日本企業の技術力が高いことに定評があります。しかし、技術者が必ずしも大切にされているとはいい難い側面があります。液晶技術を商品化さ

れた技術開発者は、自社だけではなく、人類にも大きく貢献しているにもかかわらず、退職まで主任にしかなれなかったのです。外国では考えられないことです。高輝度青色発光ダイオードの発明者もいい例です。

多くの日本企業には、昇進ルートは管理者のみになっています。社内に技術者だけの階級があっても、社会的に評価されるわけではありません。優秀な技術者は必ず優秀な管理職になるとは限りませんので、社会全体から見ても、管理職の主任、係長、課長、部長、事業部長、役員というルートとは別に、スペシャリスト・専門職のために、それに同等待遇の階級や昇進のルートが必要です。

第3に、グローバル時代において、優秀な人材の獲得にマイナスです。

第1と第2の問題から、第3の問題が派生します。

働いても、自らのキャリア形成にメリットが少ないということから、日本企業が優秀な人材にとっての魅力も薄くなります。グローバル時代にはこの問題はさらに企業にマイナスの影響をもたらします。

一方、いま日本社会全体において、理工系の人材が不足だといわれています。また、技術者が海外企業に重宝されて初めて彼らの大切さを感じる企業もあります。しかし、技術者も含めて専門職・専門家を正しく評価するしくみはまだ見えていません。

従業員のキャリア形成と組織全体の目標達成を同時に実現するために、優秀なスペシャリストが育成され、活用されるために、新たな経営管理、とくに人的資源管理の知恵が必要になりそうです。

また、スペシャリストのほか、グローバル人材の獲得・育成・活用も課題です。これはけっして海外駐在員だけの問題ではなく、全社的な問題として認識する必要があります。経営のトップをはじめ、人事担当者、各事業部門のリーダー自身がグローバル人材を理解し、目指すことができなければ、このような人材が社内にいても、活用することはできません。現実には、グローバル人材を育成する研修プログラムの計画と実施を担当する

人事部門が、海外の動きや文化に興味さえ示さない内向きな企業もあります。

　以上のような問題がマイナスの働きにならないように、うまくマネジメントする必要があります。

　日本企業の強み、優位性というのは、従業員一人ひとりの知識と知恵と能力を引き出し、活性化するしくみを作り、その知識と知恵と能力はごく一部の従業員にとどまるのではなく、長期的に伝承・蓄積され、高い技術力と優れた経営ノウハウを生み出していることです。これが、日本的経営の真髄です。

　事業の入れ替わりの激しい時代、組織は人為的に短期間に統合されたり、分割されたりしやすい時代だからこそ、このような日本的経営の良さを見極め、持続経営力を経営管理の普遍原理として見直すべきです。

　米国型経営に長けている企業は短距離走が得意で、日本的経営を維持する企業はマラソン選手です。企業は正しい経営戦略を前提に、迅速に戦略を転換する能力、成長能力、長期的な持続的に発展する能力を同時に持つ必要性のある生き物なのです。

　失われた20年、30年といわれている間、日本企業、とくに大企業に欠けていたのは、ビジョン、経営戦略を示す企業家精神でした。それがないがために、日本の持続的成長力は無力になってきています。その無力さは無用だと誤解されています。繰り返しになりますが、経営戦略、外的成長能力、内的持続能力のバランスが重要です。どれか1つだけあればいいということではないのです。

4 転換期における企業と経営管理の進化と日本的経営に再び注目

　私たちは、歴史的な転換期を経験しています。企業も、経営管理も再び進化のタイミングを迎えます。ここでは、転換期とは何か、そしてそれは企業と経営管理の進化にどのような影響を与えるかを探索し、その探索を通じて日本的経営についての再認識とさらなる進化の方向性を探ることにします。

(1) 転換期とは

　本書では、企業という「生き物」のしくみとその健康と長寿を維持するための経営管理（経営学）に関する概念、理論・思想、実践に活かすためのフレームワークなどを「実用性と進化」という視点で説明してきました。

　あらゆるものの進化と同様に、企業も経営管理も、存続の限界を超えるための知恵の積み重ねによる進化もあれば、技術など外部環境の大きな変化がもたらす転換点によるものもあります。

　今日私たちは、デジタル技術の飛躍によって、大きな転換点を迎えています。パラダイムシフトともいわれています。

　経済や産業において現在経験している転換期は、人類社会に大きな影響を与えた「産業革命」に匹敵し、「第4次産業革命」または、「インダストリー4.0」ともいわれています。

　第4次産業革命の時代は、すべての産業と企業と個人にとって、不確実性の高い時代を意味しますが、同時に不確実性の中の確実な部分を攻めていくことを通じて、「危」を「機」に転換できるチャンスにもなります。

転換期において、確実に活かせる新しい成長エンジンは、①技術、特にデジタル技術の活用と進化と、②「社会価値」の創出・「社会価値」への追求と、③この両者の相乗効果といえます。つまり、次の図表５－３で示したように、技術の活用とイノベーションを通じて、社会問題を解決することに、成長エンジンがあるということです。

図表5-3　転換期における新たな成長エンジン

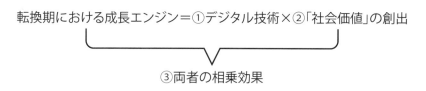

転換期における成長エンジン＝①デジタル技術×②「社会価値」の創出

③両者の相乗効果

❶ デジタル技術の活用と進化

この転換期に、産業や社会に、画期的な影響を与えるのがデジタル技術です。IoT（モノのインターネット）、AI（人工知能）、ブロック・チェーンなどのデジタル技術と、従来の産業・企業・業務などと深く融合し、伝統産業のしくみ・商慣行、業務のプロセスを変革することができます。このことは、「産業界のデジタルトランスフォーメーション（DX）」ともいわれています。

デジタル技術の活用によって、需要と供給のマッチングが最適化されているなか、企業間、業界間において、企業の大小にかかわらずフラットな関係になり、その中で、知識や技術、ノウハウから、市場動向、設備、人材に至るまでの経営資源をリアルタイムに安全にシェアし、顧客とともに価値を創造することができます。１社の生産性の向上はもちろんのこと、個々人や企業の活力が活かされ、産業全体の生産性を劇的に向上させることができます。

デジタル技術によって、このような企業・業界を超えて、共存共栄・価値共創できるスタイルのビジネス環境が新たに生まれています。このようなビジネス環境は、デジタル・エコシステム（デジタル生態系）といいます。

❷「社会価値」の創出または「社会価値」への追求

産業社会は、ESGといった持続可能な発展に関する「社会価値」の提供を求められています。この要請は、「社会問題の解決に真の需要あり」というビジネス・チャンスのヒントを与えてくれています。

ここでいう「真の需要」とは、需要そのものは、流行やライフサイクルの影響を超え、社会問題の解決を通じた社会価値への追求から、絶えず湧き出てくる需要を意味します。

企業は生き物として、新しい需要を創出する視点も進化してきました。たとえば、「使用価値」（モノ消費）の提供から、「情緒価値」（コト消費）も重視するようになっています。持続可能な発展という人類共通の価値観の浸透とともに、多くの企業は、事業のベースに「社会価値の創出」を置くように動き出しています。

❸ 両者の相乗効果

「技術と社会価値への追求を連動する」「慢性的な人手不足である」などといった長年日本を苦しんでいる社会課題対して、AI化が最も進んでいる社会に躍進するチャンスととらえることや、環境問題を解決するために多くのイノベーションが生み出されているといったことのように、課題と解決策創造の相乗効果は、世の中の「危」（リスクや社会問題）を自社の「機」（ビジネス・チャンス）に転換できる持続可能な成長エンジンとなります。

転換期には「危」と「機」が併存しています。転換期の最大の特徴は、先進国も発展途上国・地域も、大企業も中小企業も新興企業も、それぞれが平等にこの成長エンジンを活かせるということです。

（2）産業のデジタル化＝ DX への模索ー製造業を中心に

　日本的経営を含む経営管理の活かし方や進化の方向性をある程度把握するために、産業のデジタル化の進め方について少し見ていく必要があります。ここでは、先行している企業について、どのように産業のデジタル化を進めているかを見てみます。それらの企業には、伝統製造業の企業もあれば、IT 大手企業も、新規ベンチャー企業もあります。

図表5-4　産業のデジタル化の進め方のヒント

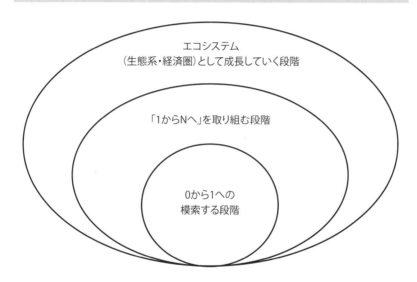

　図表5－4は、産業のデジタル化の進め方のヒントを示すものです。
・「0から1へ」を模索する段階
　1つの産業または企業内で何らかの課題を解決するために、デジタル化を進めるといった「デジタル化×課題解決」を目指す試みです。
・「1からNへ」を取り組む段階
　先行企業は、第1段階で実践してきたノウハウやシステムを、他の企業

や産業の課題解決に広めるためのプラットフォームとして支援サービスを提供します。つまり、「1からNへ」の取り組みを自社の新事業にしています。

・エコシステム（生態系・経済圏）として成長していく段階

このようなプラットフォームは、デジタル技術による需要と供給間の最適なマッチング、資源・データの共有、価値の共創ができるので、多くの企業やユーザーに活用され、生き物のようなエコシステムとして成長し、産業や経済社会にとって欠かせないインフラになっていきます。

1990年代以降、PCの普及やIT技術の進展とともに、YouTubeやAMAZON、アリババなどのプラットフォーム企業が誕生しました。これらのプラットフォーム企業を中心に形成されたエコシステム（＝生態系）は、伝統的なメディア産業や流通業などに大きな変革をもたらすとともに、多くのビジネス・チャンスも生み出しています。

産業のデジタル化に伴う今日の転換期においても、社会課題や経営課題の解決と、伝統産業、特に製造業の再構築を促すような、さまざまな新たなエコシステムが模索されています。それには、複数の産業にまたがるものもあれば、1つの産業、1つの業務に絞るものもあります。規模の大きさもさまざまです。また、1つの企業が複数の生態系を活用する場合もあります。

日本では、この背景に誕生したラクスル（株）や（株）マクアケなど優れたプラットフォーム企業もあります。これらの企業は、日本の伝統のあるピラミッド型の産業構造を変革・進化する良い契機をもたらしています。たとえば、中小企業が単なる下請けとしてではなく、直接顧客とつながれているため、よりオープンなマーケットで、潜在的な活力を喚起することを可能にしたりしています。そして、それらは日本経済の活性化にも寄与しています。

今日の産業のデジタル化における実践は、まだ進化する段階で、真のインダストリー4.0の実現には、まだ長い道のりがあるかもしれませんが、無人化をはじめ、生産の柔軟性や、カスタマイズ能力、生産性などにおいて、大幅に向上している事例は世界各地でみられます。

このような転換期の先端モデルとして世界経済フォーラムでは、2018年からインダストリー4.0や産業のデジタル化の取り組み、持続可能な発展を広く実践をしている企業を「グローバル・ライトハウス企業」と称して、毎年選出しています。

(3) デジタル技術と社会価値への追求にみる経営管理の進化

❶ デジタル技術と経営管理

産業のデジタル化がもたらすチャンスを活かすために、**経営活動**にかかわる経営戦略の意思決定や組織の運営、マーケティング、さらに**管理活動**にかかわる生産や人事、会計、物流に至るまで、時代とともにより生産性の高い方向、より人的資源を重視する方向へと進化していきます。

組織形態と人的資源管理を例にみますと、組織のフラット化やエンパワーメント経営、ラーニング組織、自己組織化、ウェルビーイング経営、人的資本経営など、いままで概念としていわれながら、なかなか実践に移すことは難しかったのですが、デジタル技術の補助によって、組織のフラット化、組織の末端まで情報の共有、仕事と人間とのマッチングなどは行いやすくなります。そうすることで本当のエンパワーメント（従業員に裁量権を与える）ができる組織になります。このような組織において、従業員の主体性と創造力を初めて本格的に発揮できます。つまり、図表5－5で示したように、デジタル技術は、人的資源を大切にする考えとともに、組織形態の進化を促してくれます。

図表 5-5　デジタル技術によってフラット化組織への変革のイメージ図

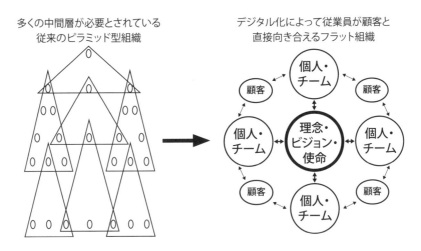

　稲盛和夫が独創した「アメーバ経営」、ハイアル社が実践している「人単合一」(「Rendanheyi model」または「Maker-Customer Integration」)といった組織変革の試みは、今後、組織形態を進化させる具体的なヒントを与えてくれます。

　「アメーバ経営」とは、企業組織を独立採算する小さな集団（アメーバ）として細分化し、リアルタイムに経営数値を把握し、財務を通じて経営者と同じ目線をもつ人材を育む組織です。つまり、フラット化された組織の中で、一人ひとりが、小集団の経営者として働くことが求められています。

　「人単合一」(「Rendanheyi model」)とは、全員に意思決定権、裁量権を持たせ、全員がCEOになる組織です。このような組織の狙いは、中間層をなくすことで従業員と顧客が直接向き合い、協力し、技術・商品の「共創」を促すこと、企業家精神を育むこと、組織の自己組織化により持続成長できることです。

　上記の例のほかに、現在、産業のデジタル化が進んでいる企業の中に、上司も中間層も部門もなく、100〜200人を超える従業員は、顧客という「上

司」の要望に応じて主体的に仕事を進める組織も生まれています。いずれにしても、その進化の先は、人間の価値をより大切にする方向に向かっています。

　もちろん、逆の流れも見られます。デジタル技術・AI技術を通して、社員がいつ、何を、どこで仕事をしているかを把握するために使われる例もあります。情報保護や法令順守という意味で必要かもしれませんが、中には、人に対して監督による管理の考えから抜け出せない部分もみられます。このような技術の応用は、進化というよりも、X理論に「退化」する恐れもあります。

　したがって、経営管理の進化は、以前の知恵を淘汰することを意味しません。積み重ねた経営管理の知恵に人類の貴重な経験と教訓があるからです。経営管理がどのように進化してきたかを知ることで、良い知恵を活用できると同時に、間違った轍を踏むことが避けられるのです。

❷ 「持続可能な発展」という「社会価値」に導かれる経営管理の本質

　ESGやSDGsといった社会価値に対する要請は、企業の経営管理にとって挑戦でありビジネス・チャンスでもあります。

　図表5-6のように、企業の経営管理は多様な価値観の進化を伴います。

　これらの価値観は、紆余曲折しながら全体的に良い方向に進化してきました。もちろん、経営管理上、どれも重要なファクターですが、各ファクターをバランスよく取れる経営管理とは何かを模索するのに、長い年月がかかりました。しかし、さまざまな価値観に対する考え方や優先順位は依然として企業ごとに異なったりします。

　幸いなことに、今の転換期において、どの国も、どの企業も、「デジタル技術」とともに、持続可能な発展のためという社会問題の解決を重視する価値観の要請によって、同じスタートラインに立つことができました。

図表 5-6　例でみる多様な価値観の進化

経営管理にかかわる側面（例）	多様な価値観の進化
消費者に提供する価値に関しては	経済価値、使用価値、情緒価値、社会価値など
企業の社会性に関しては	社会の公器、良き企業市民、社会的責任（CSR）、共通価値の創造（CSV）、ソーシャル・ビジネス、環境経営、ダイバーシティ経営、幸福経営など
コーポレート・ガバナンス（企業統治）に関しては	株主利益第一主義、従業員優先、顧客・ユーザー中心、ステークホルダーとのバランス、情報公開、内部統制など
成長に関しては	短期志向、長期志向、コストパフォーマンス志向、利益志向、ブランド志向、パーパス志向（目的・使命志向）など

　永続企業を目指し、ブランド価値を高めたいすべての企業にとって、社会問題の解決、社会価値への追求は、マネジメントと、ビジネス・チャンスの方向として良い啓示になっています。

　ESG経営を例に見ていきます。

　ESG経営とは、持続可能な社会を目指し、ビジネスや経営管理に「環境」「社会」「企業統治」という3つの要素を取り組むことです。これは同時に、長期的に企業を評価する重要な指標とされています。

　ESGなどに基づき、各国政府から企業まで、環境に関する目標を発表したり、健全なガバナンスのための法律や制度を強化したりしています。たとえば、カーボンニュートラル目標（温室効果ガス排出量から吸収量と除去量を差し引いた合計をゼロにすること、多くの国は2050年に実現する目標を宣言しています。多くの企業も、その目標を発表しています）や、材料の追跡可能実現目標などがあります。また、多くの企業において環境白書やESGレポートを公開したり、幸福指数が研究されたりして、社会価値という時代要請に応えようと動き出しています。このような問題解決

のための経営こそ、真の経営管理、真の顧客創造、真の需要創出になるのです。

　ESG の E（Environment ＝ 環境）だけみても、問題に直面することで大きなビジネス・チャンスが生まれています。太陽光発電や、風力発電、充電、蓄電、新材料、リサイクル、ごみ処理、追跡可能なブロック・チェーンといった環境に配慮した多くの新しい技術は、躍進し、実用化されています。つまり、持続可能な発展という価値観・目標に基づき真剣に現実問題の解決に取り込むことで、どの分野においても、それぞれ大きなマーケットとして創出されています。言い換えれば、ビジネスと経営管理の軸は、「持続可能な発展のための問題解決」、「社会価値の創出」にしっかり据えておけば、自社の使命・存在意義が明確になり、従業員は価値観に基づく行動で成長し、製品やサービスは社会・消費者から歓迎され、投資家には評価され、社会の持続成長を支えながらも、個々の会社も永続企業体になるわけです。

　花王は、長寿な優良企業であり、ESG 経営においても高く評価されている企業でもあります。花王は、持続的に発展し循環する社会を目指して、ESG と自社の事業内容とリンクするように、企業の再構築に力を入れています。その1つとして、ESG などの長期目標に基づく主要成果の評価制度（OKR）を通じて、個人、部門、企業全体に対して、個々の主体性・創造性を大事にしながら、企業が目指す方向に導いています。

　この事例から、時代の要請に対して迅速かつ緻密に企業を再構築し、経営管理を進化させることは、長寿企業の大事な知恵と呼べるのかもしれません。

　ミネベアミツミ社はベアリングなどの技術が高く、特殊商品で世界トップシェアを占めています。ある意味で、企業の利益に困っていません。し

かし、カーボンニュートラル目標の実現に自社に何ができるかを真剣に取り組みました。その結果、カンボジアの「プノンペン・スマートシティ構造」のプロジェクトに乗り出すことを決定しました。自社の技術力を活かし、高効率のスマートLED道路照明と、遠隔制御のシステムを手掛けました。その結果、他のすべての都市・地域にも展開できる新しいインフラ事業を開拓することになりました。

この事例は、社会価値への追求について自主的・積極的に取り組むと、「真の需要」を創出できることを示唆しています。

問題の数だけ、ビジネス・チャンスがあります。ビジネス・チャンスがある限り、企業は存続します。いまの転換期は、真の経営管理または経営管理の本質に近づく絶好のチャンスといえます。

人類共通の発展目標の導きで、このような取り込みは世界の各地で日々行われるようになり、良い時代になってきたと考えます。

(4) 日本的経営に再び注目

前述しましたが、ここでいう日本的経営は終身雇用、年功序列、企業内組合とわれている制度的なものではありません。日本的経営の神髄は、優良企業や長寿企業に見られる内生的な持続力・内的成長力にあります。この持続的な成長力の特徴は、他の国の優良企業からもみられますが、日本には、長寿企業が圧倒的に多いということから「日本的経営」ということができます。

現在の第4次産業革命といわれている転換期において、なぜ日本的経営に再び注目しているのかについては、主に2つの理由があります。

1つ目として、利他的な経営理念と長期志向は、ESGなどの社会価値への要請に合致しているからです。

100年ぐらい前に、F.W. テイラーの科学的管理法を日本に紹介しながら、これを東洋の哲学と融合・発展・実践した産業能率大学の創立者 上野陽一は、社会から個人生活に至るまでのさまざまな問題を「ムラ」と表現し、それを発見し、なくすことは、経営者の真の役割であり、それによって人類に幸福と繁栄をもたらすといった経営管理思想を世に生み出しました。こうした功績によって、上野陽一氏は日本のマネジメントの父ともいわれています。

　その思想が受け継がれたかのように、日本の企業には、創業当時から企業を「社会の公器」として考え、社会の繁栄を目的とする社訓や理念を定めている企業家・経営者が数多くいます。まさにパーパス経営です。日本の多くの企業は、時代の浮き沈みの中でも、ぶれない経営理念・企業使命で従業員の行動を導き、そこから集結した集団の知恵が企業の長生きできる生命力となっています。

　100年を経ったいま、人類がようやくその思想や理念を真剣に実践に移す転換期を迎えるようになっています。

　今後、さまざまな価値観に影響されながら永続企業になることを目指すのであれば、日本の優良企業・長寿企業が昔から注目している「社会や地域の問題・課題解決」や、さらに上野陽一が提唱した究極的なゴールである「人類に幸福と繁栄をもたらす」といった利他的な経営思想・価値観を企業の使命として、企業全員に浸透することは、必須の取り組みとして考えなければなりません。これが、この転換期を機にもう一度日本的経営に注目する理由の1つです。

　2つ目として、人を大切にし、社員の知恵を活用する企業文化は、デジタル技術によるフラット化された組織、エンパワーメント経営などには欠かせないからです。

　産業のデジタル化（DX）が進むにつれて、多くのエコシステムが生まれ

ています。そのエコシステムは、企業間、設備間、仕事と人間、仕事と設備といった従来ばらばらの部分をつなぐことと、リアルタイムにさまざまなデータや知識を組織の隅々までシェアすることを可能にしています。つまり、組織にいる中間層は少なくなり、従業員の自主性と創造性がより発揮しやすい、従来と異なるビジネス環境が整えられるようになっています。

エコシステムやフラット化された組織というビジネス環境が「ハードウェア」のようなものであれば、企業文化は「ソフトウェア」のような役割を果たします。

フラットなエコシステムは、社員個人の知恵・集団の知恵を引き出し、組織の知恵として蓄積できる企業文化によって、本来の良さを発揮します。このような知恵を蓄積する企業文化は、日本の優良企業・長寿企業が長けています。

つまり、個々の従業員は、指示や命令で働くのではなく、創意工夫で仕事をすることが求められます。この創意工夫を蓄積し、それらを企業文化として集結した人々の知恵は、イノベーション、あるいはビジネスの源泉となって、絶えず社会、企業、個人を潤いながら、持続可能な発展という目標を実現するための原動力にもなります。

以上のように、転換期において、「デジタル技術」と「社会価値の創出」の相乗効果による「新たな成長エンジン」を活かすために、利他的な経営理念と長期志向と、個人・集団の知恵を蓄積・活用できる企業文化といった日本的経営の内的持続成長力を鍛えることも時代の要請といえます（図表5－7を参照）。

最後に、すべての企業が、人類の共通目標である持続可能な発展に向かって、日本的経営の神髄に近づくような経営管理に転換している今日、最も期待したいことは、日本企業自身がその良さを捨てないことです。

図表 5-7　転換期における日本の内的持続成長力の役割

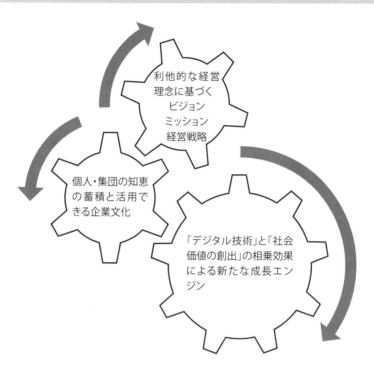

おわりに

　大多数の方には、一生経営者になるチャンスがないかもしれません。しかし、一人一人が、自分の人生を経営する経営者です。人生経営には経営学の原理原則や知恵・ノウハウはフルに活かすことができます。

　誰でも、世に生まれて、社会に必要とされなければなりません。一人一人が自分の役割を明確にすることで、社会に淘汰されないように努力し続ける必要があります。この努力し続けることは人生を経営しているといえます。

　ここで、第2章で述べてきた3つの階層の「戦略のしくみ」、すなわち、経営理念・ビジョン、生存領域（ドメイン）、経営戦略をセットにした考えを思い出しながら、人生経営について考えましょう。

　まず、人間は社会で生存するために重要なのは、良き人間になることですが、「人に必要とされる」、「社会に役に立つ」などの考えがあります。それは、自分の人生の哲学であり、価値観、人生観です。人間は、成長するとともに、このような人生観が形成されていきます。この人生観は、企業の経営理念に相当します。

　同時に、具体的に夢や目標を描きます。私たちは、小さい頃から「夢を持ちなさい」と教育されます。いまでは、高校から大学、職場では、キャリア教育も取り入れられています。たとえば、「サッカー選手」、「お菓子屋さん」、「医者」、「世界で活躍する会計士」、「国家間の懸け橋」、「信頼されるマーケッター」、「顧客に喜ばれる企画のプロ」などです。これらは企業のビジョンに当たります。経営学からそれを見た場合、「夢をもつ」ということは、非常に合理的です。それは、つまり、「人生戦略」を設定す

る前提である「人生ビジョン」になります。そこから自分の使命や、生存領域が決まります。

次に、その経営理念のもとで、ビジョンに向かって、3年から5年の間にやるべきことを決定します。たとえば、「世界で活躍する会計士」を目指す若者の場合、まずは外国語をクリアします。3年間をかけて、TOIEC800点と簿記一級を目指します。さらに2年間をかけて、会計事務所で経験を積みながら、会計士の資格をとります。その後の5年間、さまざまな経験をして、一人で飛び出す準備を心がけます。10年後に自身が描くビジョンに近付くことになっています。一人で飛び出した後も、目標を作り、キャリアを積みます。気がつくと、この分野で役に立つ一人前になっていた自分がいます。このようなキャリアマネジメントは、自分または自社のコア・コンピタンス＝強みを作り出すという意味で、企業の経営戦略と共通しています。これは、人生経営の戦略とキャリアプランです。

企業には経営理念がなければ、モラルハザードや不祥事を引き起こすリスクがあります。同様に、正しい人生観をもっていなければ、人生の道を踏み外すリスクがあります。

また、夢（ビジョン）や戦略がなければ、短期計画と目標しか建てられません。この短期計画と目標に追われ、10年、15年が経っても、自分自身の強みを作り出すことができません。たとえば、夢も戦略もなく、30代や40代になって、手当たり次第に資格をいっぱい取得したとします。この場合、20の資格をもったとしても、自分の強み、つまり、コア・コンピタンスが形成されない可能性があります。人生は、短いので、自分の経営努力次第で違ってきます。一人一人の人生の経営に経営学が活かされれば、幸いに思います。

主要参考文献

『ゼミナール経営学入門』(伊丹敬之、加護野忠男 日本経済新聞社 2003)

『人本主義企業』(伊丹敬之 日経ビジネス人文庫 2002)

『現代の経営学(上、下)』(ドラッカー ダイヤモンド社 2006)

『経営戦略と組織』(チャンドラー 実業之日本社 1967)

『企業戦略論』(アンゾフ 産能大学 1969)

『戦略経営論』(アンゾフ 産能大学 1980)

『競争戦略』(M.E. ポーター ダイヤモンド社 1995)

『コア・コンピタンス経営』(ゲイリ・ハメル 日本経済新聞社 1995)

『国際経営』(吉原英樹 有斐閣 2011)

『グローバル経営入門』(浅川和宏 2003)

『MBA のグローバル経営』(クリストファー A. バートレットら 日本能率協会マネジメントセンター1998)

『よくわかる組織論』(田尾雅夫 ミネラル書房 2010)

『組織文化の経営学』(高橋伸夫 中央経済社 1997)

『企業文化—生き残りの指針』(エドガー・H・シェイン 白桃書房 2004)

『よくわかる経営管理』(高橋伸夫編著 ミネルヴァ書房 やわらかアカデミズム・〈わかる〉シリーズ 2011)

『コトラーのマーケティング・コンセプト』(フィリップ・コトラーら 東洋経済新報社 2003)

『コトラーのマーケティング 3.0』(フィリップ・コトラーら 朝日新聞出版 2010)

『ザ・ゴール』(エイヤフ・ゴールドラット ダイヤモンド社 2001)

『ザ・ゴール2』(エイヤフ・ゴールドラット ダイヤモンド社 2002)

『トヨタ生産方式』(大野耐一 ダイヤモンド社 1978)

『生産管理の基本としくみ』(田島悟 アニモ出版 2010)

『財務諸表の見方』(日本経済新聞社 日本経済新聞出版社 2014)

『人事管理入門』(今野浩一郎 日本経済新聞出版社 2014)

『新訳 科学的管理法』(テイラー ダイヤモンド 2009)

『科学管理法』(テイラー 産能大学 1969)

『リーン開発の本質』(メアリー ポッペンディーク日経BP社 2008)

『産業文明における人間問題』(メイヨー 日本能率協会 1967)

『経営と勤労意欲』(レスリスバーガー ダイヤモンド社 1969)

『人間性の心理学』(マズロー 産能大学 1971)

『自己実現の経営』(産能大学 1967)

『新版 企業の人間的側面』(マグレガー 産能大学 1970)

『能率と人間性』(ハーツバーグ 東洋経済新報 1978)

『仕事と人間性』(ハーツバーグ 東洋経済新報 1968)

『人を伸ばす力』(エドワード・L・デシーら 新曜社 1999)

『モチベーション 3.0』(ダニエル・ピンク 講談社 2010)

『新期待される管理者像』(ブレーク=ムートン 産能大学 1979)

『新しい管理者像の探求』(フィードラー 産能大学 1970)

『新しいリーダーシップ』(三隅二不二 ダイヤモンド社 1964)

『リーダーシップ行動の科学』(三隅二不二 有斐閣 1978)

『企業変革力』(ジョン・P・コッター 日経BP社 2002)

『リーダーシップ論』(ジョン・P・コッター ダイヤモンド社 2012)

『マネジャーの実像』(ヘンリ・ミンツバーグ日本BP社)

『新訳 経営者の役割』(バーナード ダイヤモンド社 1968)

『オーガニゼーションズ』(マーチ&サイモン ダイヤモンド社 1977)

『知識創造企業』(野中郁次郎ら 東洋経済新報 1996)

『日本の持続的成長企業』(野中郁次郎 東洋経済新報社 2010)

主要参考文献

『ビジョナリー・カンパニー』（シリーズ）（ジム・コリンズ　日経BP）

『イノベーションのジレンマ』（クライトン・クリステンセン　翔泳社 2001）

『日本でいちばん大切にしたい会社』（シリーズ）（坂本光司　あさ出版 2010 年～）

『世界でいちばん大切にしたい会社　コンシャス・カンパニー－ Harvard Business School Press』（ジョン・マッキー、ラジェンドラ・シソーディア、野田　稔　翔泳社 2014）

『カンブリア宮殿　村上龍×経済人　シリーズ』（村上龍　日本経済新聞出版社 2007～）

『全員で稼ぐ組織』（森田直行　日経BP社 2014）

『How Google Works』（エリック・ミュミット、ジョナサン・ローゼンバーグ、アラン・イーグル、ラリー・ペイジ、土方奈美　日本経済新聞出版社 2014）

『顧客が熱狂するネット靴店　ザッポス伝説』（トニー・シェイ、本荘修二、豊田早苗　ダイヤモンド社 2010）

『リストラなしの「年輪経営」』（越塚寛　光文社 2009）

『ホウレンソウ禁止で1日7時間15分しか働かないから仕事が面白くなる』（山田昭男　東洋経済新報社 2010）

『ジャック・ウエルチ　わが経営（上）（下）』（ジャック・ウエルチ　日経ビジネス人文庫 2005）

『スティーブ・ジョブズ』（ウォルターアイザックソン　講談社 2011）

『収益結晶化理論』（宮田矢八郎　ダイヤモンド社 2003）

『200 年企業（Ⅱ）（Ⅲ）』（日本経済新聞社編　日経ビジネス人文庫 2011～2013）

『日本の優秀企業研究』（新原浩朗　日経ビジネス人文庫 2012）

『日本のすごい町工場』（日経産業新聞社編　日経ビジネス人文庫 2011）

『現場力を鍛える』（遠藤功　東洋経済新報社 2004）

索　引

■ あ行 ■

アウトソーシング　　57、94
アメーバ経営　　334
安全性を見る指標　　224
委員会設置会社　　41
一括採用　　131
稲森和夫　　314
イノベーション　　8、279
イノベーションのジレンマ　　281
インストア・プロモーション　　204
インストア・マーチャンダイジング　　203
インターナショナル企業　　112
インターンシップ制度　　133
インダストリー4.0　　328
上野陽一　　28
ウォンツ　　150
売上原価率　　220
売上高利益率　　220
永続企業体　　4
エコシステム　　332
エンパワーメント　　92
近江商人　　313
オムニチャネル　　203

■ か行 ■

階層化　　74
外的成長能力　　294
外発的動機づけ　　256
価格戦略　　158
科学的管理法　　230
課業管理　　231
株式会社　　37
間接金融　　211
カンパニー制組織　　86
管理　　14

管理会計　　208
管理者の仕事　　20
企業　　11
企業価値　　212
企業統治　　40
企業は生き物　　3
企業文化　　97
企業文化の浸透　　103
企業文化の役割　　98
基礎研究　　168
機能　　4
機能別戦略　　49
規模の経済性　　51、52
キャッシュフロー計算書　　217
競争戦略　　49、60
共通価値の創造　　287
協働的なシステム　　261
クラウド・ソーシング　　94
クラウド・ファンディング　　178
クリステンセン　　281
グルーピング　　186
グローバリゼーション　　110
グローバル・ライトハウス企業　　333
グローバル化　　110
グローバル企業　　112
グローバル人材　　121
経営　　13
経営管理　　2
経営管理の進化　　333
経営管理の本質　　335
経営管理をしていること　　23
経営資源　　4
経営者の仕事　　20
経営戦略　　8、44
経営理念　　45
経済学　　32

348

経済圏　332
経済人モデル　246
系統図　185
経理・会計　208
原価管理　181
研究開発　168
現地適合　120
コア・コンピタンス戦略　55
コア・バリュー　45
工程管理　181
行動科学　245
効率化　73
効率性を見る指標　223
小売のマーケティング・ミックス　200
コーポレートガバナンス　8、36、40
顧客関係管理　165
顧客志向　162
顧客の創造　25
国際経営　110
コストリーダーシップ戦略　60
固定長期適合率　225
固定比率　225
雇用形態　133
コンティンジェンシー・モデル　275
コンプライアンス　36

■ さ行 ■

財務　209
財務会計　208
財務諸表　212
採用　130
産業界のデジタルトランスフォーメーション　329
産業のデジタル化　331
シーズ志向　171
事業戦略　60
事業部制組織　83
資金の運用　211
資金の調達　210

自己啓発　142
自己実現人モデル　247
自己資本回転率　224
自己資本比率　224
自己資本利益率　220
自社適合　120
持続可能な経営管理モデル　294
持続可能な成長エンジン　330
持続的イノベーション　281
持続的な発展　330
渋沢栄一　313
社会価値の創出　330
社会人モデル　246
社会的責任　285
収益性を見る指標　220
集中戦略　60
シュンペーター　279
商品ミックス　201
職種別採用　132
職能化の組織原理　232
職能別組織　79
人材の評価　136
人材配置　134
人事管理　127
新製品開発　168
人単合一　334
人的資源管理　7、127
人的資源管理の内容　128
真の需要　330
親和図　186
衰退期　51
ステークホルダー　4
スペース・マネジメント　204
成果主義人事　140
生産管理　7、180
成熟期　51
生態系　332
成長期　51
成長性を見る指標　222
製品戦略　157

349

製品のライフサイクル	50	転換期における成長エンジン	329
税務会計	209	道徳経済合一説	313
制約理論	197	導入期	51
セル生産方式	192	特性要因図	185
全社戦略	48、52	ドメイン	46
全体最適	18	トヨタ生産方式	193、235
専門経営者	39	ドラッカー	25
専門経営者による支配	39	トランスナショナル企業	114
総資産利益率	220		
総資本回転率	224	■ な行 ■	
創造的破壊節	279	内的持続成長能力	297
創造の経済性	52	内的成長能力	294
ソーシャル・ビジネス	290	内発的動機づけ	257
組織開発	142	ナレッジマネジメント	268
組織管理	7	ニーズ	150
組織の形態	78	ニーズ・ウォンツ志向	172
組織の3要素	262	ニッチャー戦略	155
組織のフラット化	92	日本的経営の課題	322
損益計算書	214	日本的経営の真髄	311
損益分岐点	188	人間関係論	242
		年功主義人事	139
		納期管理	181
■ た行 ■		能力主義人事	140
貸借対照表	212		
第4次産業革命	328	■ は行 ■	
大量生産・大量販売戦略	53	ハーズバーグ	251
多角化経営	54	バーナード	261
多国籍企業	110	破壊的イノベーション	169、281
正しい経営	24	破壊的イノベーションの法則	283
知識創造企業	266	パラダイムシフト	328
知識創造プロセス	266	バリューチェーン	76
知識創造理論	265	範囲の経済性	52
チャレンジャー	155	販売促進戦略	160
中途採用	132	ビジョン	46
直接金融	210	品質	182
通年採用	132	品質管理	181、182
テイラー	230	フィッシュボーン	185
デジタル・エコシステム	330		
転換期	328		

フィドラー　275
フォード・システム　234
フォロワー　155
付加価値　226
複雑人モデル　247
部門化　73
プラットフォーム　332
フリーランス　94
ブレーク　272
プロダクト・アウト　171
プロダクト・ライフ・サイクル　50
プロフェッショナルサービス・マーケティング　161
分業　73
分権　73
分権的事業部制組織　83
変革型リーダーシップ論　276
報酬　138
法令遵守　36
ホーソン実験　238
ホールディングス　85
ポジショニング・マップ　155

■ ま行 ■

マーケット・イン　171
マーケティング　147
マーケティング・ミックス　156
マーケティング・リサーチ　149
マーチャンダイジング　201
マグレガー　253
マズロー　248
松下幸之助　314
マトリクス組織　89
マネジリアル・グリッド　272
マルチナショナル企業　111
三方よし　314
見込生産　192
三隅二不二　273

ムートン　272
持株会社　85
広義の経営戦略　44
問題解決　185
問題発見　185
差別化戦略　60
有機的成長　297
欲求5段階説　248

■ ら行 ■

ライン・アンド・スタッフ組織　80
ライン組織　80
リーダーシップ　271
リーダー戦略　155
リーン生産方式　236
流通チャネル戦略　159
流動比率　225
連続的イノベーション　169
論語と算盤　313

■ 英数字 ■

AIDMAモデル　163
AISASモデル　163
B/S　212
C/F　217
CRM　165
CSR　285
CSV　287
DX　329
ECRSの原則　195
ESG　330
ESG経営　336
FSP　204
HRM　127
ISM　203、204
JIT　194
O2O　203

351

OFF-JT	142	SECI モデル	266
OJT	141	SPM	204
PB 商品	175	STP マーケティング	151
PEST 分析	64	SWOT 分析	66
PL	214	TOC	197
PLC	50	X 理論・Y 理論	253
PM 理論	273	3C 分析	64
PPM 分析	68	4C	162
QCD	180	4P	156
R&D	168	5S	196
ROA	220	5 フォース	65
ROE	220	7P	161

■ 著者紹介 ■

欧陽　菲（おうやん　ふぇい）

産業能率大学 経営学部名誉教授

　中国の北京経済学院（現北京経貿大学）卒業。1987年公費留学生として来日、商学修士号（拓大）を取得した後、日本文部省国費奨学生として博士後期課程に進学。1993年に商学博士号（拓大）を取得。院生時代からいくつかの民間企業の中国語研修や現地中国人教育のプログラム開発などに携わり、1997年から現職に。

　来日後の研究テーマは日本的経営。1990年代後半から、中国企業と中国に進出する日系企業を追うことで、日本的経営の良さと課題に対する再発見を試みしております。

　また、日本に来たことで、バブル経済の始まり、最盛期、崩壊、世界同時不況、そして、再生・回復の道への模索に至るまでの日本経済と日本企業の動きのフルコースを見つめられました。

【著作】

『日本的経営生成の軌跡』（単　創成社）、『現代の経営管理』（共　創成社）および、中国ビジネスに関する論文、調査多数。

基礎からわかる経営管理

〈検印廃止〉

著　者　欧陽　菲
発行者　坂本清隆
発行所　産業能率大学出版部
　　　　東京都世田谷区等々力6-39-15　〒158-8630
　　　　（電話）03（6432）2536
　　　　（FAX）03（6432）2537
　　　　（URL）https://www.sannopub.co.jp/
　　　　（振替口座）00100-2-112912

2015年 8月31日　初版 1刷発行
2024年12月15日　2版 1刷発行

印刷所・製本所　渡辺印刷

（落丁・乱丁はお取り替えいたします）　　　ISBN 978-4-382-05726-5
無断転載禁止